识干家

企業閱讀　學以致用

新型诊所经营与创新

动脉网蛋壳研究院 编著

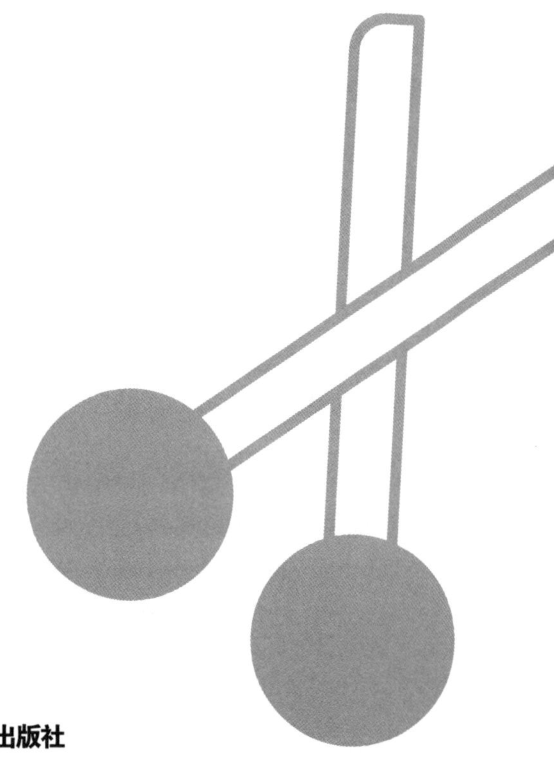

中华工商联合出版社

图书在版编目（CIP）数据

新型诊所经营与创新/动脉网蛋壳研究院编著. —
北京：中华工商联合出版社，2019.10
ISBN 978-7-5158-2555-7
Ⅰ.①新… Ⅱ.①动… Ⅲ.①医院－经营管理 Ⅳ.
①R197.322

中国版本图书馆 CIP 数据核字（2019）第 185930 号

新型诊所经营与创新

作　　者：动脉网蛋壳研究院
责任编辑：于建廷　王　欢
责任审读：郭敬梅
封面设计：仙　境
责任印制：迈致红
出版发行：中华工商联合出版社有限责任公司
印　　刷：河北宝昌佳彩印刷有限公司
版　　次：2019 年 11 月第 1 版
印　　次：2019 年 11 月第 1 次印刷
开　　本：710mm×1000mm　1/16
字　　数：214 千字
印　　张：16
书　　号：ISBN 978-7-5158-2555-7
定　　价：98.00 元

服务热线：010－58301130
团购热线：010－58302813
地址邮编：北京市西城区西环广场 A 座
19－20 层，100044
http：//www.chgslcbs.cn
E-mail：cicap1202@sina.com（营销中心）
E-mail：gslzbs@sina.com（总编室）

导　读

动脉网是一家定位于未来医疗领域的专业服务机构，是医疗行业最大的原创内容生产渠道和权威研究机构之一。经过多年的观察与跟踪，动脉网选择了医疗领域最具发展潜力、代表未来发展趋势的若干板块，精心打造“未来医疗系列丛书”，包括互联网医院、新型诊所、医美、医药电商、基层医疗等。希望能帮您更好地抓住机遇，把握未来。

近几年，大量鼓励基础医疗发展的政策不断出台，医疗市场日益开放，医生走出体制自建新型诊所已不再是空谈，各种类型和模式的新型诊所应运而生。

区分于早些年诞生的个体诊所和连锁诊所，新型诊所最大的特点是收入以诊疗费为主，偏向于消费级医疗属性，大多数偏向于中高端定位。同时，以患者为中心，以医疗服务为导向。患者前往诊所，购买的是诊所的环境、服务，以及医生的学识、专业能力和对患者的尊重。

这类新型诊所里的玩家有妇儿院长、网红医生、互联网医疗创业者及投资人，他们以新的医学模式为核心，体现医生的服务价值和医疗人文关怀，以患者和医生为双重中心，充分与医疗服务关联新事物相融合，提供优质、便捷、有效的医疗保健服务。

基于此，本书在第一章梳理了新型诊所迎来的机遇，从诊所发展的历史机遇、政策机遇和市场机遇来分析未来诊所的发展方向、新型诊所的行业现状及行业发展的趋势。

第二章主要介绍资本涌入诊所，诊所市场的资本布局情况，对新型诊所的投融资全面剖析，未来诊所的发展趋势是资本投资的入口，也是基层医疗的中坚力量。

第三章至第四章从目前我国新型诊所的诊所配置、经营状况及经营策略几个主要方面进行深度剖析，从标准化管理、经营方式、团队建设、连锁模式四个方面进行详细解读，为医生创业赋能，为新型诊所打造服务标准，也为行业人士找到正确的破解诊所科学经营之道。

第五章至第六章讲述了国内外诊所的企业案例。从这些优秀的诊所发展历程中，可窥见成功的新型诊所发展应该具备哪些素质、匹配哪些资源，分析这些先进的管理运营经验，搭建开放、互助、共享的行业平台。

本书以科技赋能新型诊所的经营之道，结合新型诊所发展现状、诊所配置、经营状况及优秀的案例，探索了新型诊所运营的多半径覆盖创新，探讨未来新型诊所发展的新机遇。书中的部分观点和方法，希望能给大家带来启示。

目录
Contents

第五章 新型诊所创新路径

第一章

机遇来临：新型诊所迎来黄金时代

诊所究竟是不是一门好生意？建一家诊所难不难？运营一家诊所难不难？诊所连锁化的最大问题是什么？应该做高端还是低端？地址选择居民区还是商业区？

相信诊所的运营者在进入这个行业之前，都会提出很多相关的问题。但是无论问题有多少，都无法阻挡医生创业，无法阻挡民营资本进入诊所领域。从顶层设计开始，医生开办诊所的政策约束已被逐步解除，未来诊所也会以每年6000～7000家的速度增长。诊所作为基层医疗执业场所，投资小，运营相对简单。但是据调查，中国新型诊所盈利难的问题仍是一个普遍现象，那么诊所的出路究竟在哪里？

第一节　诊所行业的历史机遇

诊所，处于我国医疗网络的最末端，特点是高度分散、数量众多、层次偏低。但是，这并不阻碍诊所在现阶段成为一门非常受资本关注的热门生意，因为多方势力开始加大对诊所的投入和建设。诊所的开业潮正在兴起。

医生在走向市场开始创业的时候，诊所是一个很好的选择，小本经营，风险自担。民营资本在进入医疗机构领域的时候，也会面临是建医院还是建诊所的选择。医院的投资较重，一家医院需要几亿元甚至十几亿元的资金，而且培育期较长。而诊所的投资则小很多，市场容量大，不少互联网医疗公司布局线下医疗的主要方式也是诊所。除此之外，大V医生、外资医疗机构、上市医疗公司等都在近几年纷纷投资布局诊所。

诊所投资者的多元化，也带来了诊所形态和类型的升级。大量在社区附近新出现的诊所，已经逐步从我们印象中的小而差，升级为小而美。新型诊所无论是从诊所的环境、服务水平、服务能力，还是就医的便捷性，相比传统诊所都得到了极大的提升。

一、诊所是最小量级的医疗机构

1994 年我国颁布的《医疗机构管理条例》中，针对医疗机构的类型、规划审批、登记、执业和监督管理进行了规范，医疗机构的分类包括医院、卫生院、疗养院、门诊部、诊所、卫生所（室）及急救站等。诊所是我国医疗机构中，规模最小、数量最多的从事医疗诊疗行为的医疗机构。

2010年原卫生部发布的《诊所基本标准》中这样定义诊所："诊所是指为患者提供门诊诊断和治疗的医疗机构，不设住院病床（产床），只提供易于诊断的常见病和多发病的诊疗服务。"

对诊所最基本的要求是，至少有一名执业医师和一名注册护士，建筑面积不少于40平方米。

有基本的诊疗和急救设备，有与开展的诊疗科目相应的其他设备。按照这个要求设立的诊所，一般是医生个体运营，定位较低端。

比诊所略高一等级的医疗机构是门诊部，它相比诊所来说在面积、科室设置、人员配置、设备配置上的标准更高。目前很多以诊所为名的中高端新型诊所，其实在审批手续、设置标准上都是以门诊部为基础建立的。不仅在诊所的面积、人员配置等方面和传统诊所有所区别，而且设有多个一级临床科室，同时在检验、医学影像、医疗设备、手术/治疗室等方面的设施会更齐全。

门诊部类型的民营医疗机构在推广宣传中，大部分还是以诊所命名。所以，在本书研究、调研的诊所中，包含门诊部类型的民营医疗机构。

二、中国诊所发展的四个阶段

作为个体行医的主要承载机构和组织形式，诊所在我国的发展历程反映了我国医务人员自由执业的情况。随着宏观经济体制改革和政府对医疗卫生领域治理思路的变迁，我国个体诊所逐步在20世纪90年代开始发展。

如图1-1所示，我国诊所发展一共经历了四个阶段，分别是1949-1957年的初始发展阶段，1958-1977年的限制阶段，1978-1996年的重新开放阶段和1997年至今的促进和鼓励阶段。进入21世纪后，个体诊所在就医格局中的重要作用日益突出，诊所将成为我国基础医疗机构的重要补充。诊所的监管措施也在逐步细化，同时推出了非常多的措施鼓励有资质的人员依法开办个体诊所。

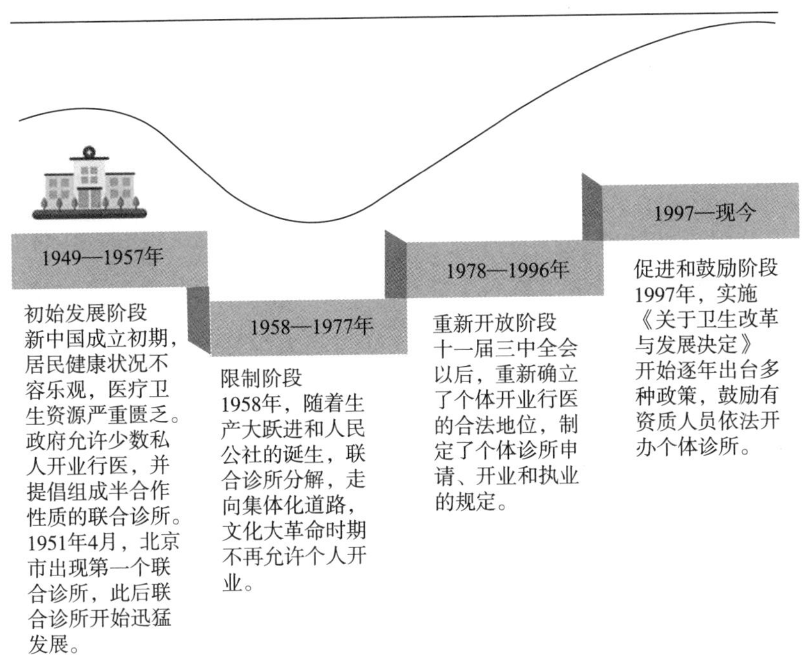

图 1－1　诊所发展阶段变化

1994 年的《医疗机构管理条例》开始鼓励多种形式兴办医疗机构，明确开办医疗机构的申请条件、开业程序和职业要求等。从 1997 年至今，卫生政策一方面强调了个体诊所的重要性，鼓励社会投入的态度更为明确和坚定，为诊所的发展提供了有利的政策环境。另一方面，在监管政策上也更为细化，实行医疗机构分类管理、放开营利性医疗服务价格、两次调整税收政策等。

新医改从最初启动以来，一直坚持鼓励社会办医。早期的社会办医主要讨论和关注的焦点是民营医院、专科医院和综合医院。这些医院虽然一定程度上能够提高医疗市场的竞争，但是在解决医疗资源配置、维护合理的就医秩序方面作用有限。而个体诊所作为基层医疗机构的补充，能够有力地助推基层医疗的发展，解决居民的实际需要。

在2017年5月23日，国务院发布《关于支持社会力量提供多层次多样化医疗服务的意见》（以下简称《意见》），再次强调了社会办医对满足多层次医疗需求的重要性。《意见》鼓励社会力量举办全科诊所和独立设置的医学检验、康复护理等专业机构，促进有实力的社会办中医诊所、门诊部等跨省市连锁经营，同时对社会办医实行一站受理、并联审批、网上审批。连锁经营医疗机构可由总部统一办理工商注册登记。对符合规划条件和准入资质的社会办医不得以任何理由限制，个体诊所设置不受规划布局限制。这对个体诊所、连锁诊所兴办中常见的审批难进行了大尺度的松绑，2018年诊所数量因此大幅度增加。

由于国家对诊所发展的政策支持力度极大，激发了社会投入的热情，使得诊所数量迅速增长。未来10年，随着医院门诊服务比例向基层转移，基层医疗市场规模将达到3万亿家以上，增速超20%。同时监管政策逐步细化，不仅包含诊所设置、人员准入方面，还涵盖了医疗服务处理、器械消毒等方方面面，促进了诊所行业的健康有序发展。

据国家卫健委公开数据显示，截至2018年年底，我国诊所（医务室）228019家，比2017年增长16447家，在所有的医疗卫生机构类型中增长数最多，可以看出“诊所热”依旧。

中国个体诊所数量虽多，但普遍质量不高，呈现“小、乱、差”的局面。一方面，单点独立运行的个体诊所生存将会变得越加困难，只有实现诊所的规模化、规范化、连锁化、品牌化经营模式，才能求得生机。另一方面，民营资本进入诊所领域，会起到“鲶鱼效应”，对于激活市场竞争，推动民营医疗市场的服务水平和质量的提升有非常大的帮助。

三、诊所正在被重新定义

传统意义上的个体诊所遍地开花，定位都比较低端，只为社区提供基本医疗服务，就医环境和诊疗水平偏低，管理落后，看病时主要以“三菜一汤”（抗生素、激素、维生素+输液）为主，居民信赖程度低。个体诊所卫生设施陈旧，设备不齐全，信息化水平差，未来经营管理面临挑战。这类诊所一般还具有以下几个特点：

（1）规模偏小，执业专业人员数量少。

诊所的面积一般较小，政策规定诊所配套的专业人员中至少要有一名注册的执业医师和护士来从事医疗活动。绝大多数的个体私人诊所执业的专业人员一般在5人以内，往往只有一名医生和一名护士。

（2）诊所的诊疗科室少。

在我国的医疗机构分类中，综合门诊部要求至少设置5个科室，专科门诊部对于诊疗科室也有明确的要求。因为诊所的定位更低，科室设置通常在5个以内。各地对诊所科室设置的要求不一样，一般只能开展一个临床一级科室。但是目前部分地区已经放开，比如深圳可以设置1~4个临床一级科室。诊所的科室设置，由主要负责人、从业者的执业资质决定。

（3）经营性质以营利性为主。

诊所的经营性质是营利性为主，通过向患者提供医疗服务和出售药品等方式来营利。医疗服务所得收益可以用于投资者的经济回报。

在消费升级的现状下，患者愿意购买更好的医疗服务。而要为患者提供更好的医疗服务，以及更好的就医环境，传统诊所显然不符合要求。因此，新型诊所走到了我们的面前。

什么是新型诊所？新型诊所是指能够提供较高的医疗服务水平、较好的医疗服务环境的诊所。这类诊所最大的特点是收入以诊疗费为主，药占比不超过20%。新型诊所在品牌运营、产品设计、服务能力、经营水平上较为突出，偏向于消费级医疗属性，大多数偏向于中高端定位。

医疗服务的商业本质是医疗效果和服务体验与价格的平衡，患者在交易成本可控的情况下，选择医疗效果和服务体验的最优方。在客群更多样化，消费体验愈发重要的今天，诊所也逐渐重视软硬件＋服务一体化、用数字化改变工作流程、创新以提高效率和接诊量，尤其注重在细分的新兴市场努力打造个性化的品牌形象。

受政策力推、资本入局、名医创业等因素影响，新型诊所迸发出更加强大的生命力。新型诊所从商铺到写字楼，从社区到CBD逐渐普及。相关政策更加明确、开放，资本更加趋于理性，行业也进入了重新整合的阶段。

关于未来诊所，有几个趋势：

第一，连锁化或集团化。

从市场看，虽然国内个体诊所的体量很大，但是却鲜有连锁化或集团化的大型诊所集团出现。随着资本的介入、政策的放开，连锁诊所初露锋芒。在此趋势下或许将诞生几个医疗连锁化、集团化的企业，并逐渐成长为这个行业的带头企业。

第二，医疗服务价值化。

诊疗费用大幅度提升，能够更好地体现医生的价值。患者也能够在就诊过程中享受到更好的医疗服务。

第三，更加便捷化。

随着分级诊疗、基层医疗等相关政策逐步落实，未来人们获得的医疗服务将更加便捷化。

第四，支付变革与保险化。

在人们健康意识的提升和消费升级的推动下，将催生医疗支付方式的变革，从原来的以价格为导向的模式转变为以价值为导向的责任医疗打包付费方式进化，基础医疗与保险的结合将成为一大趋势。

第二节　诊所发展的政策机遇

一、兴办诊所的相关政策正在全面放开

在深化医改的大背景下，鼓励社会办医已成为医疗行业发展的必然趋势。我国医疗服务体系提升效率和质量的关键在于推进分级诊疗，从资源配置方面调整医疗服务的供给。国家对社会资本进入医疗服务领域的准入政策经历了从宏观到微观，不断深化和细化的过程（表 1 – 1）。

表 1 – 1　诊所相关政策

时间	诊所相关政策
2010. 12	《关于进一步鼓励和引导社会资本举办医疗机构的意见》
2013. 1	《关于促进健康服务业发展的若干意见》
2014. 1	《关于加快发展社会办医的若干意见》
2015. 6	《关于促进社会办医加快发展的若干政策措施》
2015. 9	《国务院办公厅关于推进分级诊疗制度建设的指导意见》
2017. 2	《关于修改〈医疗机构管理条例实施细则〉的决定》
2017. 5	《关于支持社会力量提供多层次多样化医疗服务的意见》
2017. 12	《中医诊所备案管理暂行办法》《中医医术确有专长人员医师资格考核注册管理暂行办法》《关于印发中医诊所基本标准和中医（综合）诊所基本标准的通知》

第一，放开诊所审批限制。

医疗机构的设置非常复杂，许多情况下需要举办人耗费巨大的人力、物力，适当放开审批条件和缩减审批环节，对民营资本来说非常重要。同时，政策也在放开医生开办全科诊所的准入、医保的准入等条

件，放开诊所开办时的规划限制、科室设置限制等，让诊所的兴办难度大大减小。

2015年3月，国务院办公厅印发《全国医疗卫生服务体系规划纲要(2015－2020年)》，明确提出个体诊所的设置不受规划布局限制。2017年5月，《关于支持社会力量提供多层次多样化医疗服务的意见》再次强调，凡符合规划条件和准入资质的民营医疗机构，主管部门不得以任何理由限制，同时精简、整合审批环节。对社会办医疗机构配置大型医用设备可合理放宽规划预留空间。个体诊所设置不受规划布局限制。

改变最大的还属2017年12月公布的《中医诊所备案管理暂行办法》。新政规定举办中医诊所的，将诊所的名称、地址、诊疗范围、人员配备情况等报所在地县级人民政府中医药主管部门备案后即可开展执业活动。传统诊所审批制度需要经过申请、公示、设置批准、环保、消防、验收、发证7个环节，流程复杂、耗时长、门槛高。中医诊所由审批制变为备案制后，如今只需申请和发证两个环节，一次就能完成。

第二，鼓励人才流动，放开限制。

医疗行业是一个服务行业，需要专业技术人才。随着新医改的不断推进，近年来国家层面对于医生举办私人诊所和多点执业乃至自由执业的限制，正在逐渐放宽。政策从行政编制上解放医生成为社会人，并给予多点执业支持，让更多高水平的医生进入社区。

2015年9月11日，国务院办公厅就发布了《关于推进分级诊疗制度建设的指导意见》，明确提出鼓励符合条件的医生开办个人诊所。文件明确提出，通过医师多点执业等方式，鼓励城市二级以上医院医师到基层医疗卫生机构多点执业。大力推进社会办医，简化个体行医准入审批程序，鼓励符合条件的医师开办个体诊所。

在顶层设计已经逐步放开的背景下，相信在未来几年内，各地的卫生政策会逐步落实，医生开诊所的政策藩篱正在被逐渐拆除，诊所在医疗服务体系中的比重将逐步增大。

二、政策推动社会资本进入诊所领域

国家一直在大力支持社会办医，民营资本进入医疗领域的限制越来越小。2010 年 11 月的《关于进一步鼓励和引导社会资本举办医疗机构的意见》，明确指出鼓励社会资本进入医疗服务领域。

随后推出的若干政策，逐步放开了非公医疗机构的区域和领域。通过这样的举措，可以打造一大批有较强服务竞争力的社会办医疗机构，形成若干具有影响力的特色健康服务产业集聚区，服务供给基本满足国内需求，逐步形成多层次、多样化医疗服务新格局。

2017 年 5 月，国务院印发的《关于支持社会力量提供多层次多样化医疗服务的意见》中，从市场准入、审批服务、投资合作、对外开放等方面给出了医疗服务机构对社会资本开放的具体意见。支持社会办医疗机构引入战略投资与合作方，吸引境外投资者通过合资合作方式来华创办高水平医疗机构（图 1－2）。

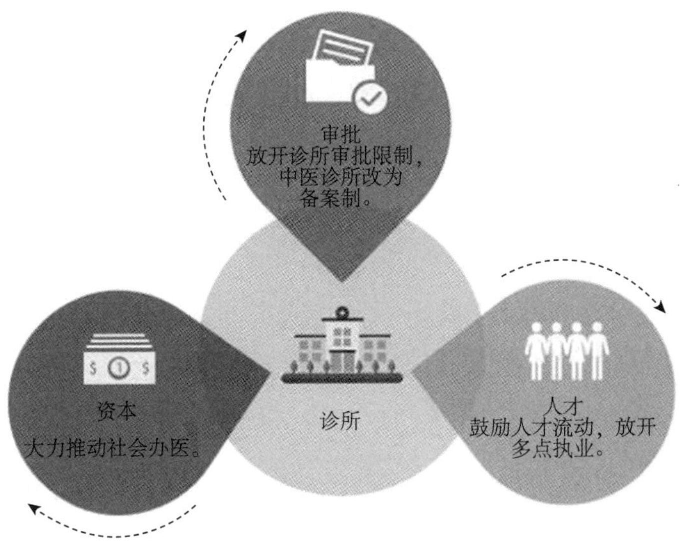

图 1－2　三方面推动诊所兴办

未来诊所的发展趋势是资本投资的入口，也是基层医疗中坚力量。

从资本的角度来说，互联网医疗这两年的热度是足够的。近年来，行业内的平台不断宣布获得融资，阿里巴巴投资寻医问药、新浪爱问医生等；腾讯投资丁香园和挂号网；百度投资医护网、趣医网和就医160；软银、晨兴、复星、山楂树、周大福投资妈咪知道等。

然而，虽有资本青睐，但互联网医疗依然面临着“烧钱”、盈利能力差等问题的困扰。这些问题在2016年陆续爆发，资本进入了观望的阶段。2016年年底至今，资本更多流向有清晰盈利模式和扎实的用户基础的公司，相较于2014年的狂热，如今进入医疗领域的资本已经逐渐趋于理性。

第三节　我国诊所发展的市场机遇

一、诊所数量每年增加6000家

根据卫健委公布的公开数据，自2009年新医改以来，诊所数量以每年6000~7000家的数量在快速增长（表1-2）。

表1-2　2010-2016年诊所数量统计

单位：个

诊所		2010年	2011年	2012年	2013年	2014年	2015年	2016年
合计		139101	141883	144785	150563	155220	162799	169367
按城乡分	城市	68739	70013	72700	77230	81118	86907	92510
	农村	70362	71870	72085	73333	74102	75892	76857
按类型分	公立	7916	7524	7266	6431	6045	5663	5390
	非公立	131185	134359	137519	144132	149175	157136	163977

数据来源：《中国卫生和计划生育统计年鉴》，蛋壳研究院整理。

《中国卫生和计划生育统计年鉴2017》统计数据显示，2016年国内诊所已经达到了169367家。其中，城市诊所的增速远高于农村诊所。2010-2016年的6年间，农村诊所的复合增长率仅有1.48%，而城市诊所的复合增长率为5.07%（图1-3）。

在诊所的所属类别中，绝大部分属于非公立的民营诊所(图1-4)。以2016年的数据为例，非公立诊所的比例占到了96.8%，所以诊所一般代指民营或者私人诊所。公立诊所的数量一直在逐步减少，逐步被民办诊所取代（表1-3）。

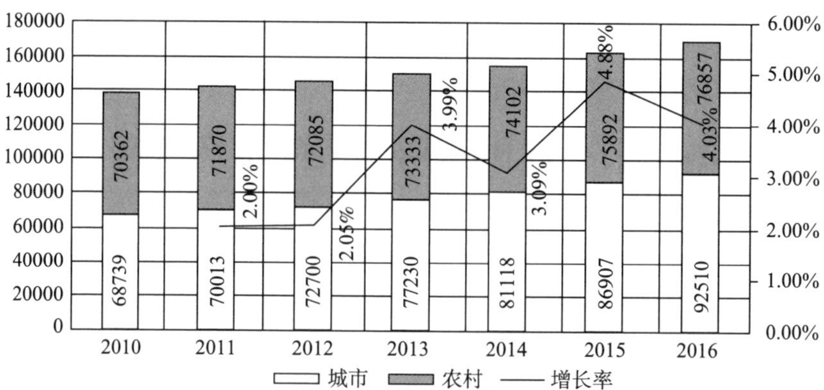

数据来源：《中国卫生和计划生育统计年鉴》，蛋壳研究院

图1－3　中国诊所数量（城市和农村）

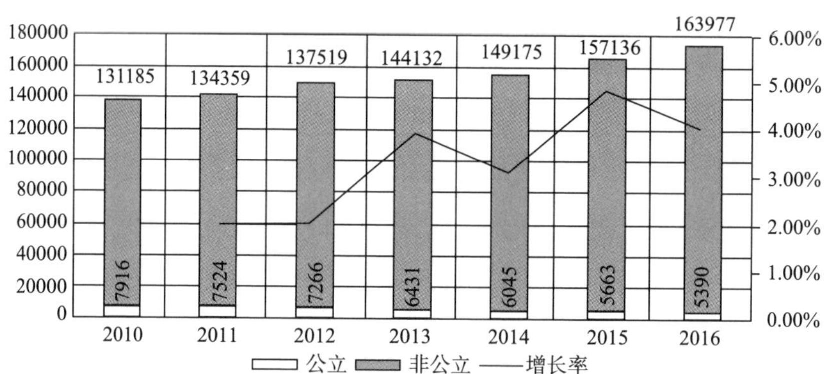

数据来源：《中国卫生和计划生育统计年鉴》，蛋壳研究院

图1－4　中国诊所数量（公立和非公立）

表1－3　2010－2016年门诊部数量统计

单位：个

诊所		2010年	2011年	2012年	2013年	2014年	2015年	2016年
合计		8291	9218	10134	11126	12030	13282	14779
按城乡分	城市	6510	7087	7720	8517	9251	10443	11812
	农村	1781	2131	2414	2609	2779	2839	2967
按类型分	公立	2573	2766	2867	2931	2823	2788	2516
	非公立	5718	6452	7267	8195	9207	10494	12263

数据来源：《中国卫生和计划生育统计年鉴》，蛋壳研究院整理。

诊所的另一个重要组成部分是门诊部。虽然在我国的医疗机构类别中，诊所和门诊部有所不同，但是很多民营企业所兴办的门诊部类别的医疗机构，几乎都以诊所命名。

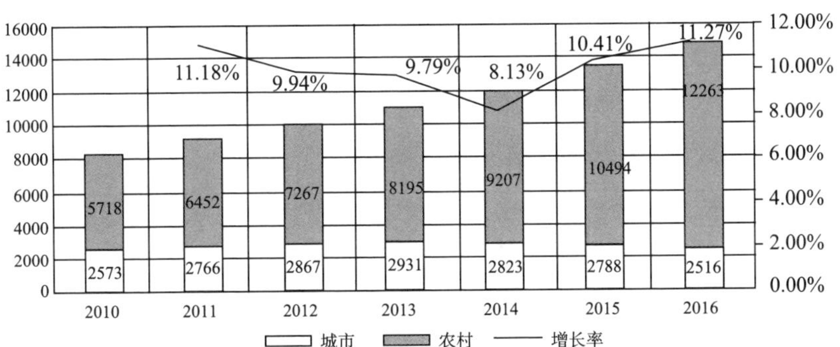

数据来源：《中国卫生和计划生育统计年鉴》，蛋壳研究院

图 1－5　中国门诊部历年数量

如图 1－5 所示，2016 年全国门诊部总数仅为 14779 家，远低于诊所的 1693677 家。而且公立门诊部比例高于诊所领域。门诊部在面积、医师数量、设备、科室设置等方面都要略高于诊所，所以审批为门诊部的民营连锁诊所大部分都有较好的就医环境、齐全的科室设置，定位偏高端。

二、诊所行业市场增量的三个来源

个体诊所虽多，但质量不高，而且面临经营模式单一、利润增长点少、经营成本高、竞争压力大等问题。单打独斗的诊所生存变得异常困难，这给诊所连锁化提供了成长的土壤。而要吸引到更多的患者就诊，诊所需要摆脱以往单一化、小型化的形象，通过优质、专业的服务吸引患者。

诊所客源的第一个增量，来自公立医院转移出来的客源。从图 1－6 中数据来看，门诊部的患者就诊增长比例要低于诊所的增速。也就是说，未来大量新型诊所诞生后，想办法通过优质的医疗服务、市场推广活动来扩大客流量是第一关键要素。

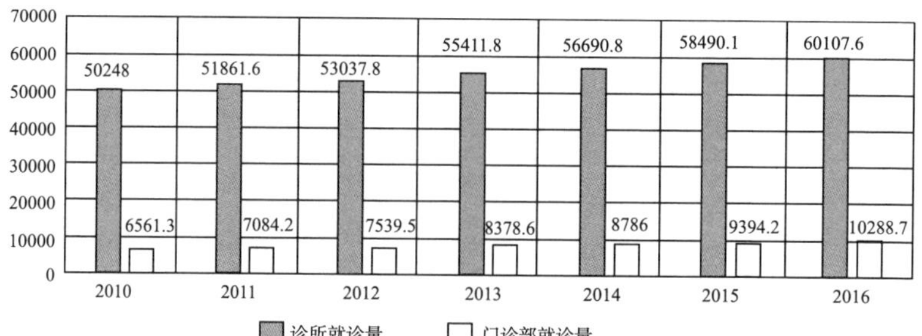

数据来源：《中国卫生和计划生育统计年鉴》，蛋壳研究院

图1－6　诊所和门诊部历年门诊服务数量（万次）

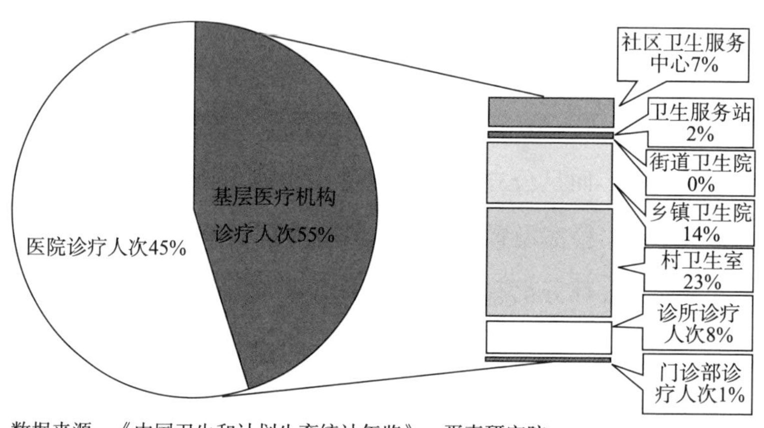

数据来源：《中国卫生和计划生育统计年鉴》，蛋壳研究院

图1－7　诊所＋门诊部诊疗人次占总诊疗人次占比

2016年总的医疗机构诊疗人次为793170万人次，基层医疗机构就诊人次436663.3万人次，超过了50%（图1－7）。其中，选择到诊所和门诊部的总就诊人次为60107.6万次，其实仅占到基层医疗机构就诊人次的16.12%，占总就诊人次的8.88%。未来，到诊所就诊的患者比例还将持续上升。国家密集的政策落地，有望对基层医疗的相关产业形成拉动，显著加大诊所的投资机遇。

中国人口老龄化加剧，到2050年有将近1/4的人口超65岁。中国的社会发展阶段和人口结构的变化决定了基层医疗领域改革将康复护理、慢性病防治、医养结合纳入重点。中国人口越来越多患有非传染性慢性病，如糖尿病、内分泌失调和心血管疾病。

在老龄化的社会人口结构背景下，现有医疗体系在针对常见病、慢性病、康复、医养结合等基层诊疗服务的能力十分有限。这类疾病的承载机构目前集中在医院，逐步往社区卫生服务中心转移。而诊所在慢病管理、老龄人口康复治疗过程中，还没有发挥出应有的作用。所以，诊所在科室设置、服务对象方面可以针对性地考虑老年慢性病人群。

目前国家的医改目的，是要把大量的医院门诊量引流到基层医疗机构，所以从趋势来看，医院门诊服务将会大比例向基层转移。而诊所作为基层医疗的重要补充，将会承接很大部分就医人群。

诊所客源的第二个增量，来自于医疗服务可及性提升后，更好、更快地满足居民的常见病需求。根据普华永道的《新进入者与新医疗经济》调研报告中的调研数据显示，2016 年一年内 38% 的消费者当有医疗需求时却放弃了医疗服务，除了症状缓解的主要原因外，工作时间冲突、家庭事务时间冲突、经济条件的考虑分别占了 51%、35% 与 28% 的比例。

以上数据说明提高医疗服务的便利性，是医疗创业领域新进入者的主要机会。而诊所布局于社区周边，医疗的可及性更强，能让居民享受到更便捷的医疗服务，给常见病、慢性病的治疗带来更好的诊疗服务，让更多人能方便地使用医疗服务。

诊所的市场增量的第三个来源，是针对中高端人群的医疗服务。这类诊所是市场新且高速增长的重要力量，通过高大上的就医环境、有温度的医护服务来吸引患者。这种诊所能够更好地体现医生的服务价值和医疗人文关怀，提供优质、高效、便捷的医疗服务。随着消费升级大潮和资本的追捧，新型诊所的就诊热潮一直在大城市中蔓延。

这些年来，三级分诊、门诊禁液、跨省执业、备案制落地等大量鼓励基础医疗发展的政策不断出台，医疗市场日益开放。医生走出体制自建新型诊所已不再是空谈，各种类型和模式的新型诊所也应运而生。

区别于早年诞生的个体诊所和连锁诊所，新型诊所以患者为中心、以医疗服务为导向。患者前往诊所，购买的是诊所的环境、服务，以及医生的学识、专业能力及对患者的尊重。

第四节　新型诊所的行业现状

一、新型诊所的痛点与未来

据动脉网数据库统计数据显示，截至2018年11月，全国医疗卫生机构数量有100万家，包括新型诊所在内的全国基层医疗卫生机构数量约95万家，社会办医正在迅速发展。然而大量政策支持并未让新型诊所发展一帆风顺。

（1）新型诊所在发展过程中，确实面临很多挑战，比如与公立医院相比，缺少流量；

（2）区域复制容易，全国连锁难度大，前端品牌效应不强，供应链要求很高；

（3）医生和管理人才梯队搭建容易出现瓶颈；

（4）诊所整体盈利空间容易到天花板，诊疗项目偏少，主要收入为诊疗、挂号和基础医药等。

以下针对2018年关注最集中的“连锁”和“流量”进行分析。

1. 连锁模式

连锁的背后是质量标准控制、统一品牌形象，目前诊所开设的宽松政策、诊所民营化的趋势、医生多点/自由执业的放开，都为诊所连锁化经营提供了基础。

连锁化，能降低采购成本，但是只有将医疗服务、人才培训标准化之后，才能开展标准化连锁，这是一个长期的打磨过程。否则，会导致连而不锁，甚至亏损。这在口腔、医美和儿科领域，从 2018 年一些诊所透露的数据来看，表现得也比较明显，实现整体盈利的并不多。不过，2018 年，马泷齿科中国公司运营实现整体盈利。成立 5 年来，马泷齿科中国公司并未把关注点放在盲目追求规模化扩张方面，而是探索出了适合自己的民营专科连锁医疗服务产业的经营之路。

诊所全国连锁扩张，一般通过自营、收购和加盟三种方式拓展到新的区域，模式上一般是 1（旗舰店）+N（小型诊所）。成功拓展新市场的能力取决于众多因素，比如确定适合提供服务类型的地域市场、确定当地消费者的喜好、应对当地市场的竞争、谈判可接受的租赁条款（包括理想的租金）、雇用培训及留住医护人员、成功将新机构整合在现有的控制结构及营运体系（包括信息技术系统）、确保取得融资或维持新机构投入或进行收购所需的充足资金等。

在 2018 年完成融资的诊所企业中，大部分的重要任务之一就是进行扩张或者连锁化医疗管理体系打造，但是诊所服务离不开地理管理半径，异地连锁的管理半径太大，诊所必须具备超强的管理、协调和总部集约化调配能力，通过复制连锁管理模式，降低成本，提高效率。

在动脉网观察的诊所类型中，很少有垄断性的连锁诊所，大部分企业需要时间才能建立起品牌知名度和完整的运营体系。

通过此前蛋壳研究院的统计和观察，目前全国性的连锁诊所发展较好的企业并不多，多以口腔科和儿科诊所为主，部分综合性全科诊所的地域性比较集中，管理相对简单。

一个可见的趋势是，口腔和儿科诊所也从迅猛发展的时期（2013－2014 年及 2016－2017 年，分别为口腔和儿科扩张凶猛时期），过渡到深耕细作的时代，注重打磨内功，如管理体系、医生培训体系、信息化系统、运营体系和品牌体系等。

从资本方来看，分析诊所投资趋势的话，主要是核心竞争力为提供标准化服务的能力，技术升级及新的消费观推动服务内容变化（从单纯治疗、产品需求到医疗服务需求），医疗机构将更连锁化、高端化和信息化，行业竞争格局分散，未来将迎来整合，另外并购将为资本主要退出渠道。

2. 持续流量

每个诊所都想低成本持续获得更多客人，流量的获取有两个维度，一是拉新，二是延长老客户的服务周期，这在消费属性更浓、竞争更为激烈的医美、口腔、皮肤管理、健康管理等领域，对于精准流量的渴望更为严重。一些扩张步伐太大的诊所，往往会因为没有医生、客人而关闭或并购整合。

从经济学原理出发去思考，在任何一个新出现的领域，如果需要购买流量，即使当下很贵，及早购买，付出的成本会比后来者低，因为流量只会越来越贵。

那么，什么才是精准的流量，一般要满足几个要素，除了基本的用户数和黏性，还要参考交易属性及需求的强弱。要想得到更高的转化率，我们认为要用大众、高频、低价的产品或者服务去获取流量，诊所应当从产品和服务类型出发，开发一些这样的服务套餐，以此拉动流量，比如齿科诊所的涂氟、洗牙，医美诊所的皮肤护理，儿科诊所的生长发育测试和监控等。

后流量时代，产品和服务即流量，从流量回到品牌，从线上重回到线下。在偏向消费型的医疗领域，重回线下的趋势还是比较明显的，比如在选址上，中高端诊所、连锁诊所为了获客，选址时考虑人流量大的商圈。这类诊所吸引客户的方式主要是通过服务，从装修风格，甚至是医务人员的形象去做出改变，消除患者就医时的恐惧感。但是，享受中高端诊所更好的服务品质的代价是付出更高的诊金。

虽然线上导流被看作是用户的重要来源，但是线上导流能为诊所带来的实际业务量很容易遇到瓶颈，这在妇科、儿科、产科等领域尤其明显。大部分月子中心、产康机构、儿科诊所的流量还是来自于医院。

线上导流更多是在品牌建设、患者教育和沟通上起到积极作用，当然这并不是说线上导流没有作用，而是需要开创一种线下的新业态，既能体现线下的体验性价值，又能解决服务密度和及时性的问题。急于寻找新的线上线下消费场景，开展异业合作，2018 年的诊所真的“很忙”。

对于线上平台来说，也开始从单纯的流量匹配，向专业精细的服务思维转变，同时不断拓展新服务的边界，寻找线上线下可以切入的新场景入口，这也是目前如新氧、更美、悦美、美呗等垂直平台，美团点评、阿里健康等互联网巨头在赋能商家和产业链的新打法，由流量平台向深耕专业服务领域转变。

新氧 2018 年打算招聘 100 位医学人才，要成为一个专业的服务者。更美打算医美的下一个黄金 10 年，将通过快速提供结构化信息提高用户决策效率。美团点评丽人 2018 年提出“美业店 美团芯”解决方案，致力于成为门店的引擎和商家增加收入的动力。

我们判断，展望未来，线上与线下结合，通过信息线上化、服务系统化、智能软硬件、数据支持等底层能力完成诊所的改造。接下来的几年，在一些消费化程度较高的领域，在规模效应和资本推动下，新型诊所的连锁化率应该会快速提升，诊所拥有专业的服务能力和品牌口碑，将真正成为企业的竞争壁垒。

二、信息化管理：基层诊所痛点的解决办法

随着互联网的高速发展，IT 行业逐渐浸润到医疗行业。相对于诊所而言，互联网信息化是机遇也是挑战，更为广泛的患者资源是为机遇，如何应用好新模式保留患者资源是为挑战。

随着基层连锁诊所的落地，信息化手段成为日常运营管理的好助手。在基层患者数据众多的情况下，我们看看万家云诊所如何利用定制化开发，改变千篇一律的“医院式信息系统”，让诊所管理变得更容

易，他们解决的又是什么问题。

万家云诊所是基于 SaaS 模式下的专业诊所工作平台，建立全流程就诊程序，实现规范化、标准化的诊所一站式管理，预约登记、前台接待、医生就诊、电子病历、处方拿药甚至结账收费的标准就诊流程。

目前市面上绝大部分的诊所软件基于医院信息化系统基础进行更改，大多数诊所的实际使用场景及习惯与系统并不匹配，导致使用不畅，诊所运营效率低下。

在诊所规范标准化的经营管理的基础上，万家云诊所身处诊所发展场景中，为诊所定制开发，让诊所管理变得更容易。利用云诊所系统科学地实现诊疗过程的全面管理，不仅仅提供诊所内部支撑，还可以有力支持诊前和诊后的服务，真正帮助诊所完成互联网化管理。

作为诊所日常运营管理工具，万家云诊所希望利用自己的系统解决基层诊所三大痛点：**成本、管理、时间**。

1. **无纸化效率办公，发掘数据资源**

基层诊所医护人员使用全套信息化流程，能够更有序地开展工作，持续保持高质量的工作状态。

结构化的电子病历有专业模板库，医生可以便捷地撰写病历，也能随时调取患者历史病历、处方信息，提升此次诊断效率；智能知识库能帮助医生诊疗更快更准确，将患者信息数据在就诊的各个环节录入系统，真正实现“诊所无纸化”。全方位提高医护工作人员的工作效率。

“诊所无纸化”不仅是将档案资料输入电脑，而是能够在任何时间和任何地方查看患者的相关信息，从中找到所需要的资料，完善客户管理和服务，全面降低运作成本，争取诊所利润最大化。通过万家云诊所的数据分析功能可以如实查询每一个患者的就诊情况，从踏入诊所就诊开始对患者的信息管理就启动了。

根据一位诊所从业者分享的经历，通过一个患者的数据，医生可以从初诊开始分析如何合理回访和制定患者沟通治疗方案，最终使患者认同种植牙方案。系统记录着首次接诊患者的是哪位医生，医生初期是如何与他沟通，到最后这个患者的电子病历、预约情况、电话回访及收费情况等。一系列详细的信息清晰透明，患者对治疗方案的接受程度也会更高。

基于这些数据，诊所老板才可以了解每位患者如何流失、为何流失、对治疗是否满意等信息。相比传统诊所从一大堆纸质档案中翻找出患者的案例，如今系统数据分析，一目了然，只需点击几下鼠标就可以轻松完成。

除运营成本外，诊所运营存在一定的风险成本。根据法律规定，对因医疗机构隐匿或拒绝提供病历资料导致不能鉴定的，该后果应由医疗机构承担。许多医疗纠纷正是由于医疗机构与患者之间信息不对等，而造成双方的损失。

规范诊治过程，合理使用电子病历，可防范风险，避免医患纠纷，这是万家云诊所的诉求之一——最大化地为诊所提供方便、清晰、可记录的流程管理，规避风险。

2. 规范管理体制，提升管理效率

诊所要做好，不仅仅是诊疗水平提升，诊所也像一个“小公司”，同样存在着管理的问题。利用管理信息平台辅助自己的内部管理，是相当有效的手段。

万家云诊所提供从诊所前台、医护、财务、人事行政到管理者等各个平台的每一项工作及运营流程管理，有效地帮助诊所对运营体制进行质量监控和高效管理。

同时，系统可以为管理层提供科学化的分析数据，帮助经营者预测市场需求、客户需求，进一步形成决策科学；同时在信息化平台上可建立内部联系与互动，大大加强团队协作能力，提高诊所整体运作效率。对于连锁诊所来说，共通的信息管理平台，可以省下更多的人力、时间成本。

3. 预约管理，提升患者满意度

就患者角度而言，万家云诊所可以从两方面提升患者就诊的满意度：

一是通过万家云诊所的预约功能帮助患者通过一键预约，无需排队挂号，让患者分时段就诊，改变以往患者扎堆就诊时长时间等待的情况，达到减少患者就诊等待时间的目的；同时，医护人员可以提前查看预约就诊患者人数，预估工作量，更好地为患者提供快速有效的接待、诊治服务。

二是无纸化归档，可有效保护患者隐私，方便患者就诊。万家云诊所能通过患者健康管理，自动归档用户的就诊记录，帮助诊所更好地管理用户健康；通过会员管理、随访管理，整合用户信息，提升客户关系，规范高效的随访计划，提高患者的留存率；同时支持多端消息互动，在线咨询，如聊天、语音、视频等途径进行医患沟通。

没有优秀的诊所，只有时代的诊所，身处快速发展的时代，诊所也需应时而变，在国家大力提倡医疗资源下沉基层的今天，基层诊所也正在改变过去的小、乱、差形象。因此，“互联网 + 诊所管理系统”模式成为基层诊所转型的重要路径，从标准化管理入手，接受新的运营模式势在必行。

三、新型诊所行业现状与商业发展模式

协同医院，消费级医疗诊所一般满足这三个条件：

（1）公立医院的边缘科室，作为医院的补充；

（2）销售产品不等于销售药品，探索新服务形式；

（3）客单价超千元。

其中几大吸引资本科室为医美、皮肤、口腔、眼科、营养、康复、宠物和健康管理等，这也从市场上得到反映和印证。市面上这几类连锁

诊所居多，发展较快，受到资本青睐，竞争也最激烈。

如果从客单价的角度来考虑，这是企业能否盈利的关键要素之一。根据动脉网蛋壳研究院数据，面向社区基础医疗服务的中小诊所，大部分客单价在 100 元左右。诊疗费不高，治疗费收取也较低，大部分营收是靠药品销售进行支撑，药占比可以达到 70% 以上。诊疗费较高的中高端诊所，平均客单价很多达到了 1000 元以上，医生也没有追求利润的指导思想，所以在开出药品时比较慎重，整体药占比可控制在 10% 左右。

相比之下，口腔诊所整体客单价水平显著偏高，原因是口腔科领域的治疗费用高，尤其是正畸、种植类项目，大部分诊所客单价超过了 1000 元。从 2018 年的诊所类企业融资情况来看，也是口腔类企业占据多数，融资就有 9 笔。2018 年诊所的现状和发展模式，可以用以下两组关键词来概括。

1. **门槛和可复制性**

大体来讲，医疗服务行业，好的诊所需要满足轻资产、快速扩张、可复制几个特点。如果以可复制性和举办门槛模型来看，在可复制性上，健康体检、连锁药店、手术中心、生殖中心等机构最高，行业特征是“大鱼吃所有”，最有机会产生行业巨头。尽早识别大鱼是投资核心，是投行并购最核心的领域。

相比之下，口腔、医美、儿科、眼科、康复等产业属于“小鱼吃虾米”，市场易梯队化，“寻虾、吃虾能力”是投资标的价值判断的重要因素。而肿瘤医院、脑科医院、心血管医院等可复制性最低，呈现自强发展，百家争鸣，专家团队是投资核心。

从举办门槛来看，肿瘤医院、脑科医院、心血管医院、生殖中心等难度最大，易产生寡头格局，培养时间长，强者更强。后发机构难以撼动格局，常常被收购，时而兼并。

皮肤科医院、妇产科医院、康复医院、骨科医院、血透中心、手术中心等难度其次。诸侯格局，各家体量都不大，连锁数量有限，协同效应不强，内外生长，两条腿走路。口腔诊所、医美机构、中医诊所、连锁药店、健康体检、基层诊断等举办门槛最低，长尾格局，连锁和合并长期存在，垄断是伪命题，资金更是涌入头部平台。

总体来看，口腔、医美、儿科等市场化程度较高的新型机构，举办门槛相对比较低，可复制性还是比较强，所以需要资金的不断投入，重点解决以下几个问题：

（1）**医生和管理人才**。对于诊所来讲，医生是比较关键的，也是占据机构开支最大的成本之一，比如口腔、医美、儿科、康复等。在康复领域，人力成本往往占到50%～60%，口腔领域也占据20%～40%。人才不仅稀缺，而且流动性相对比较大，因此留住人才，非常关键，对于品牌扩张也是非常重要的。合伙人机制是核心，典型的代表如联合丽格、美维口腔医疗集团、欢乐口腔等。另外，新型诊所行业竞争还是相对激烈的，需要非常强的管理人才和品牌溢价。

2018年10月，妈咪知道儿科诊所（以下简称妈咪知道）联手上海交通大学就人才培养工作进行正式战略合作，搭建儿科医疗管理人才培训体系，目的是帮助医生建立医疗管理能力，成为未来担任管理岗位的人才储备，承担总部与诊所之间医疗管理执行的纽带。

（2）**标准化和信任**。从客户需求角度出发，搭建高效高质量的标准化服务流程，已经渐渐成为共识。标准化包含的要素庞杂，大致方向是依靠中央管控的运营和监控体系，在客户服务流程上做细致且标准化的运作，不仅要利用信息化的系统对客户数据沉淀和了解，还有一个非常重要的一点，医患沟通需要具备亲和力，建立信任度。

轻医美机构的项目操作较安全，纠纷少，流程可标准化，量化指标分析可系统化。星和医美依托1公里美容体系获取高黏性用户，其中接入多方系统支持各方面数据精确分析。例如与美团在谈的外设：门店摄像头，可以精确了解用户在某个时间段里每分每秒所在的位置，而且能让一个督导可以管理一个区内的门店，上限可以达到20家，大大节省了中层管理人员的人力成本，还通过IT化的警报机制可以知道管理服务的质量，而不用传统的管理方式监控，向着智慧化方向发展。

随着民众收入增长和医疗消费意识增强，可预期的情况是，大中型公立医院的总量会缓慢增长但市场份额会缩小，非品牌个体诊所将会被品牌连锁所逐渐合并，虽然目前还是小型的单一门诊占主体。

2. 服务和边界

终端行业整合在中国，已经成为趋势。虽然民营占比非常高，但是民营连锁化率非常低，所以有大量资本推动整合。消费型新型诊所毛利较高、易于标准化连锁化扩张且不容易产生重大医疗事故。由于公立医院的改制问题及个体诊所的规模化问题，目前民营新型连锁成为投资主流。

如何保证诊所具有不停地创造新产品和产品迭代的能力？如何服务线上线下、从硬件到软件到IT系统到组织形成服务闭环，探索复制新的商业模式？这些是目前诊所面临的现实问题。

（1）信息化系统。这主要是指通过数字化软件系统跟踪标准化体系的实施和落地，让管理者随时了解门店的预约、客户治疗项目、术后满意度等情况，从诊前信息搜集到诊后病情效果的跟踪，诊后随访的专业度，数据化系统管理把客户的咨询、治疗档案及客户需求记录其中，根据这些数据，为客户制订更精准有效的健康管理方案，实现精细化运营和服务。接受动脉网专访的连锁诊所负责人，都不约而同地表示，信息化升级是2018年的重要议题之一。

这方面比较典型的赋能型企业就是领健信息，目前e看牙、悦容医美云已与美团点评App平台实现集成，有助于消费医疗机构与客户进行更顺畅的沟通，建立机构品牌与客户间的深度关联，完善品牌营销、服务、交易、分享的闭环。2018年已完成数千万元的B+轮融资，合作诊所有14000多家。

（2）患者教育。患者教育的重要性和用途不言而喻，做医疗级的知识服务，满足用户记录、知识、社交和购物消费等需求。比如妈妈群体、求美者，他们有很强烈的动力去学习科普知识，育儿的动力、变美的意愿，超过其他人群。如果可以打造健康教育课程，甚至培训体系，形成一套健康管理医疗服务，知识付费也是探索的一种新盈利模式。从盈利模式上来看，纯医疗板块之外，寻找更多移动产品端、健康会员端、教育培训收益，一些诊所正在积极探索。

2018 年年初，育学园完成了新东方独家投资的 C + 轮融资，未来将共同开发医教的产品。在线上移动产品、内容付费、电商、教育板块、自有品牌产品都完善之后，2018 年，其最大的任务就是完成育学园医疗板块，成立育学园妇产儿医疗健康平台，从儿童健康管理升级为更全面的家庭健康管理。

（3）**边界**。这里需要解决存量和增量市场的问题。比如在康复市场，存量市场外，增量市场包括儿童康复、老年康复、精神康复、心脏康复、运动康复等细分市场。

传统儿科诊所服务科室包括儿童保健科、儿内科、皮肤科。随着患者逐渐增多，许多专科患者需求也逐渐显现出来。儿科连锁品牌知贝儿科即新增多个科室，为家庭提供更丰富的高质量的医疗服务，如儿童呼吸专科、儿童心理科、耳鼻喉科、言语发育迟缓、自闭症康复等。

比如，听力服务的模式现在也发生了巨大变化，不仅仅是产品销售，听力筛查、检查、诊断及康复市场潜力巨大。爱耳时代诊所就凭借引进听力检测设备，搭建智能服务标准，通过与药店、体检中心等合作，快速下沉到基层，承接和服务好老人和儿童患者，在听力慢病健康管理过程中建立了良好的患者黏性。

如何合理扩展服务的边界，对机构重新定位，解决差异化体验的问题，在市场中构筑壁垒，直接决定了诊所是否能够实现快速增长。比如目前植发机构、生殖中心更多是消耗之前的存量市场。如何从不孕不育过渡到优生优育，从植发到养发护发，儿科诊所如何在儿童健康管理上找出路，都是值得去思考的问题。

第五节　大数据看诊所的行业趋势

如美国的梅奥、中国香港的康健、新加坡的百汇医疗，都是从一个诊所开始发展起来的。优质的医疗服务和长时间的坚守，使得这些诊所从小到大，最后成为业内知名的医疗服务机构。

动脉网蛋壳研究院在国内选择了北京、上海、广州、武汉、深圳、重庆、成都、乌鲁木齐、天津、合肥、长沙、昆明、无锡、福州、杭州十五个城市，实际走访了超过 80 家诊所，收集了超过 200 家诊所的数据，并对创始人、管理者进行了面对面的访谈，根据调研数据和访谈内容进行梳理，总结出新型诊所的发展趋势。

以下数据分析基于动脉网蛋壳研究院所收集到的诊所运营数据，访谈的 80 家诊所中包含了超过 20 家国内著名的中高端连锁诊所。主要考察的是定位较高的新型诊所和连锁诊所，而不是数量比例最大的个体私人诊所。

新型诊所和中高端诊所的运营经验、运营状况更值得我们参考，而这类诊所主要在一线城市聚集。图 1－8 是本次新型诊所调研主要走访和数据收集的前六大城市诊所数量，北京最多，调研了 53 家诊所。

一、大数据看诊所规模

1. 诊所的规模偏大，以门诊部为主

以往我们都以诊所来统称这类医疗机构，但从调查来看(图 1－9)，很多诊所，特别是新型诊所因为设置规模较大、科室较多，所以几乎都

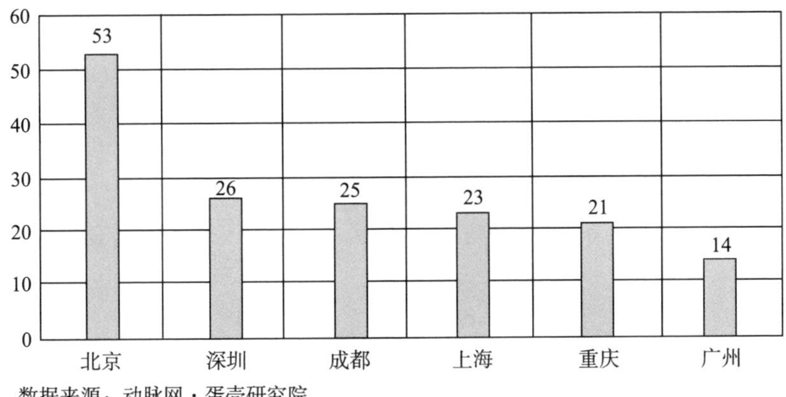

数据来源：动脉网·蛋壳研究院

图1-8　蛋壳研究院调研诊所数量前六的地区

是以门诊部属性进行登记的。只是门诊部的名称略拗口，大家更愿意采用诊所的叫法。

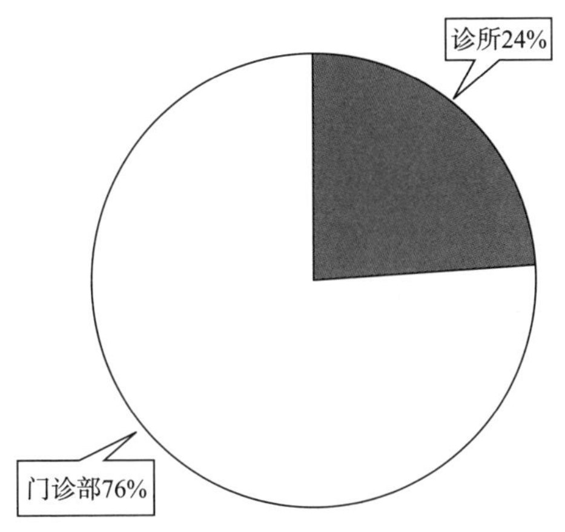

数据来源：动脉网·蛋壳研究院

图1-9　诊所所属医疗机构设置类别

在美国，clinic 的直译就是诊所，有如一分钟诊所这样的小店叫诊所，也有如梅奥诊所、克里夫兰诊所这样的庞然大物也叫诊所。所以，名字如何，并不影响医疗机构的发展和壮大。我们也期待，能从我们所调研的这些诊所中，走出我们的梅奥和克里夫兰。

2. 有 1/3 的诊所面积在 500 平方米以上

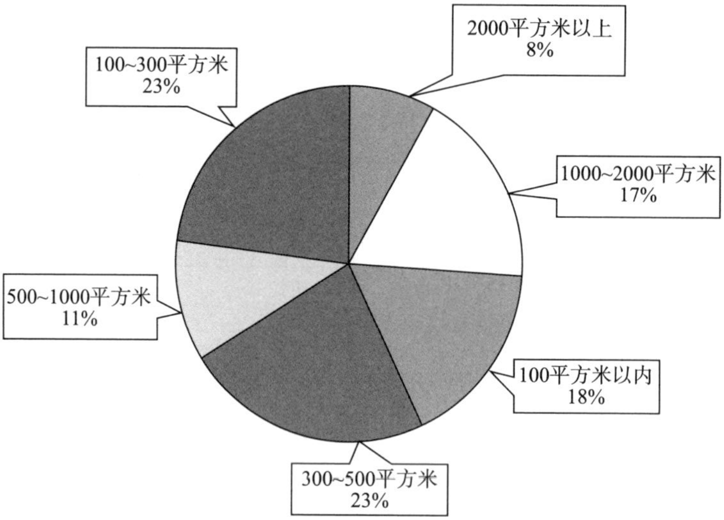

图 1－10　调研诊所的面积大小分布

面积小于 100 平方米的诊所，全部是定位于社区医疗服务的个体诊所。这类诊所的竞争力差，在蛋壳研究院所调研的诊所中占到了 18%（图 1－10）。1000 平方米以上的中大型诊所，合计占到了所调研诊所的 25%。这类诊所一般设置的科室较多，能够为患者提供比较全面的医疗服务。诊所的面积较大，能够布置的空间也更多，在等候区、留观区的装修设计也会更漂亮。

3. 连锁诊所的占比超过八成

民营医疗机构，一定会往连锁化、规模化发展，才能降低成本、提高效率。中国的医疗市场中的连锁诊所、血透中心、第三方医学检验等医疗机构的连锁化、规模化都和美国市场有较大的差距。从我们的调研数据分析（图 1－11、图 1－12），新型诊所的连锁化率超过八成。不过，这个数据不是反映的整体诊所市场，而是以中高端新型连锁诊所为主的诊所市场。

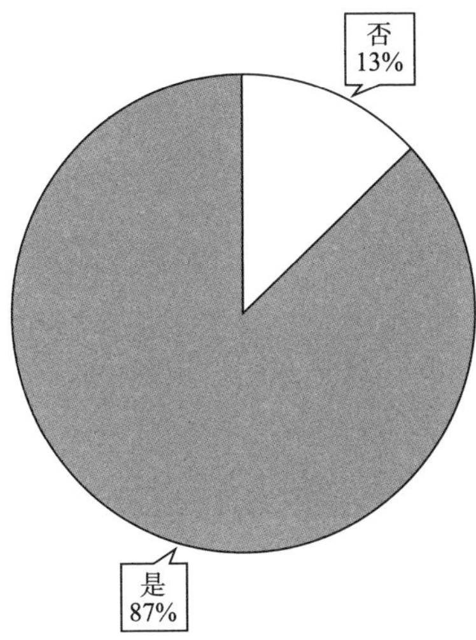

数据来源：动脉网·蛋壳研究院

图1-11　调研诊所是否连锁

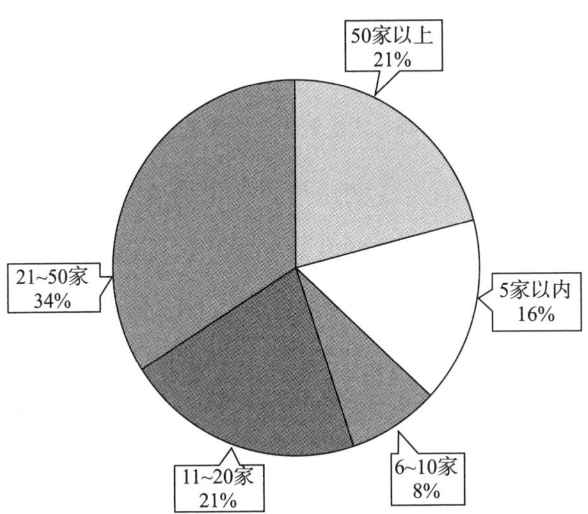

数据来源：动脉网·蛋壳研究院

图1-12　调研连锁诊所的规模

二、大数据看中高端诊所

1. 近两年出现第三次中高端诊所建设潮

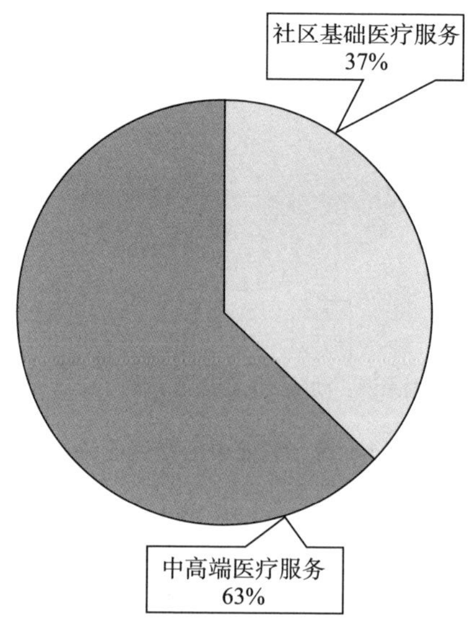

数据来源：动脉网·蛋壳研究院

图 1－13　本次调研诊所的定位统计

如图 1－13 所示，有 1/3 的诊所定位于社区基层医疗服务，2/3 定位于中高端医疗服务。诊所通常解决的是社区的基础医疗服务，完成居民的常见病、多发病诊治。2018 年，中国有 16.9 万家诊所和 1.45 万家门诊部。它们当中的大部分都定位于社区的基础医疗服务。

本次动脉网蛋壳研究院只选择了小部分定位中低端的社区诊所和个体诊所参与数据调研，原因是这类诊所运营思路单一、服务能力较弱。大部分在品牌运营、产品设计、服务能力、经营水平上突出的新型诊所，定位都偏向于中高端，所以我们的调研对象也偏重于定位中高端的新型诊所。

通过统计这些诊所的注册时间，我们发现了定位中高端的新型诊所

的三波发展浪潮（图1－14）。

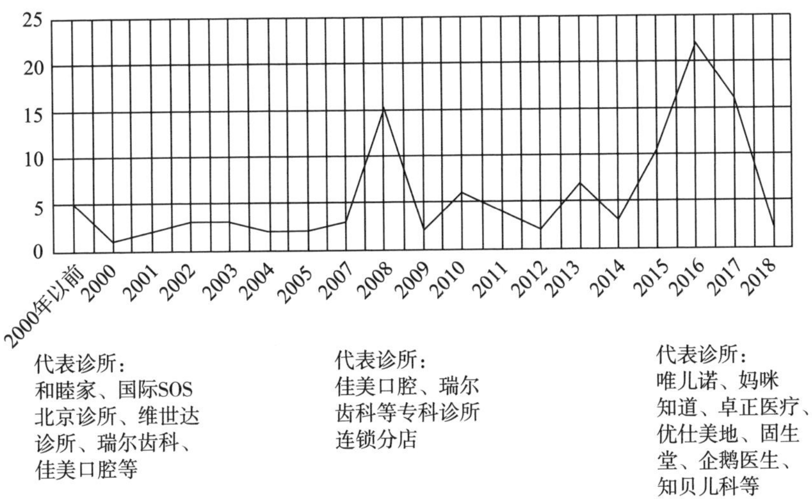

图1－14　定位中高端的新型诊所成立时间

中国第一波高端私立诊所潮集中于20世纪90年代末期出现。如和睦家诊所（医院）、维世达诊所、港澳国际诊所、SOS诊所都是首先选择在北京落地。出现这种现象的主要原因是：20世纪90年代末期经济飞速发展，北京作为中国的经济、文化、政治中心，很多外企进入中国，来京外籍人士增多。这一批高端诊所多有外资背景，引入双语医疗专家或外籍医生，为在京的外籍人士提供国际化的医疗服务，也让部分中国的高收入人群体验到了高端医疗服务，积累了不错的口碑。

第二波中高端诊所主要成立于2008年前后。随着北京、上海、深圳等一线城市人均收入的提高，中国的富裕人群越来越多。这部分高消费人群的消费升级，对医疗服务也提出了更高的需求。中高端人士需要高品质的家庭医生服务、医务人员耐心细致的讲解、定制化的健康管理、长期的医疗关注、多语种的沟通等服务，这些都是公立三甲医院无法提供的。最早市场化的一些综合门诊、连锁口腔、医美等专科门诊在这段时间开始扩张连锁店。

最近一波中高端诊所热潮，是从2016年至今。前两个时期的中高端诊所热潮主要偏向高端，这一时期建立的诊所定位则更亲民一些。商业健康险和自费成为这类诊所的主要支付手段。第三波中高端诊所和前两次发展的区别在于，除了小部分综合类门诊外，用户需求逐渐细化，如口腔科、儿科、中医科等细分科室的中高端专科诊所大量出现。目标客户群体除了需要差异化医疗服务的中高端人群之外，一些世界500强企业或大型央企也是新型诊所服务的购买者。

2. **中高端诊所集中在一线城市**

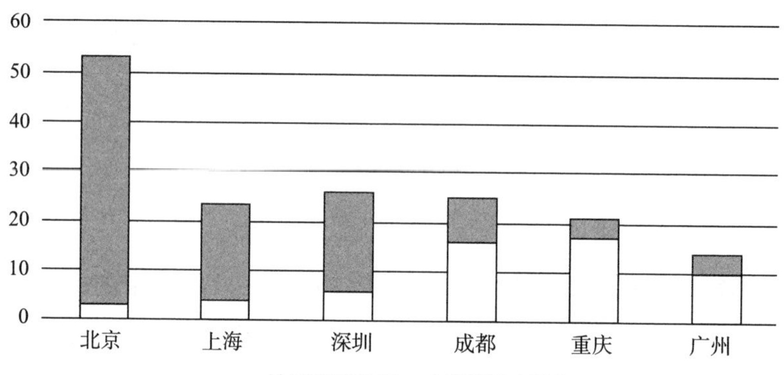

数据来源：动脉网·蛋壳研究院

图1－15　各城市调研诊所中高端定位比例

如图1－15所示，在我们调研诊所数量最多的六个城市中，通过诊所的定位进行分类，可以看到中高端诊所几乎集中在一线城市，主要分布在北京、上海和深圳。在前面的分析中已经提到北京作为中国的政治、经济、文化中心，成为中高端诊所落地的最佳选择。但是20多年之后的今天，中高端诊所仍然主要集中在北京、上海和深圳。原因如下：

第一，一线城市聚集了中国绝大多数的精英人群和外籍人士，对高端的医疗服务有强烈的需求。

第二，一线城市收入较高，对高端医疗的接受度高。

第三，作为中高端诊所重要客户源和收入源的商业健康险，目前只在一线城市落地。二线城市的中高端诊所不但需要降低诊费迎合市场，而且没有商业险的支撑，可能长期无法盈利。

三、大数据看诊所主要科室

蛋壳研究院对调研诊所的科室设置进行了统计。统计时，以《医疗机构诊疗科目名录》中的一级科室作为统计项目，如诊疗科目为二级科目妇科的，统计为妇产科，诊疗科目为二级科目中医儿科的，统计为中医科。最后的数据汇总后发现，口腔科、儿科、中医科这三大科室是诊所的最爱（图 1－16）。

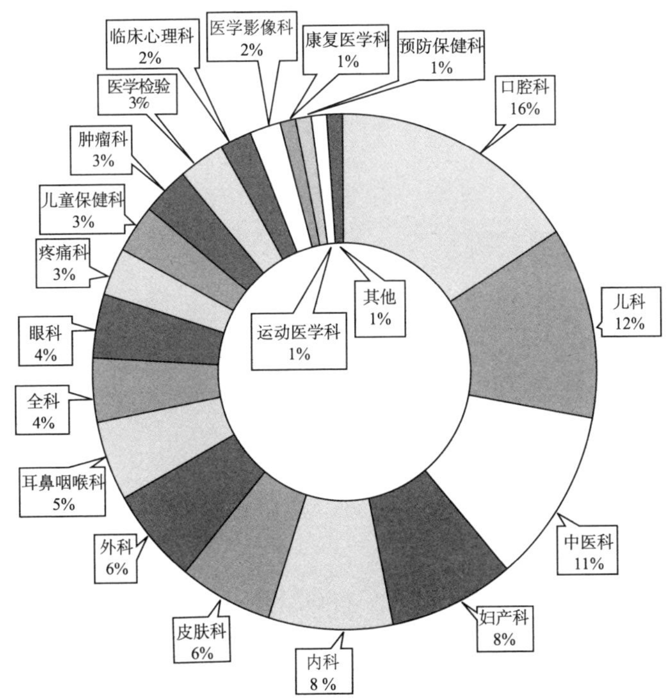

数据来源：动脉网 · 蛋壳研究院

图 1－16　调研诊所主要的科室设置

口腔科是属于市场化、成熟度非常高的垂直消费医疗领域，高值耗材多，利润高，诊所数量多、分布广，也诞生了很多大型连锁机构。

儿科在市场端的需求非常大，获客较容易，客单价也容易提升，但在公立医院儿科属于压力大、待遇低的科室。随着儿科医疗的需求不断升温，加上对比鲜明的工作环境和工作状态，吸引了很多公立医院儿科医生加入到新型诊所之中。以儿童保健和疾病预防为特色、装修童趣十足、接纳了体制内医生资源的私立儿科诊所正在迎来爆发。

随着国家大力发展中医事业，中医在办医、人才培养过程中都得到了大量政策的扶持，中医诊所也成为资本市场关注的热点。中医科的发展前景被看好，不仅大量出现中医专科诊所，很多高端外资诊所也设立了中医科。

第二章

资本注入促进新型诊所发展

诊所热，相对于前几年的扩张高峰期，2018 年有所降温。一方面跟投资环境有关，资本对于投资趋于谨慎；另一方面，头部效应愈发明显，呈现“大鱼吃小鱼”的特征。

然而，从医疗市场的总体趋势来说，中国的老龄化加剧、医疗需求不断上涨，而医疗服务其实远远跟不上民众医疗服务的需求。作为医院的补充，高度分散、数量众多的诊所其实起到了很大的缓解作用，鼓励社会办医已成为医疗行业发展的可见趋势。

第一节 资本市场布局新型诊所

动脉网数据库统计了 90 家诊所数据（表 2－1），有接近 1/2 的诊所获得过融资。诊所普遍融资金额较大，天使轮普遍在数百万元，A 轮在数千万元之间，B 轮及以后轮次普遍融资金额超过亿元。

表 2－1　90 家诊所融资数据

名称	融资时间	所在地	融资情况	诊所类型
祐邻诊所	2017－10	北京	未公开	于莺医生的社区诊所
楚雄国医堂	2017－05	云南	未公开	中医诊疗
佳杏连锁诊所	2017－05	重庆	未公开	品牌化社区连锁诊所机构
嘉宝康乐	2016－11	北京	天使轮	儿科诊所
广州佑儿诊所	2016－11	广东	被并购	儿科诊所
昱博士儿科	2016－11	重庆	未公开	现代化轻医疗儿童专科连锁
成都里奥医生	2016－10	四川	未公开	全科诊所
璞迈医疗	2016－10	浙江	天使轮	全科诊所
知贝儿科	2016－09	广东	A 轮	儿童健康领域服务企业
李其河	2016－07	广西	未公开	中医诊所
优仕美地	2016－06	上海	A＋轮	个性化高端医疗服务业务
雅御口腔	2016－06	上海	种子轮	全国连锁口腔机构
企鹅医生	2016－05	北京	PreA 轮	全科诊所
邻家好医	2016－02	浙江	PreA 轮	家庭医生服务平台
沃医妇产名医集团	2016－02	北京	未公开	口腔诊疗服务机构
福祉之家	2016－01	北京	天使轮	社区养老及居家养老服务提供商
北京瑞而士诊所	2015－12	北京	未公开	诊所

续表

名称	融资时间	所在地	融资情况	诊所类型
杭州全程医疗	2015－12	浙江	未公开	国际医疗健康服务平台
北京瑞华心康诊所	2015－11	北京	未公开	诊所
曜影医疗	2015－11	上海	A 轮	外资高端医疗机构
首都医疗优合诊所	2015－10	北京	未公开	高端连锁医疗机构
长和大蕴	2015－09	北京	未公开	儿科诊所
友翔口腔	2015－09	广东	未公开	口腔门诊部
唯儿诺儿科	2015－09	上海	B 轮	儿科诊所
璞至医疗	2015－09	北京	战略投资	妇产科连锁医院投资和运营机构
友晟口腔	2015－07	广东	未公开	口腔门诊部
吕医生社区连锁诊所	2015－06	四川	未公开	社区连锁诊所运营商
弗阁笙	2015－06	上海	未公开	妇产科诊所
尤迈医学诊所	2015－05	北京	未公开	预约出诊和会诊的综合诊所
都安全诊所	2015－04	广东	未公开	两性生殖健康诊所
极橙齿科	2015－03	上海	A 轮	口腔连锁诊所
优和维尔	2015－01	北京	未公开	医疗服务集团
慈禄医疗	2015－01	上海	PreA 轮	儿科诊所
医数优复诊所	2014－12	上海	A 轮	骨科康复诊所
盖亚智慧诊所	2014－12	四川	未公开	智慧诊所连锁公司
正夫口腔	2014－11	广东	新三板	口腔诊疗服务机构
容德医馆	2014－10	北京	未公开	中医医疗服务机构
瑞而士医疗	2014－09	北京	未公开	医疗产业投资及运营企业
来美安医疗美容	2014－07	北京	未公开	眼部整形医院
三慎泰门诊	2014－05	浙江	未公开	中医医疗机构
佰斯康口腔	2014－05	北京	未公开	口腔诊所
马泷齿科	2014－04	上海	C 轮	牙科种植和口腔美学修复诊所
睿宝儿科	2014－03	上海	B 轮	儿童医疗保健服务的儿科诊所

续表

名称	融资时间	所在地	融资情况	诊所类型
强森医疗	2014－02	陕西	B＋轮	家庭医学全科诊疗
妈咪知道	2014－02	广东	B＋轮	母婴健康服务平台
猛犸口腔	2014－01	上海	未公开	口腔医疗及护理品牌
安德全科诊所	2014	四川	未公开	成都连锁社区全科诊所
泓华医疗	2013－05	北京	未公开	综合性连锁诊所、医院
爱丁医生	2013－04	上海	A 轮	备孕助孕服务机构
太一明堂	2013－03	北京	未公开	中医门诊
龙脊康	2013－01	广东	未公开	骨科诊所
颐清堂	2013－01	四川	未公开	互联网＋中医
艾玛整形	2012－12	北京	未公开	医学美容服务
蓝卡健康	2012－07	辽宁	未公开	专业医疗保健机构
柏荟医疗	2012－07	上海	新三板	医美连锁公司
凤凰医疗	2012－07	广东	IPO	综合性医疗集团
卓正医疗	2012－04	广东	C 轮	疾病诊疗和健康管理服务提供商
芙艾医美	2012－04	上海	B 轮	医疗美容机构
新康医疗	2012－03	云南	C 轮	基层医疗社区服务机构
百汇吉	2012－01	四川	未公开	社区医养服务平台
东济堂	2011－12	河南	未公开	中医药馆
弘道运动医学诊所	2011－12	北京	A 轮	运动康复医疗机构
正广兴	2011－10	四川	B 轮	家庭医生集团
嘉会医疗	2011－08	上海	A 轮	全方位健康服务商
国君医疗	2011－02	山东	新三板	社区医疗服务商
立登尔	2011－01	江苏	未公开	口腔医疗服务机构
固生堂	2010－09	北京	D 轮	中医门诊服务连锁品牌
博厚医疗	2010－06	山东	A 轮	社区医疗服务管理的公司
正安中医	2010－02	北京	A 轮	中医连锁机构
丁香园	2010－01	浙江	D 轮	医疗领域连接者以及数字化领域专业服务提供商

续表

名称	融资时间	所在地	融资情况	诊所类型
明经堂中医馆	2009－11	北京	未公开	高端中医诊疗机构
欧华美容	2009－09	北京	未公开	美容连锁机构
汉喜医疗	2009－05	北京	未公开	专业心血管健康医疗服务平台
完氏口腔	2009－04	广西	未公开	口腔医疗机构
友睦口腔	2009－01	广东	B 轮	连锁口腔诊疗服务机构
安美口腔	2008－08	北京	未公开	口腔诊所
方正世嘉	2008－05	北京	未公开	中医诊所
百汇医疗	2008－01	上海	未公开	高端连锁门诊
佳美口腔	2007－08	北京	天使轮	口腔连锁医疗机构
青苗口腔	2007－08	北京	未公开	儿童口腔医疗机构
新宁医疗	2007－04	江苏	新三板	全科医疗服务机构
嘉兴市联和医疗	2007－03	浙江	未公开	门诊中心
君和堂	2006－05	江苏	C 轮	中医医疗及健康管理连锁机构
中和堂	2005－12	上海	未公开	中医门诊
和睦家医疗	2004－11	北京	未公开	高端医疗机构
京都时尚	2004－08	北京	新三板	美容整形机构
瑞慈医疗	2002－01	上海	IPO	综合性医疗服务集团
维世达诊所	2000	北京	未公开	高端全科诊所
拜博口腔	1999－06	广东	A 轮	口腔诊疗机构
瑞尔齿科	1997－12	北京	D 轮	口腔医疗连锁诊所

诊所虽然相对医院来说，投资金额较低，但是相比其他互联网模式的医疗健康企业，仍然是一种模式较重的投资。一家诊所的投入需要数百上千万元，连锁诊所在大规模市场展开后，对资金的需求仍然偏高。

表 2－2　2017 －2018 年上半年诊所领域投融资数据

公司简称	地点	企业目前轮次	融资时间	当时投资轮次	金额	单位	投资机构
企鹅医生	北京	PreA 轮	2017－01－23	PreA 轮	未透露	人民币	红杉资本中国
优仕美地	上海	A＋轮	2017－01－26	A 轮	数千万	人民币	君联资本，理成资产，正奇投资
睿宝儿科	上海	B 轮	2017－02－13	B 轮	7000 万	人民币	源星资本，本草资本，麦星投资
妈咪知道	广东	B＋轮	2017－02－16	B＋轮	数千万	人民币	周大福
新康医疗	云南	C 轮	2017－03－15	C 轮	8500 万	人民币	锐盛投资
马泷齿科	上海	C 轮	2017－03－31	C 轮	1.1 亿	人民币	金浦基金，弘晖资本，源星资本
强森医疗	陕西	B＋轮	2017－04－17	B 轮	1 亿	人民币	启明创投，君联资本
芙艾医美	上海	B 轮	2017－05－27	B 轮	1700	美元	君联资本，Ares Management，拾玉资本，正齐金融
知贝儿科	广东	A 轮	2017－07－10	A 轮	数千万	人民币	红杉资本中国
固生堂	北京	D 轮	017－08－03	D 轮	10.1 亿	人民币	招银国际（深圳），金浦投资，中国人寿，国新基金
弘道运动医学诊所	北京	A 轮	2017－08－08	A 轮	数千万	人民币	清控银杏
卓正医疗	广东	C 轮	2017－08－28	C 轮	4000 万	美元	水木基金，前海母基金，经纬中国，中金公司，天图资本
瑞尔齿科	北京	D 轮	2017－08－29	D 轮	9000 万	美元	高瓴资本 Hillhouse-Capital，高盛集团
唯儿诺儿科	上海	B 轮	2017－09－13	B 轮	3000 万	美元	高特佳投资
友睦口腔	广东	B 轮	2017－10－17	定向增发	6500 万	人民币	经纬中国
曜影医疗	上海	A 轮	2018－01－18	A 轮	6000 万	人民币	麦星投资

续表

公司简称	地点	企业目前轮次	融资时间	当时投资轮次	金额	单位	投资机构
极橙齿科	上海	A 轮	2018－02－01	A 轮	数千万	人民币	道彤投资，IDG 资本，点亮基金
友睦口腔	广东	B 轮	2018－02－02	B 轮	6500 万	人民币	经纬中国，景旭创投
君和堂	江苏	C 轮	2018－02－07	C 轮	1 亿	人民币	弘晖资本，中卫基金
强森医疗	陕西	B＋轮	2018－02－09	B＋轮	数千万	人民币	现代服务业发展基金
博厚医疗	山东	A 轮	2018－03－30	A 轮	数千万	人民币	中钰资本，分享投资
优仕美地	上海	A＋轮	2018－04－20	A＋轮	数千万	人民币	君联资本，美敦力
璞至医疗	北京	战略投资	2018－05－18	战略投资	未透露	人民币	育学园
嘉宝康乐	北京	天使轮	2018－06－01	天使轮	数百万	人民币	未透露
欢乐口腔	北京	B 轮	2018－06－03	B 轮	4.5 亿	人民币	君联资本

从 表 2－1 可以看出，在 2017 年到 2018 年上半年，诊所领域公开的投融资事件有 25 起，总融资额超过 32 亿元人民币，呈现爆发状态。其中最大笔融资是中医连锁诊所固生堂的 10.1 亿元人民币 D 轮融资。

固生堂中医创立于 2010 年，是一个中医门诊服务连锁集团，总部设在广州，由爱康国宾集团创始团队涂志亮联合名中医李政木和台湾企业家王荣光共同创立，其业务涵盖传统中医医疗、中医教学、中医推广等多个领域。固生堂已在北京、广州、深圳、上海等 13 个城市构建起了包括 31 个中医门诊和一级医院的连锁服务体系，拥有中医专家近 1500 位，年门诊量超 500 万人次，复诊率达 70%。

从投资机构来看，君联资本热衷于诊所投资，在 25 次投融资事件中出现了 5 次，并多次领投，参与投资的诊所分别是优仕美地两轮融资、芙艾医美 B 轮、强森医疗 B 轮、欢乐口腔 B 轮。

第二节　亿元级新融资与重大并购企业

1. **摩尔齿科**

2018 年 1 月，摩尔齿科宣布完成亿元级 B 轮融资，投资方为松柏投资和国鑫创投。借助资本的力量，摩尔齿科致力于建设标准化、规范化、现代化的口腔医疗连锁品牌。

2. **君和堂**

2018 年 2 月，中医连锁集团君和堂宣布完成亿元人民币的 C 轮融资。本轮投资由中卫基金领投，上轮投资者弘晖资本跟投。本轮融资完成后，君和堂将持续致力于打造中国最具品质的中医药服务品牌。君和堂进行了一系列模式创新，包括通过大量的临床经验积累成立专病专科项目小组，针对各个单病种研究和开发君和特色单病种解决方案，并开发出专门的医疗服务项目和特色产品。

3. **艾格眼科**

2018 年 3 月，眼科医院连锁品牌艾格眼科集团宣布获得鼎晖投资 4000 万美元 B 轮投资。本轮融资后，艾格眼科会加速集团网络化的布局，并进一步提高现有医院的服务能力，同时在兼顾医疗资源下沉及医疗质量的创新业务模式中，做出新的尝试，致力于成为中国有品质的眼科连锁领先品牌。

4. **泰康拜博口腔**

2018 年 5 月 18 日，经中国银保监会批复同意，泰康保险集团正式宣布战略投资拜博口腔医疗集团，泰康人寿出资 20. 6236 亿元人民币投资拜博医疗51.56%股权。2018年6月15日，此次战略投资成功落地。本次投资由泰康健康产业投资控股有限公司牵头实施，由泰康人寿保险有限责任公司出资，标志着泰康打造的高端医疗模式在口腔专科领域正式落地。两者的联合将有力整合服务方与支付方，实现医疗服务和保险支付的对接。

5. **欢乐口腔**

2018年6月3日，欢乐口腔医疗集团宣布日前与君联资本管理股份有限公司等单位正式签署了投资合作协议，B轮融资金额为4.5亿元。11年来，欢乐口腔依托北大口腔医生创业团队技术优势，坚持预防为先理念，总结出“三个病、两项技术”，形成了一套诊断快、痛苦小、疗效好的口腔预防治疗技术体系。

6. **妈咪知道**

2018年6月26日，妈咪知道宣布已获得由分享投资领投，软银中国、淳石、凤新、一起创资本跟投的1.5亿元C轮战略投资。经过4年的沉淀积累和迭代优化，妈咪知道匠心打造的新医疗服务模式实现了“四个online（在线的）”来全面提升用户体验及提高管理效能，其中包括用户online、医生online、服务online和管理online。

7. **锦奇医疗**

2018年8月，锦奇医疗完成A轮融资。本轮融资由东方世旗领投，投资金额达数亿元，主要用于并购海外持有IVF①牌照的医疗机构、生殖实验室，以及进一步推进全国互联网生殖医疗平台构建及发展基因、干细胞诊疗技术。

锦奇医疗自2007年成立以来，一直致力于生殖健康与医疗服务，经过11年的长足发展，业已成为集海内外生殖医疗服务、“线上互联网

① IVF：In Vitro Fertilization（体外受精）的简称。

生殖医疗平台+线下诊所”、医药信息服务、器械及进口保健品销售等于一体的集团化公司。

8. **企鹅杏仁**

2018 年 8 月 9 日，企鹅医生与杏仁医生签订战略合并协议，双方集合平台、资源、科技等优势形成合力。合并之后，新集团公司统称为“企鹅杏仁”。“企鹅医生”与“杏仁医生”的既有平台将依旧使用原名称运营。

合并后的管理团队也完成了整合，企鹅医生创始人王仕锐将担任首席执行官，杏仁医生创始人马丁担任总裁，徐琳将担任新公司首席运营官。企鹅杏仁将布局线上线下一体的大健康服务体系，致力于用科技使高品质的健康与医疗服务变得人人可及。

9. **联合丽格**

2018 年 9 月 18 日，联合丽格集团宣布完成远洋资本独家投资的 4 亿元 C 轮融资。联合丽格历时 5 年多发展，通过扶持医生自主创业、为医生“赋能”为契机，实施“医生品牌+集团品牌”的复合品牌策略，协同运营管理、市场营销、供应链管理等模块化管理体系。在全国 15 个城市共同投资、运营及筹建了 40 余家医疗美容机构。

10. **马泷齿科**

2018 年 9 月 21 日，马泷齿科中国公司宣布完成 2.3 亿人民币 D 轮融资。本轮融资由源星资本领投，绿地金控与歌斐资产共同参与投资，上海复医道合担任独家财务顾问。

五年间，马泷齿科中国公司不断打磨优化企业的四大体系：临床专业学科建设体系、教学医疗体系、精细财务运营管理体系和高品质患者服务体系，已经完成了 16 座城市、21 家齿科诊所、2 家义齿加工中心、1 家教育培训中心和 1 家采购中心的大中国区全产业链战略布局。

第三节　新型诊所投融资的典型企业

一、曜影医疗完成A轮6000万元人民币融资

2018年1月18日，上海曜影医疗（SinoUnited Health Clinic）（以下简称“曜影医疗”）宣布完成6000万元人民币A轮融资。本轮融资由麦星投资领投，创始人和医生团队跟投。

曜影医疗是上海以中外资深医生团队为创始团队的高品质医疗服务连锁机构。自2016年创立以来，已经在上海开设了两家高品质门诊部，分别位于南京西路的上海商城西峰6楼、黄埔滨江蒙自路的歌斐中心3楼。曜影医疗已经成为众多对医疗服务品质高要求客户的首选服务机构，其客户包括40余家中外商业医疗保险机构的保险客户，以及一部分自费客户，其中约有50%的客户为在华外籍客户，另有50%为中国籍客户。

“十九大报告指出，我国社会主要矛盾已经转化为人民日益增长的美好生活需要和不平衡不充分的发展之间的矛盾。我们高度赞同和支持这个高瞻远瞩的结论。目前，人们对高品质的医疗服务领域有很大的需求，作为医疗专业人员，我们认为曜影医疗事业的核心价值在于具备提供更高品质的医疗服务能力，来满足不断增长的客户的需求。我们当前的医生团队、医疗技术、医疗设备，以及服务流程的成本相对比较高，所以目前服务的客户以商业医疗保险客户和自费客户为主。”曜影医疗创始人兼CEO史浩颖博士阐述道。

“我们的一个核心竞争力在于我们优秀的医疗团队。在医疗服务

里，所有的设备、仪器、技术都是医生的武器，来帮助和支持医生提供高品质的医疗服务，我们的医疗团队是按照行业内最好的标准来建立的。我们以病人为核心的文化和对高品质医疗的追求吸引了很多优秀医生一起来参与我们的事业。”

在服务模式上，曜影医疗选择的是全科加专科的联合模式。目前，英国、美国的医疗系统都是全科加专科的模式，很多客户也觉得这个模式比较容易建立起医生团体和客户的长期沟通关系，使得医疗更加高效。

“全科是很重要的一个体系，很多问题包括平时的保健预防等全科医生都能解决。如果需要专科医生，全科医生会在做出基本判断后再交给专科医生，很高效。”

我国也开始推广全科医生体系，但目前国内优秀的全科医生比较缺乏，曜影医疗选择从国际全科医生开始。首席全科医生英国人弗兰克·莫里斯-戴维斯（Frank Morris-Davies）是一个很优秀的全科医生，在上海工作了七八年，在英国工作十八年且有自己的诊所。史浩颖认为弗兰克·莫里斯-戴维斯是在中国为数不多的有实际海外和中国全科执业经验的医生。弗兰克·莫里斯-戴维斯医生、Dr. Wanda TAN 医生和史蒂芬·米什（Stephen Misch）医生等来自英国、美国和澳大利亚的全科医生一起在曜影医疗建立起国际标准的全科医疗体系，为客户提供了从预防到诊治的全程健康管理服务，让客户体会到全科医生作为“健康守门人”的意义，实现了国外全科医生模式在中国的落地实施。

在专科学科建设上，曜影医疗对专科学术带头人的要求非常高。“我们的专科学术带头人既要有国际背景或国际视野，也要在医疗技术和客户服务能力两方面都首屈一指。”曜影医疗已经由这样一批专科专家建成包括儿科、胃肠、心血管、泌尿科、骨科、康复理疗科、皮肤科、妇科等各专科服务团队，强力支持全科体系。曜影医疗的多学科团队依照国际指南标准通力合作，为客户提供更完善和全面的医疗服务。

2016年曜影医疗成立之初，创始团队和天使投资人一起投资近3000万元，加上本次完成的A轮融资，在2年内融资了近亿元人民币。“我们非常感谢投资人对我们团队的信任！同时，曜影医疗的管理和医疗团队也出资参与了天使轮和A轮投资，我们会继续我们的梦想，为提供中国高品质的医疗服务而努力。”史浩颖博士表示。

“麦星非常看好高端医疗服务的发展潜力，我们认为全科加专科的服务模式能够更好地满足高端医疗客户的全周期需求。”麦星投资合伙人田子睿说，“非常高兴能够与曜影医疗这样的优秀团队合作。相信管理团队的专业水平和全情投入将助力曜影在高端医疗市场中获得更好的客户认可度。”

麦星投资成立于2004年，是一家专业从事股权投资业务的私募基金管理机构，投资领域集中在消费、医疗和科技，主要关注以上领域中成长期和成长早期的优秀企业。

二、颜术医美获国药资本数千万A轮融资

2018年年初，专注皮肤管理和轻医美的中高端连锁诊所颜术医美（以下简称颜术医美）已经完成数千万元人民币的A轮融资，投资方为国药集团旗下国药资本。齐天创服担任本轮融资独家财务顾问。

本轮融资后，颜术医美将进一步借助人工智能诊断与“互联网+”，完善居家皮肤管理－中高端连锁诊所－颜术轻医美生态圈的服务闭环，并借助国药的产业资源和品牌影响力，继续深耕浙江、江苏及上海市场。

颜术医美自2011年创办至2018年年初，依靠自身造血和复制能力，已在长三角地区上海、杭州、宁波等多地开设了7家医美诊所（门诊部）。其主要开展的医美项目为激光光电项目、注射项目等。颜术医美部分诊所同时具备美容外科资质，可以同时开展微创医美手术。

它是由知名医生集团创业的典型代表，创始人宋为民（主任医师）曾在杭州市第三人民医院工作二十余年，任该医院皮肤和激光美容科主任。杭州市第三人民医院皮肤科为国内最权威的公立皮肤诊疗机构之一。

到2018年年初，颜术医美已有医生团队近20人，均来自知名公立医院和民营医院，并拥有超过10年执业经验的中青年骨干医生。此外，颜术医美还为医护人员持续培养自建了培训学院。在颜术医美的轻医美生态圈中，以AI与“互联网+”为布局的整体方案，由培训学院为诊所、护理中心提供人力资源输出，AI和连锁诊所承担医疗职能，通过“互联网+”向居家皮肤管理方面延伸，形成了服务闭环。

在诊所诊疗层面，颜术医美将循证医学、精准医学、预防医学与整合医学衔接，融入整体的诊疗服务流程，打造了标准化的诊疗体系。同时与培训学院相配合形成临床、科研、教学相结合的颜术体系。为了让客户以更经济的方式获得精准的皮肤管理，培养预防理念。除了先进的仪器设备外，颜术医美已经与AI医疗企业颜云联合开发出AI皮肤辅助检测系统，为医生提供智能化的皮肤问题解决方案。

而在居家皮肤管理方面，颜术正在与AI医疗公司颜云联合开发皮肤监测管理的智能硬件产品，并与知名化妆品品牌合作，为客户推荐适合的护肤产品。

宋为民认为，随着需求的持续提升，安全性强、重服务体验的轻医美项目已成为医美市场未来的主要增长点。在美国医美市场中，轻医美项目占比达到89%。中国近年来轻医美理念正逐渐深入消费者的理念。颜术医美专注人工智能诊疗技术引导的皮肤管理和非手术类医美项目，非常注重诊疗体验和管理的标准化输出，降低了对医生个人经验的依赖程度和诊疗风险。因此，颜术医美定位即是成为提供科技驱动的价值医疗的轻医美服务商。

之前颜术医美主要是基于价值医疗的口碑营销，80%的客户来自口碑传播，很少采用流量获客的模式。本轮融资后，颜术医美将加大在流量平台上的推广力度。

此外，颜术医美将在未来几年新建15～20家诊所（门诊部），持续深耕上海、浙江和江苏市场。“我们并不追求开设诊所的数量，而将不断提升诊疗流程、服务体验、经营管理和人才培养理念等，将颜术医美可以快速复制输出的连锁化运营和人才培养体系打磨到极致。”宋为民表示。

国药资本董事总经理卓光嵩先生表示，我们与美国、韩国及中国台湾地区医美领域的龙头企业和顶级医生团队均保持着密切联系。中国医疗美容行业持续快速扩容，已成为我国主流消费市场之一。在政策渐强整顿日严的大趋势，及消费升级推动消费理念重构的时代背景下，医美以往不规范经营、野蛮生长的模式终将失去持续性。宋院长团队注重回归医疗价值本质、注重顾客体验，坚持连锁化管理和运营理念，能精确把握产业升级的核心要素，在行业中占据一席之地。我们有着助力医疗美容行业健康发展的愿景，将持续协同国药集团旗下包括独家国产肉毒素产品在内的渠道资源，贯彻上下游联动的投资理念，持续布局医美价值医疗产品，以及创新服务。

齐天创服投行经理吴倚天表示，在消费升级的大背景下，受众用户更广、频次更高的皮肤管理及轻医美必然会成为主流。同时颜术医美自带流量的明星医生团队正是我们一直在寻找的，齐天创服持续看好颜术医美在人才运营品牌等方面的优势，打造中国最好的皮肤管理及轻医美品牌。

三、强森医疗获数千万元B+轮融资

2018年2月，继上轮1亿元B轮融资后，时隔8个月，国内领先的社区医疗连锁服务商强森医疗集团宣布完成数千万元B+轮融资，投资方为现代服务业发展基金。

强森医疗创立于 2014 年，是一家以社区为目标，以家庭为核心，以企业医疗保障为依托，推进社区首诊，为中国家庭提供优质、便捷、安全的全科诊疗与家庭医生服务的社区医疗连锁集团，曾先后获得君联资本、启明创投、德辉资本等资本方的多轮投资。

强森医疗集团创始人兼 CEO 何海洋表示，以价值为导向，践行家庭全科诊疗打包付费模式，形成一个家庭责任医疗体，重新定义社区医疗，为患者提供正确的医疗接入点，让患者正确的使用目的地医疗资源，是强森医疗一直在努力的方向。

与其他传统线下诊所不同的是，早在创立之初，强森医疗就意识到了 IT 工具在基层医疗领域的重要性，并瞄准了 SaaS 标准化信息管理平台的开发和应用。2017 年 6 月，强森自主研发的 SaaS 平台“医助云诊所”上线内测，2017 年 12 月正式使用，可以为所有基层诊所的运营管理提供从线上到线下全套的立体化解决方案，实现诊所运营数据、库存、财务、统计、客户关系管理、电子病历、健康档案、远程协同等功能。

“在基层医疗领域，市场仍处于起步阶段，基层首诊的真正落地实现是医改中分级诊疗政策能否成功的关键。其中，责任医疗与价值医疗就显得尤为重要，因为基层首诊的实现，源于这两者带来的信任”，何海洋介绍道，“以每个社区诊所为‘小前端’，建立 IT 系统联结的开放性互联互通的‘大平台’，形成基于全人、全程、全健康的‘富生态’医疗体系，‘小前端，大平台，富生态’，是强森医疗 2018 年发布的全新战略，也是强森医疗的价值创新模式。”

截至 2017 年年底，强森医疗在全国拥有近 40 家线下直营连锁医疗机构，700 人的医技护团队，覆盖西安、成都、重庆三个城市的 150 多个社区，打造“15 分钟社区便诊生活圈”，连接诊所与家庭的“最后一公里”，已为 10 余万个家庭提供 36 万人次的全科诊疗与家庭医生服务，同比实现超240%的年收入增长。

本轮投资方现代服务业发展基金主管合伙人金锁祥说："我们十分看好强森医疗在过去一年内基于连锁门店和产品运营的积极拓展及持续成长，强森自主研发的医助 SaaS 平台也取得了战略性的突破，我们相信基础医疗这个市场将会催生有别于传统时代的新型连锁诊所模式，诞生一批新的'独角兽企业'。"

据何海洋透露，医助科技的下一代产品研发已开始进行大数据的技术储备工作，并会借力人工智能的新技术应用，合作推广细分领域的解决方案。本轮融资将用于新区域城市的拓展建设，医助 SaaS 平台的全国推广，接入上下游供应链服务通道，加速构建"云端+终端+产品+服务"的连锁诊所生态链，为更多诊所提供专业与高效的诊所管理解决方案，建立开放性的社区医疗连锁互联互通平台，并将于今年启动引进战略投资机构，继续扩大市场规模。

四、吕医生连锁诊所获A轮千万级战略投资

2018年8月，位于成都的吕医生社区连锁诊所（以下简称"吕医生"）完成A轮千万级战略融资。本轮融资由通江投资集团与湖北高投产控投资股份有限公司共同成立的通淇高投股权投资基金独家参与。

据吕医生总经理王文骋介绍，本轮融资后，吕医生将继续深耕社区，计划未来三年在成都布局200家直营社区全科诊所。另外，在做好诊中治疗的同时，会深入开展健康管理服务，并着手对信息管理系统进行升级迭代，重点布局医疗大数据。

自从2015年吕医生在成都连锁化经营以来，以无处不在，健康随手可及为信念，得到了周边居民的认可。

正因为这样，很多投资机构慕名而来，希望投资他们这个项目。"但是，我们对资本一直很谨慎，一定是选择懂医疗的战略合作伙伴，

因为基层医疗不是一个赚快钱的领域。”王文骋说。

那么，这次吕医生为何选择通江投资集团？通江投资集团又如何看待该项目？动脉网专访了通江医疗领域负责人施小平、通江医疗领域投资总监许丹及吕医生总经理王文骋，讲述此次融资的一些细节。

1. 不只是全科连锁诊所，还是立体化的社区大健康平台

对于社区全科连锁诊所来说，很多创业者都认为盈利比较困难，获客比较难。那么吕医生是如何解决盈利困难的？

“既然我们扎根社区做基层医疗，那么务实医疗服务肯定是放在第一位。其次是认真深入地分析客户痛点在哪里、真正需要的是什么。哪怕是项目发展慢一点也没关系。”王文骋说。

在诊疗服务上，吕医生以常见病、多发病、慢性病的诊中治疗为基础，向诊前疾病预防和诊后健康管理延伸，为社区居民提供全人、全年龄周期的健康服务。

同时，吕医生近年来还引进了不少 B 端合作伙伴，共谋发展。比如，2015 年，吕医生引进源自美国梅奥的医学知识库及辅助诊断系统，并实现了信息化管理。2016 年，吕医生联合全国最大的第三方医学检验机构金域检验，成立了吕医生云检验中心，为社区居民提供精准治疗服务。

吕医生还和美年大健康、爱尔眼科、保利地产、绿地集团等知名机构达成战略合作。依托社区流量入口优势，吕医生陆续开展医学检验、专业体检、医养结合、慢病管理、门诊保险、各项专科等服务。

王文聘表示，未来吕医生的定位不仅仅是诊所，而是立体化的社区大健康平台。

而作为本次投资的投资方——通江投资集团，他们希望：吕医生是以轻诊问诊为核心，希望在与项目团队的共同努力下，未来进一步增强与大型医院的沟通交流，探索形成导流内容等合作模式，更好体现企业价值。此外，吕医生也将专注目标市场（成都）做深做透，在未来做到200多家后，逐步延伸其他目标市场，如重庆、贵州等，形成品牌知名度向全国的辐射。问诊是方法核心（为“舟”），数据是基石路径（为“桥”），健康是目的目标（为“岸”），三者组合、整合、融合，将打造吕医生服务的有力闭环，形成一场完善生命全周期的服务。

通江医疗领域负责人施小平表示，从2014年开始，随着互联网等内容逐渐进入了医疗产业领域，市场目光也从大型医院转移至基层医疗服务内容，许多优质项目在这段时间成功孵化，传统基层医疗模式有了很大的改善。但随着医疗内容的逐步深入，就医难、服务质量不匹配等问题也日益凸显，及时就医、全面就医的需求不断提升，市场参与者也由此意识到线下医疗服务在当前基层医疗产业发展中的重要性。

他认为，吕医生重点发展的社区全科连锁诊疗内容，极大满足了普通病症多而急的治疗需求，而从其发展速度看来，吕医生的商业模式也受到了消费者的广泛认可。

因此，在国家政策对民营医疗大力推动的优质环境下，“我们选择与吕医生携手，以资本力量助力企业医疗资源匹配，更好更快地将吕医生的社区全科连锁诊疗在地区展开，为更多的医疗需求者服务，助力构建更加完善的地区基层医疗服务内容。”施小平进一步补充道。

而在通江医疗领域投资总监许丹看来，与其他市场上的社区诊所相比，吕医生的核心竞争力有以下几个方面：

首先，企业团队有着较强的管理与运营能力。吕医生创始人吕奉平有着27年的从业经历，曾经创办过成都高新区最大的二级综合医院，对于大型医院和小型社区诊所都有着丰富的从医和管理经验，在吕医生的发展规划上也有着深度的思考，是业内为数不多的优质医疗项目管理者。

其次，吕医生始终专注于成都市场。以自有资金向高新区、双流区、天府新区等进行快速布局，无论是市场聚焦度还是区域专业度，都有着较好的竞争优势。目前，其门店已发展到20多家，各门店收入在近年来高速增长，具备良好的稳定盈利模式。

最后，吕医生采用的连锁模式最大亮点，在于内容的可复制性。吕医生参照过往门店成功发展经验，通过标准化运营管理模式，保障单个门店投资金额、医生护士数量等维持在一定水准，始终以轻诊问诊作为业务核心，注重企业品牌效应，拥有十分明确的发展规划。

许丹在多次与吕医生接触的过程中发现：中国在医疗产业的发展是晚于一些发达国家的，但中国医疗产业运营者的专业态度与敬畏之心让她十分敬佩。比如吕医生的团队，他们在董事长吕奉平的带领下，企业成员坚守对医疗内容的专业、专注，脚踏实地地开展企业运营，回到人心人性的高度来办医，以专业服务获得消费者信任，是典型的中国人文企业模式。她相信在这种模式下，吕医生将很快在业内成为典范，并迎来更好的发展前景。

2. 未来医院门诊或将大规模向社区医疗转移

事实上，通江投资集团是专注于金融创新与产业投资的大型产业链综合集团。在我国大力支持民营医疗产业发展的背景下，通江投资集团始终将医疗领域作为企业开展产融结合模式的重点布局领域之一。目前，我国正在进入“后医改”时代，以国家政策鼓励做增量，相关产业链必将爆发更多的发展机遇。

“我们也期待从中不断寻找到贴合我国医疗产业发展规划的优质项目，以打造医疗产业链模式为核心规划，形成多元驱动、多样发展的医疗内容，更好地满足我国医疗消费需求。”施小平说。

以这次投资吕医生项目来说，他们不仅为吕医生提供了良好的资金保障，同时伴以通江金融发展优势，在多个方面都对吕医生形成长期助力。一方面协同吕医生，打造更为务实的战略规划及实施路径，明确企业未来的发展方向及具体的执行举措；另一方面，将助力吕医生开展财务管理、风控措施、人力资源建设等内容，提升公司内部精细化管理水平；此外，还将整合更多内外资源，如药品供应商、第三方定向开发医疗信息管理系统等，为吕医生的发展提供更多的优质资源。

除了投资吕医生以外，通江投资集团对社区医疗也关注了很长时间。施小平表示，2018 年已成功完成摩尔齿科的退出，目前还有眼科、妇产科、儿科、中医馆等都在持续进行中。通江投资集团方面希望以通江医疗产业发展规划为核心，结合每个项目的不同商业模式，在产业链上下游等环节点，尽可能进行资源匹配，降低各类项目运营风险的同时，也为项目提供更为广阔的协同发展空间。

对于每个医疗投资项目，施小平认为医疗产业投资有别于其他消费产业，对核心技术、运营模式有着更为明确的要求。在项目开展过程中，他们主要坚守 4 个原则：

第一，产业内容贴合政策导向，能助力我国医疗体系的完善与发展；

第二，产业内容处于行业上升期，拥有广阔的发展空间与投资前景；

第三，项目创始人拥有较好的格局观、执行力与发展经验；

第四，企业有明确的商业模式，并在该模式的运营下，能具备稳定的盈利能力及良好的盈利预期。

从国内现状来看，虽然老年化、常见病和慢性病需要社区医疗，但现有社区医疗服务能力不足：一方面社区服务中心等没有较好的医护人才及设备；另一方面传统模式中的服务意识也不足，难以匹配当前消费者的基层医疗消费需求。

而自 2009 年新医改以来，一系列医改政策旨在加强基层医疗服务建设，并在 2017 年密集出台政策，加强全科医生的参与。与此同时，社区医疗机构纳入医保定点的比例逐步提高，目前已经超过 60%。

在此背景下，施小平认为，未来医院门诊或将大规模向社区医疗转移，基层医疗的收益占比也或将在整体医疗领域进一步提升，形成我国有较强竞争力的分级诊疗内容之一。

五、伊鸿健康完成千万级 Pre-A 轮融资

2018 年 8 月，湖南伊鸿健康科技有限公司（以下简称“伊鸿健康”）宣布完成千万级 Pre-A 轮融资，由联想之星和启赋资本联合领投，资金将主要用于市场模式验证和产品研发。公司曾于 2015 年获得了诚存投资和凯成创投联合投资的天使轮。

伊鸿健康成立于 2014 年 11 月，是一家专注于便携式床旁检测（POCT）与移动互联网大数据结合的生物科技公司，致力于针对中国家庭医疗诊断与健康检测技术民用化的研发和落地。

公司核心团队包含 3 名博士后的开发团队（美国顶尖的学府或科研院教授）、2 名美国科学院院士组成的顾问团队及多名经验丰富的落地团队和销售团队。创始人兼 CEO 胡双是纽约州大生物医学工程硕士，同时也是硅谷创业公司联合创始人，曾被评为“湖南十大杰出青年”。伊鸿健康已是胡双的第三次创业，在回想创业艰辛的同时，他也感叹自己一路的成长。

谈到创业的初衷时，胡双表示，在我国，基层医疗机构是整个医疗体系中基数最为庞大的末梢神经，30 年来检测手段和服务能力没有大的改变，检测主要依靠听诊器、体温计和血压计老三样，而治疗领域离不开抗生素和大输液。

近年来，为了解决国内医疗资源分配不均匀的问题，国家大力推行分级诊疗。但基层医疗机构不比大型的医院或机构，其需要更多真正适合的产品。POCT 是一个方向，但光有低廉的价格是不够的，软性实力的快速提升需要借助 AI 辅助诊断。

为此，伊鸿健康推出首款基于人工智能的基层医疗辅助诊断设备——掌中测便携式免疫胶体金移动分析仪。产品拥有 7 项发明专利（2 项全球专利），获得 2 项科技厅重点项目，3 项国际认证。

掌中测分析仪共有台式机和手持设备两款，台式机供离家庭最近的诊所使用，手持设备则主要用于患者家庭自检。

相比传统医疗器械，掌中测台式机更偏向于一款互联网产品，通过“硬件＋AI＋SaaS＋服务号”的方式，为用户提供检测服务。胡双告诉动脉网，伊鸿健康提供的机器、检验耗材和智能分析系统都是辅助工具，事实上每一次检测收取的都是服务费。用户做完检测过后，扫码完成支付，详细报告便会同步到手机健康档案。

“伊鸿健康给诊所提供 SaaS 系统、渠道的 BI 系统和患者的个人版系统。这些是传统设备不具有的业务延展优势。”胡双表示。目前伊鸿健康已经能够实现炎症判别（病毒、细菌侵染）、肺部支/衣原体感染引起的急性呼吸道感染、女性性腺激素（备孕、早孕、保胎检测）、心脏标志物（心梗、脑梗的预警监测）、类/风湿性关节炎等多个项目的检测。

另外，手持端是伊鸿健康基于家庭应用场景的一个创新。也就是说，患者可以在家完成小病的检测，而不用到医院去排长长的队，然后患者还可以连线线上的医生进行问诊。

基于上述思考，伊鸿健康推出“AI＋iPOCT（智慧即时检测）”的解决方案，设计出基层诊所能广泛和普遍使用的检测设备，通过渠道下沉产品到诊所，加入自主研发或联合开发的其他检测仪器（如血常规、血生化、尿常规等），深入终端打造“一分钟诊所”的检验科，所有数据都会传到云端医生，再加上 AI 辅助诊断，让患者和医生能够轻松读懂检测报告的同时，给予科学合理用药建议。

据胡双介绍，伊鸿健康在三个月的时间内已经下沉约 3000 家诊所和门诊终端，2018 年的计划是 10000 家。

胡双表示：“联想之星赋予我们技术上更宽阔的视野，而启赋资本又为我们带来市场和渠道资源。未来，公司将利用 AI 为基层医疗机构、患者创造价值，解决基层优质医疗资源不足的问题，积极响应‘互联网+医疗’和‘分级诊疗’的大潮，逐步实现公司‘让看病更简单’的愿景，同时我们也会更扎实、迅速地占领基层医疗的流量入口。”

本轮领投方联想之星是一家定位深度孵化加早期投资的天使投资基金，主要投资领域包括医疗、TMT（科技、媒体和通信）和人工智能。联想之星关注国家政策推动的新兴市场，如基层医疗服务，以及交叉技术的兴起在医疗服务中的应用，如数据推动的精准医学和医疗服务设备智能化、诊断治疗 AI 化。

联想之星投资董事王一表示，伊鸿健康针对基层诊所场景提供了一系列 POCT 的整合方案，用于替代基层诊所听诊器、血压计、体温计的检测老三样。其机器学习技术和云服务技术赋能于基层诊所，使得基层诊所在常见病诊断过程中具备规范性，建立合理路径，提升诊断用药的准确性。

“伊鸿健康的定位是要做基层诊所的诊断服务平台，我们也寄希望通过伊鸿布局基层医疗服务市场，抓住基层医疗成长的机会。我们在 POCT 领域也有很多投资组合，如从免疫学到基因测序技术，未来也将延伸伊鸿的产品线。”

“同时，伊鸿对于基层服务场景理解和数据反馈，也会进一步帮助合作伙伴公司完善自己的产品，伊鸿的 SaaS 报告系统和销售数据 BI 系统也能够支持合作伙伴完善自己的销售管理和客户服务。基层医疗是继上级医院发展后又一个蓬勃的市场，我们觉得大有可为。”

六、小苹果儿科 B 轮获冯唐 5000 万元投资

2018 年 10 月，国内首家专业的儿科医生集团——小苹果儿科宣布完成 B 轮 5000 万元人民币的融资。本轮融资的领投机构是由知名医疗投资人冯唐执掌的中信资本医疗基金。

小苹果儿科于 2014 年 10 月成立，在儿童常见病、儿童保健、儿童

过敏、生长发育、儿童口腔及儿童皮肤病方面都积累了深厚的医疗资源，服务了大量儿童患者。目前，小苹果儿科线下门诊就诊的患者已超过每月 2000 人，线上门诊及咨询每月 5000 人。

据小苹果儿科的创始人兼 CEO 路博介绍，本轮融资后的下一步计划是引入更多的儿科专家，在医生人才培养和连锁诊所进行更大投入。除了进一步增强在儿童常见疾病、儿童保健、儿童过敏、生长发育等原有优势领域的力量外，小苹果儿科还将着力在儿童眼科领域布局，同时进一步扩大自营连锁诊所的覆盖区域。

“充分预防，专业治疗。”这是路博给小苹果儿科定义的服务。从家长的角度看，不仅希望获得优质的儿科医疗服务，而且更希望自己的孩子少得病、不得病。这也从侧面说明，疾病预防的重要性，这也是当前医疗服务体系的薄弱环节。路博表示，小苹果儿科就是要为广大家长和儿童提供优质的疾病预防服务，同时当孩子生病时，能够为他们提供来自儿科专家的高品质诊疗服务。

五年过去了，小苹果儿科经过了从国内首家儿科医生集团，到线下诊所的搭建，再到获得银川互联网医院牌照的发展历程，从线上到线下再到重新搭建线上服务。可以说，小苹果儿科在运用线上和线下服务的不同特点，充分发挥各自优势方面已经取得了相对成功的经验。那么成功背后，他们经历了哪些坎坷？资本的加入，对于他们有哪些帮助？冯唐又为何看中它？

为此，动脉网专访了中信资本高级董事总经理冯唐，及小苹果儿科创始人兼 CEO 路博。

以儿童医疗服务为核心的线上线下整合儿科医疗平台。

创业这四年多以来，路博最大的感受是：经历了很多的机遇和挑战，要不断提升小苹果儿科专家和医生的技术优势，持续挖掘患者的医疗服务需求，打造线上互联网医院和线下连锁诊所一体化的盈利模式，确保小苹果儿科的可持续发展。

路博，小苹果儿科医生集团创始人兼 CEO，毕业于首都医科大学临床医学系，北大国际 MBA，曾供职于默沙东、拜耳、诺华和强生公司多年，担任外企高管。截至 2018 年 10 月，小苹果儿科拥有全职员工 60 人，建立了自己全职的医疗团队，同时 85% 的管理人员拥有医疗背景和管理经验。小苹果儿科以技术资深医疗专家、医生为核心，通过有效运营和管理，把医生的专业价值最大化、品牌化。

“其实，我们的商业模式一直都很简单——以患者的医疗服务需求为核心，最大化优质儿科医生在线上和线下的价值，同时带来线上和线下的业务收入及利润。”路博说道。

这种模式主要适应了目前儿科医生短缺的状况，以及“80 后”“90 后”父母对医疗服务更高端的需求及沟通互联网化的趋势。小苹果儿科线上的优势主要是针对儿童保健的咨询及慢性疾病的患者管理，互联网医院可以把医生的价值辐射出去，让服务的人群更广。而且伴随着知识付费的风口，儿科医生还可以通过线上传播更多的儿童健康科普知识。

在线下的服务方面，小苹果儿科最主要的收获是在通过实体连锁诊所运营的突破，具备了举办和管理实体医疗机构并为患者提供安全可靠医疗服务的能力，这是很多互联网公司所不具备的优势。同时，很多的医疗服务尤其是很多的检查、化验和治疗等相关环节是必须通过实体医疗机构来完成的，是为患者提供医疗服务不可或缺的部分。这也为小苹果儿科的业务发展提供了很强的竞争力和更深的“护城河”。

中信资本投资团队也认为，小苹果儿科拥有优质的医生资源和高效的运营团队，在一线城市的核心区域及互联网医院都已开始布局，不断拓展和创新自己的商业模式。客户对于小苹果提供的服务最多的反馈是：专业、便捷和体贴。

随着生育政策的逐步放开，儿童健康的市场潜力巨大，涵盖了儿童基本医疗需求，儿童保健的升级医疗需求，以及儿童口腔和儿童眼科的消费医疗需求。家长在相关领域的支付意愿比较强，较少受到国家医保的限制，对民营医疗机构来说有较大的市场空间，而且可以与公立医疗机构很好的补充。

未来，路博希望小苹果儿科可以发展成以医生集团为核心、互联网医院为连接的全国连锁门诊。“我们将继续强化医生集团的专家引进和人才培养，探索并挖掘互联网医院价值，为线下诊所的快速发展提供基础，目标是成为全国前三名的民营儿科医疗机构。”路博说。

在与冯唐的投资团队接触过程中，路博最大的感受是他们团队在医疗服务的投资和运营方面有着丰富的经验和卓越的实力，而且大家对医疗的价值观一致，尤其是对于医疗服务核心要素的认同，这样可以帮助小苹果儿科长期、健康、快速发展。

中信资本医疗基金是用于投资中国医疗健康的专项平台，已募集的基金规模在 22 亿元人民币左右；正在募集的基金规模在 8 亿元人民币左右。现拥有对国内多家儿童医院、综合医疗集团、医药企业及周边产业的投资运营经历，并且拥有国内领先的医疗行业投资运营管理团队。

儿科是中信资本长期重点关注度的领域。冯唐认为目前儿科面临的痛点有三个：第一是儿科医生的极度缺乏；第二是儿科基础医疗费用总体偏低；第三是儿科专业诊疗机构偏少，中高端儿科诊疗市场基本空白。

针对这些痛点，小苹果儿科给出的解决方案是首先选取儿科医院附近的位置作为诊所选址，吸引专家资源；其次是利用好互联网医院牌照，完善商业模式；最后是努力摸索儿科诊所运营模式，寻找盈利空间。

从目前看来，这些举措已经让小苹果儿科形成了比较明显的优势：

第一，小苹果在一线城市的核心地带已经布局或者正在布局一批儿科诊所，在牌照、地理位置上都占有优势；

第二，小苹果儿科有一批经验丰富的儿科诊疗专家，解决了最困难的医疗资源和团队的保障问题；

第三，小苹果儿科有互联网医疗牌照，对于商业模式的拓展有极大的帮助。

除了对儿科医疗服务市场整体看好，以及对小苹果儿科自身能力，包括牌照、医疗团队、盈利模式等的认可外，冯唐还表示，中信资本在儿科市场已经布局了专科儿童医院、综合医院的儿科，小苹果儿科的投资将与中信资本的现有布局有相当大的相互补充和相互促进的作用。

截至 2018 年 10 月，中信资本的投资领域主要集中于综合医院管理集团（北京世纪康瑞）、口腔连锁诊所（瑞尔齿科）、妇儿连锁诊所（小苹果儿科）、基因诊断（元码基因）等多个项目。

本轮投资后，冯唐掌管的中信资本医疗基金，除了为小苹果儿科提供资金支持以外，后续还主要帮助团队梳理小苹果的相关发展战略，提供和维护儿科专家资源，与各大儿科医院建立医联体。同时，他也希望小苹果儿科与中信资本投资的其他项目协同发展。

未来中信资本也将在战略、品牌和运营等方面给予小苹果儿科更多支持和帮助，实现儿科医疗业务的快速连锁化发展以及互联网医院更大地赋能医疗。

第四节　新型诊所的未来

Dr. 2 先生（宁波珍立拍信息股份有限公司董事长），有着 10 年临床工作经验，13 年企业管理经验。他曾经撰文表示，在母婴领域中，布局线下诊所的格局已经初定，主要分为两类：一类是垂直平台，如妈咪知道、阳光妇儿、育学园、安心医生等；另一类是综合平台的专区，如春雨医生、平安好医生、好大夫在线、微医等也有相应的母婴妇儿服务。

社区医院的发展也将发生翻天覆地的变化，不再是以往的老、旧、呆等形象，而是会出现一些形象好、面貌新、喊得响的连锁化、品牌化的医院。

在医疗服务方面也会逐渐从冷冰冰的服务转为温馨、人性化、星级的医疗服务，更注重患者的体验感，不仅让患者享受到优质的医疗资源，也享受到一对一的、极具隐私感的、被尊重的人性化服务。

随着分级诊疗的推进，小病到社区、大病住医院成为趋势，这就给小型连锁诊所、综合性诊所带来一些机会。在这些诊所中，它们未来的发展路径有四种：

一是成为基础医疗的主力军、公立医院医疗资源的重要补充。比如强森医疗、吕医生连锁诊所；

二是更趋于特色专科高端化道路，如优仕美地；

三是保证了市场的竞争，尤其是服务品质，用户体验，效率管理方面的市场竞争；

四是更趋向于服务形式多样化，满足用户多层次的医疗服务需求。

此外，我国绝大部分诊所都是个体经营。这些个体诊所呈“小、乱、差”特征，经营手法落后、信任度低，已经遇到发展瓶颈，所以他们无法和品牌化、规模化、规范化的连锁诊所竞争。

在诊所未来竞争的砝码中，信息化至关重要。借鉴大医院的发展现状，许多大医院已经实现信息化。可是对个体诊所来说，信息化成本依旧太高，而在这方面，连锁诊所是可以实现的。如果未来的诊所数量激增，那么无疑以自建全职医疗团队的诊所，高价值的连锁诊所，会在竞争中占据更大优势。

第三章

新型诊所的科学运营之道

新型诊所代表了以医疗服务为导向的新型诊疗模式，但是究竟在实际中应该如何运营？这一章，我们从标准化管理、经营流程、团队建设、连锁模式四个方面对新型诊所的运营之道进行详细解读，如图3－1所示。

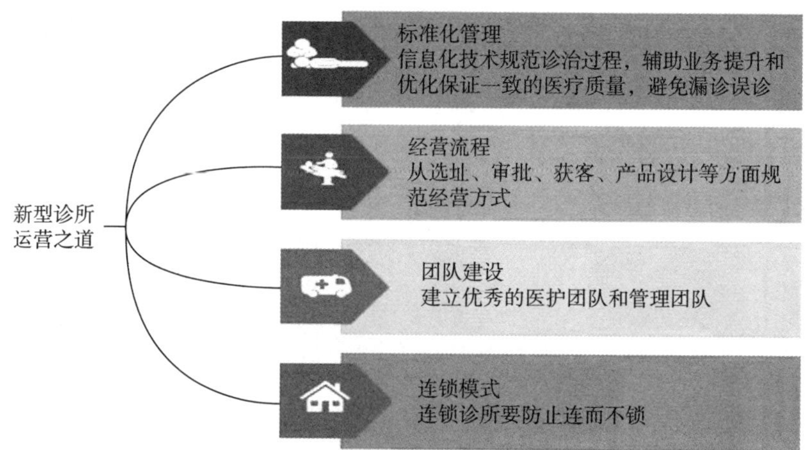

图3－1　新型诊所运营的主要四个方面

第一节　标准化管理

一、建设信息化系统

新型诊所和传统诊所在管理上的区别在于，是否使用信息化系统辅助业务的提升和优化。诊所信息化软件建立了全流程的就诊程序，实现规范化、标准化的诊所一站式管理，可以实现预约登记、前台接待、患者就诊、电子病历、处方拿药、结账收款的标准就诊流程。信息化系统不仅仅只是实现了病历等档案资料电子化，还能通过运营管理和会员管理提升管理水平，全面降低运作成本，争取诊所利润最大化。

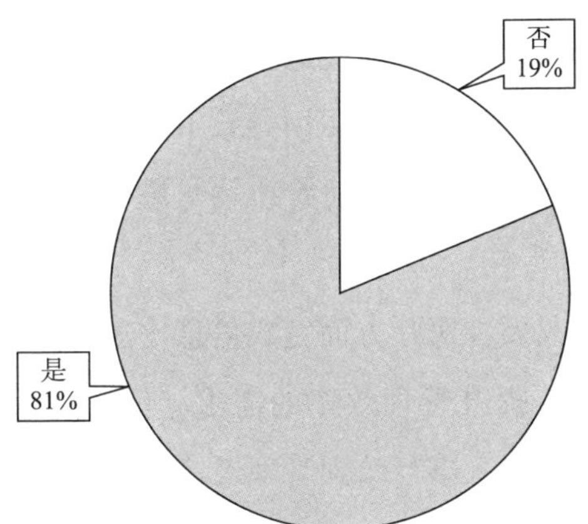

数据来源：动脉网·蛋壳研究院

图 3－2　是否使用诊所 HIS 系统

如图 3－2 所示，动脉网调研的诊所绝大部分都已经使用诊所云 HIS（医院信息系统）系统，常见的如丁香云诊所、若水医生等，还有好几家诊所自己研发诊所信息化软件。没有使用诊所 HIS 系统的多以传统诊所、中医诊所居多。

诊所信息化系统的主要三个方面功能如图 3－3 所示。

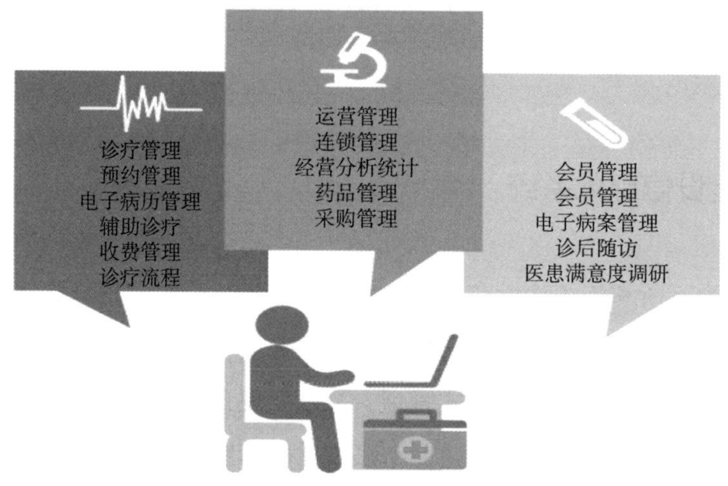

图 3－3　诊所信息化系统的主要三个方面功能

第一，在诊疗方面，使用信息化技术可以规范诊治过程，合理使用电子病历，可防范诊疗风险，避免医患纠纷。根据法律规定，对因医疗机构隐匿或拒绝提供病历资料的原因导致不能鉴定，该后果应由医疗机构承担。许多医疗纠纷正是由于医疗机构与患者之间信息不对等，而造成双方的损失。

第二，不仅仅是要在医疗方面完成信息化建设，诊所也等同于一家公司，有规范管理、提升管理效率的需求。信息化系统可以从诊所前台、财务、药品库存、人事行政到管理者等各个平台的每一项工作及运营流程管理，有效地帮助诊所对运营体制进行质量监控和高效管理。

连锁诊所需要的信息化系统功能更加丰富。连锁诊所还有远程管理的需求，实现远程的费用管理、统计分析、客户关系管理等功能，可以让连锁诊所的远程管理更轻松。通过系统可以设置不同区域、不同级别诊所的收费项目、折扣策略、套餐内容等个性化项目，做到统一和分类的报表输出，实时了解不同区域的诊所运营情况。目前，这类诊所使用的管理软件一般采用云 SaaS 的部署模式，减少诊所在前期的 IT 投入，降低运维成本。

唯儿诺 CEO 刘潇潇认为，数字化管理系统对诊所的业务发展帮助非常大。从 2015 年 10 月开始唯儿诺就打造了自己的 IT 团队，制作诊所管理系统。通过系统可以跟踪患者从进门到不同岗位之间的流转需要多长时间、哪些环节容易卡壳、会员来自哪里等。这些数据可以帮助企业做下一步的战略分析，比如连锁诊所的下一步布局应该在哪里，就可以通过数据找到答案。

第三，诊所信息化系统可以规范病案管理和会员管理，提升用户体验。部分诊所除了在 PC 端采用云 HIS 系统之外，还打通了手机微信，通过微信传送患者的检验报告、病历信息。

通过软件的数据分析功能可以如实查询每一个患者的就诊情况，通过患者的数据，医生可以从初诊开始分析如何制定合理的回访和患者沟通治疗方案。诊所老板可以了解每位患者如何流失、为何流失、对治疗是否满意等。相比传统诊所的纸质档案，信息化系统的数据分析能力更加强大。

二、以医疗认证标准为参考和辅助

动脉网访问的每一家中大型诊所负责人，都无一例外地强调了标准化管理的重要性。

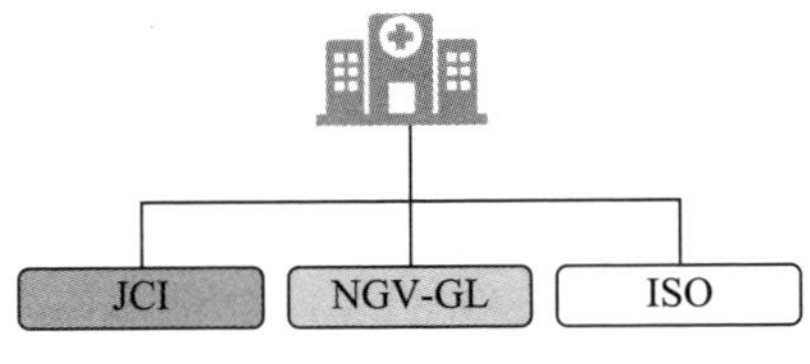

图 3-4　医院标准化认证系统

常见的医院标准化认证系统，以 JCI（国际医疗卫生机构认证联合委员会）、DNV · GL[①]（挪威船级社 & 德国劳氏船级社）、ISO（国际标准化组织）的名声最大（图 3 –4）。国内的公立和私立医院有强烈的认证需求，不少医院斥巨资进行认证。目前有少量外资诊所进行了 JCI 等标准的认证，大部分诊所虽然不会花大价钱去做这些标准认证，但是可以参考这些标准去规范诊疗行为和管理医疗流程。

跨区域连锁诊所管理中的最大难题就是如何实现标准化。诊所在连锁化之后，需要花很长一段时间完成对规章制度、医疗流程、管理流程的标准化建设。以妈咪知道连锁诊所为例，诊所标准的制定主要参考了 JCI 的医院认证标准。JCI 标准中的非住院类项目，如对患者的满意度管理、医疗服务质量等部分，对诊所管理的参考意义也很大。标准建设所需的时间大致是 10 个月左右，然后再通过一年左右的运行和验证，逐步迭代。在连锁化的扩张过程中，同城连锁、异地连锁的运营扩展过程中招入了新的医护人员和管理团队，又会发现新的问题和盲点。只有在逐步完善、细化和优化的过程中，才能建立适合自己的标准化管理模式。

万家医疗针对基层诊所的现状，创造性地提出建立行业认证标准的思路，并且在借鉴国际经验的基础上，结合我国基层诊所的具体情况，在行业内率先推出诊所标准化运营管理的标准认证。万家医疗通过引入、融合 DNV · GL 和 JCI 成熟的医疗机构认证标准体系，结合中国诊所的现状及特点，逐步调整、完善体系和条款，成为既体现国际先进服务标准，又能结合本地业务的诊所服务标准体系。

2017 年，美维口腔与国际权威认证机构 DNV · GL 联合宣布，基于美国 CMS（医疗保险与医疗补助服务中心）授权的 NIAHO ©国际医院

① DNV · GL：DNV，DET NORSKE VERITAS（挪威船级社）的简称；GL，Germanischer Lloyd（德国劳氏船级社）的简称。2013 年 9 月，DNV 和 GL 合并成为 DNV · GL。

质量评审标准，将前瞻性风险管控和系统化流程管理体系首次引入口腔医疗行业，建立起具备口腔医疗行业先行意义的口腔医院管理体系和医疗标准认证体系，并以此为蓝本衍生出具备口腔医疗行业先行意义的“M+”管理认证体系，与世界牙科经营管理标准全面接轨，从而打造成国内连锁口腔诊所中标杆型战略投资、标准输出、品牌管理的行业整合平台。

通过严格的管理认证，美维将旗下口腔诊所打造成集学术化、精细化、数字化、舒适化、信息化为一体的领先口腔医疗机构，实现赋能，提高他们的综合运营管理和盈利水平。综合起来有以下优势。

第一，提升信息化管理水平。基于美维自主研发的 SaaS 云平台，全面高效收集、分析医生、患者和医院/诊所诊疗信息，建立一个大数据体系，提供一站式口腔门诊管理整体解决方案，使美维旗下口腔诊所信息化管理水平上升到新台阶。

第二，搭建产学研创新联盟。牙医是诊所的核心资产，直接决定服务的质量和患者的安全。

美维携手美国罗玛琳达大学、广东医科大学、天津医科大学、湖北科技学院等口腔院校建立“产学研创新联盟”，在学术论坛、临床教学、科研创新、医疗技术等诸多领域进行深度合作，建立人才梯队培养机制，搭建科研创新体系和医生集团，帮助口腔医疗机构的临床医疗技能和医疗服务理念等服务水平的提升。

第三，投后运营管理帮扶。地方性的口腔品牌通常存在运营管理的缺失问题，对此，美维会委派专业人士，通过 3～6 个月的时间帮助该地区组建市场运营团队、制定市场运营战略、规范财务和人事等内部管理，使该地区的企业管理和市场运营工作迅速进入正轨。

第四，供应链体系规范管理降低成本。借助规模效应，美维为旗下品牌提供及时、高效、有质量、规范性的供应链体系，尤其在一些精细化、数字化的大型设备项目的引进上获得更多优势，同时构建以物资需求计划、采购实施、资金支付和物资储备为主要内容的专业化物资管理系统，在整个供应链上帮助旗下品牌降低采购成本。

三、建立监督机制

规章制度的制定过程并不难，制度的执行和监督才是后面的容易出问题的环节。诊所的标准化和质量管控，需要一个好的监督机制和培训体系。

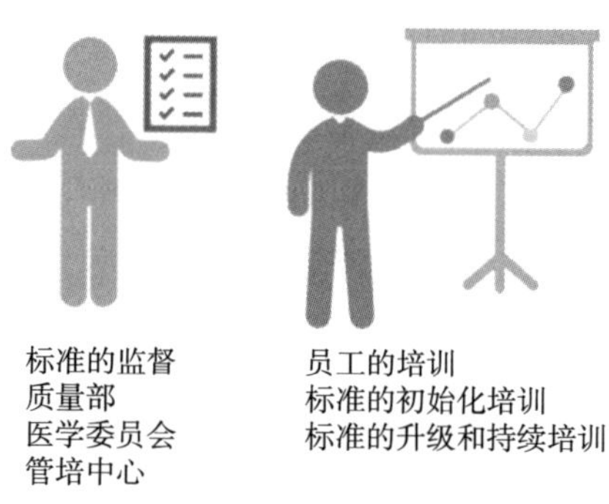

图 3－5　诊所标准化的监督和培训

如图 3－5 所示，妈咪知道通过质量部、医学委员会和管培中心三个体系共同完成标准化和质量管控。

（1）质量部属于第三方部门，为保持公立性直接向 CEO 汇报，定期负责标准化体系的追踪，结果的汇报和改进，改进策略措施的制定。

（2）医学委员会负责连锁诊所的医疗质量、护理质量、院感、药事、医技质量等工作。医生是不是都能遵循和认同诊所制定的规范和标准，医学委员会非常重要。

（3）管培中心。每一名新的医生、护士、行政、运营、市场人员进入公司，要经过管培中心的严格培训，医护岗位有医学委员会团队的指导，不断加强、传递标准和质量，最终在诊所内部实现传承。

每一家连锁诊所在开业前三个月，就开始进行标准的初始化培训。

质量部、医学委员会和管培中心的人员进去，把整个开业的流程梳理清楚，培训到位。开业之后的三个月，再通过质量部进行管控和追踪，就能保证连锁诊所能够按照设定的方式和方法进行经营。

对市场人员和医生的培训也是诊所需要坚持的。虽然医生都上过医科大学，接受过住院医师的培训，但是诊所的诊疗活动、流程还需要不断优化和发展。

唯儿诺儿科在诊所管理时，将业务部门分成了六大模块，分别是筹建采购、平台市场、培训中心、后勤运营、医疗运营和管理系统。培训中心对于唯儿诺来说，也是赋能整个连锁扩张的重点之一。企业会对员工定期从专业、管理、沟通、领导力等各方面进行培训、考核和再教育。比如和上海儿童医学中心打造了培训平台，让诊所的医生到儿童医学中心进行再培训和提升，重点培养医生品牌。

第二节　新型诊所经营流程

一、根据定位选址

诊所选址是一件非常重要的事情。选址对了，成功概率会大一倍。

开诊所，一定要非常明确你的客户群体在哪里，选址和定位息息相关。如果定位是社区基础医疗服务，服务对象是社区老年人和儿童，那么就要靠近居民区。诊所覆盖范围一般在 5 公里以内，离居民区越近，能服务的人群越多。

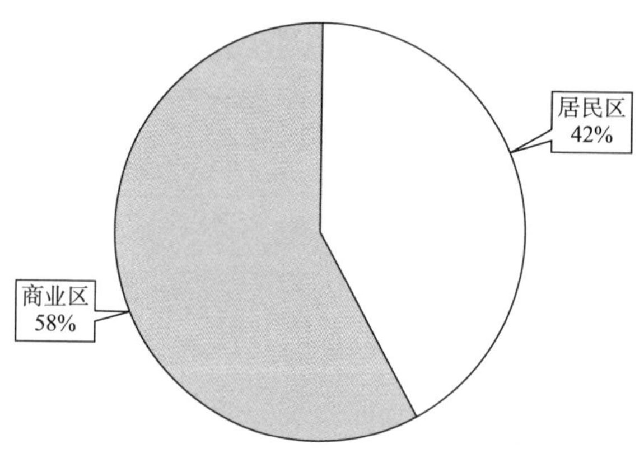

图 3 –6　诊所选址偏好

如图 3 –6、图 3 –7 所示，传统个体诊所选址时靠近社区，主要服务的是周边居民。这类诊所的面积、总投入都偏小，主要解决居民的常见病。同时，他们的个性化不足，在服务和品质上有所欠缺。居民去就诊的主要原因，是因为方便，可以快速对发热、感冒等疾病进行处理。这类诊所在诊疗服务上无法创造更大的价值，治疗、药品费用是主要来源。

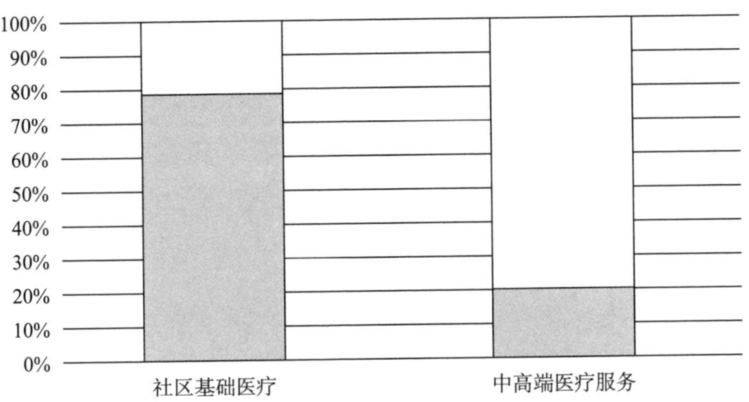

数据来源：动脉网·蛋壳研究院

图 3－7　不同定位诊所的选址偏好

经营情况的好坏，主要受社区周边的人流量及医生的诊疗技术影响。

中高端诊所、连锁诊所会对品牌有一定的需求，选址时除了会选择居民区之外，还会考虑人流量大的商圈，甚至是写字楼。商业区的人流主要是 CBD 附近的上班族，消费能力较强。在商圈设址的诊所，往往要承担更高的租金，再加上设备和人力成本，收费会偏高。这类诊所吸引客户的方式主要是通过服务，从装修风格，甚至是医务人员的形象进行改变，消除患者就医时的恐惧感。但是，享受中高端诊所更好的服务品质的代价是付出更高的诊金。数百元的诊金收费、年费成为这类诊所的主要收入来源。

如果中高端诊所选址在居民区，还需要和周边的房价、住宅类型等因素综合考虑，尽量选择在高端住宅区附近。以高端儿科诊所的选址为例，用户一般是高学历的“80 后”“90 后”，除了选择高端居民区附近，还要弄清楚属于精英人群的“80 后”“90 后”爸爸妈妈在哪里？这群用户的消费能力较强，儿科诊所更多体现的是消费属性而不是医疗属性。选址首先考虑高房价地区，因为这部分地区的用户才能接受较高的诊疗价格。最后通过对居民区的入住率、人流量、年龄层次、周边商业档次、商业转手率进行详细的调研，拿到准确数据后再分析是否和诊所的定位一致。

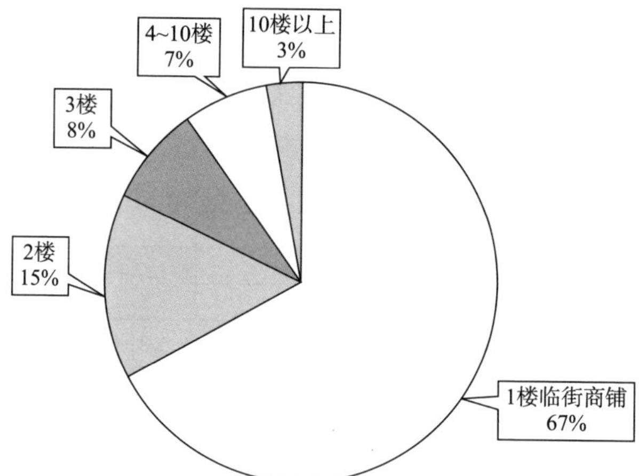

数据来源：动脉网·蛋壳研究院

图 3-8　诊所选择的门面位置和楼层

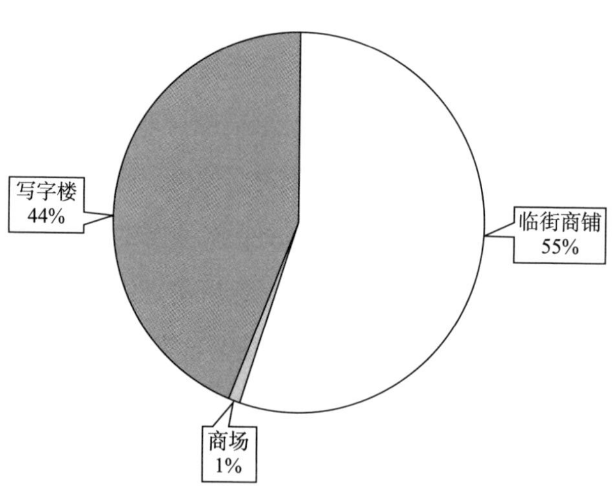

数据来源：动脉网·蛋壳研究院

图 3-9　诊所物业类型选择偏好

如图 3-8、图 3-9 所示，诊所选择物业类型的时候，和其他的商业类型一样，更倾向于选择临街商铺。因为临街商铺可以获得更大的曝光度和人流量。

知贝儿科的 CEO 赵强关于诊所的选址要求谈到，好的位置对于诊所来说非常重要。知贝儿科诊所主要选择密集居民区的商业门面，选址时会有一套详细的标准对位置进行评估，包括周边楼盘住户数量、价格、门面楼层、楼板承重、污水、环保等指标。写字楼虽然租金更低，但是赵强认为并不适合连锁儿科诊所，对品牌展示和人流吸引上都有欠缺。

唯儿诺儿科诊所定位中高端，并接入了国际商业保险，所以选址时主要选择周边有高端住宅小区或者商保用户集中的地区。唯儿诺儿科诊所在上海选址是古北、陆家嘴、黄埔新天地，在深圳的选址是蛇口、海岸城、宝安中心，都是基于以上的考虑。唯儿诺儿科诊所的新建诊所选择写字楼三楼的门店，这是基于大家对品牌已经有一定认知，在其他店可以做前期导流的基础上做的选址，否则新品牌诊所不推荐到写字楼。

维世达诊所和其他诊所不同，选址在商场里的三楼，但是周边是CBD 地区，交通方便，外企云集，人流量大。维世达的主要获客方式并不是依靠门头的招牌广告，而是商保导流、口碑传播、名医导流等方式。

二、诊所审批限制逐渐放宽

曾经有诊所的创办者表示，诊所审批是一个相当冗长的过程，耗时长、折腾多。2017 年 5 月下发的《意见》明确提出了要对诊所审批进行松绑，“大力推进社会办医，简化个体行医准入审批程序，鼓励符合条件的医师开办个体诊所”。

首先卡住审批的第一道关，就是选址。前面讲了诊所选址的要点，但是很多商业不一定能够通过审批，还有很多细节方面的要求。比如，诊所不能紧挨着餐馆、学校，不能和其他商业或者居民共用进出通道等。在当地卫健委完成申请手续后会进行堪址，合格之后才会给出通知。然后还需要公示，最后才开始设计、施工。

选址结束后，到完成主管部门勘址、工商核名注册、开出资信证明、办齐设置申请材料，最顺利需要两个月时间。然后张贴公示，公示期完成施工图设计、消防许可，直到公示期结束无人反对，就可以开始施工了。这些流程中，容易出现问题的是门面的租赁在前，审批和公示在后。整个开办流程复杂，门面空置期长。如果中间因为审批或者公示出现问题，影响诊所不能开办，就会造成非常大的损失。

以广州的经验来看，2017 年下半年以来，诊所审批确实要比以前容易。整个诊所的审批过程大约在两个月内就能完成。知贝儿科在 2017 下半年新建诊所的隔壁就是一家医美诊所，在旧政策中这样的情况是无法获批的。新政出台后，审批过程不再考虑布局规划问题，有利于民营诊所的发展。

不过，各地在落实国家政策的过程中，确实有不一样的进度。各市，甚至各区都有不一样的执行松紧度。唯儿诺儿科诊所在多地都有布局，刘潇潇透露，各地在执行新政方面的差别非常大，比如深圳落实非常快，已经不再考察诊所所在地的规划。

三、高投入——装修和设备采购

新型诊所提供的医疗服务更加多样化，除了需要设置不同科室的诊室、治疗室、药房等，还需要空间设计和室内布局显得美观大气，所以租用的商业面积多在 400 ~ 800 平方米。特别是部分儿科诊所的诊室布置得相当有童趣，并配备适宜的玩具，以及健康儿童保健时的区域分离设计，都需要诊所有一定的富余空间。部分高端的新型诊所还可能设置 B 超室、X 光室、手术室等功能布局，这类功能齐全的诊所所需面积较大，1000 平方米以上的诊所也不少见。

在装修风格设计上，温馨、舒适的环境能让患者放松。在这一点上儿科诊所特别注重，几乎动脉网到访的所有儿科诊所不但在软装上考虑为儿童的休息等待区加入温馨的卡通形象，还在安全防护上有所加强，并通过电视、卡通壁画来分散儿童的注意力。

另外，诊所和其他商业形态在装修上的不同还在于医疗流程的设计，需要考虑如何处理好休息区、候诊区、污物处理等功能分区。

连锁诊所一般只能做到装修风格的统一，在医疗设备投入上，根据具体科室的差异、产品设计的不同会有一定的差别。传统诊所的面积小，投入资金少，医疗器械除了常用的老三样听诊器、血压计、体温计，以及雾化器、灭菌设备等器械之外，很少添置其他器械。不过全血自动分析仪、尿液分析仪、心电图等设备在近年来已经逐渐在诊所普及，不但可以快速拿到诊疗结果，也可以辅助医生及时判断患者病情。

新型诊所的面积大、投入高，目标是为追求高品质的人士提供专业化、个性化、一站式的医疗服务。调研结果显示，在一线城市，一间高配新型诊所在装修和设备采购上的投入，基本上需要每平方米 1 万元人民币，中配和低配诊所的投入略低，如图 3 - 10 所示。

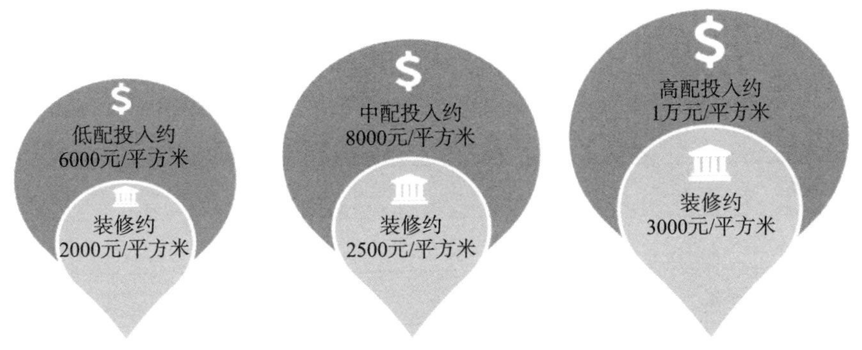

图 3 - 10　诊所装修投入估算

一家定位中高端的新型诊所，单店面积在 500 ~ 1000 平方米，总体投入为 500 万 ~ 1000 万元。高配诊所会在更多的细分科室中进行器械投入，比如儿保器材、口腔科牙椅、眼科视光设备、X 光影像设备等，都是较大的投入。

表 3 - 1 是妈咪知道儿科诊所的医疗器械采购清单，采购了包括婴

幼儿经皮黄疸仪、婴儿秤、裂隙灯在内的儿科常用器械。据透露，一家500平方米的诊所，设备采购约需要200万元。

表3－1 妈咪知道的医疗器械采购清单

妈咪知道儿科诊所部分设备清单
血氧饱和度检测仪
心电监护仪
除颤监护仪
抢救车
12导心电图机（电极片式）
视力筛查仪
婴幼儿经皮黄疸仪
显微镜
离心机
全血自动分析仪
尿液分析仪
空气消毒器
婴儿秤
医用冰箱
急救平车
全科壁挂诊断系统
裂隙灯

四、诊费普遍超过500元

定位不同的诊所，诊费设置有较大的差别。即使同样定位于中高端，一二线城市的诊费差异也很大。根据蛋壳研究院的调研，传统个体诊所的诊费通常在20元以内，和公立医院的普通门诊挂号费接近。所以，这类诊所为了实现盈利，药占比相当高，输液成为主要的营收来源。

如图3－11所示，中高端诊所的诊费通常在500～800元，高额的诊费是医生服务价值的体现。这类诊所的就诊时间均在20～30分钟，医生会仔细问诊和讲解病情，诊前、诊中、诊后都有专家助理全程跟踪，和公立医院的2小时排队、3分钟问诊形成了鲜明的对比。以唯儿诺美式儿童保健为例，一次时长长达1个小时，会详细从养育、发育等方面进行考察，并回答父母的疑问。

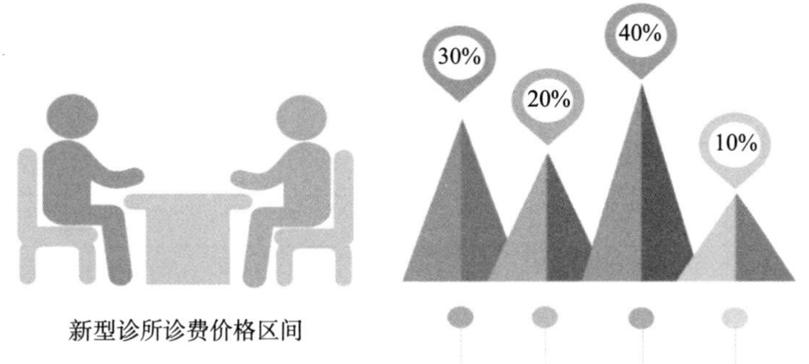

图3－11　新型诊所诊费价格区间分布

蛋壳研究院收集了一些高端诊所服务患者的案例。比如儿保医生在做生长发育存在一定问题的儿童保健时，会提前收集一周患者的饮食数据，转换为热量并提供饮食方面的建议。医生在诊断患儿罹患川崎病，往上级医院转诊后，会一直跟踪患儿的情况，并定期做好后续的访问。诊费不仅仅体现在30分钟的诊疗服务上，更体现在诊前的数据收集和诊后的随访。

蛋壳研究院收集了部分城市的中高端诊所诊费价格，具体价格如表3－2所示。

表 3-2 部分城市中高端诊所诊费价格

	科室	诊疗费
武汉爱瑞家儿科诊所	普通诊疗费	80 元
	专家诊疗费	380 元
	育儿门诊	80 元
唯儿诺儿科诊所	儿全科看诊费	500-1000 元
	专科医生看诊费	800-1200 元
	儿童保健与生长发育评估	600-800 元
优仕美地	全科	475-1175 元
	专科	680-1550 元
	儿科	750-1250 元
和睦家诊所	诊疗费	1500-1700 元
国际 SOS 北京诊所	口腔科	620 元
	妇科	1760 元
	儿科	1320 元
	全科	1320 元
维世达诊所	诊费	780 元-2000 元
祐邻诊所	诊疗费	199 元
优合诊所	诊疗费	500 元
卓正医疗	普通门诊	200 元
	专科门诊	400-500 元
百汇医疗	全科	1300 元
	专科	1400-2100 元
港澳国际	诊疗费	690 元

诊费和客单价不是一个概念。客单价还需要加上药费、治疗费、耗材费、检验费等，是每个患者在诊所的平均支出。诊费体现的是医生的劳动价值，而客单价体现的是患者完成治疗总共所需的花费。2014 年国家发改委、卫健委和人保部三部门宣布，非营利性非公医疗机构的医疗服务项目价格实行市场调节，鼓励非公立医疗机构依据自身特点，提供特色服务，满足群众多元化、个性化的医疗服务需求。民营医院可以

自主定价，但要做到透明、公开。

所以，我们很容易根据诊所公开张贴、悬挂的服务价格公示了解诊所的诊疗费用，但是客单价却不容易获取。蛋壳研究院所调研的诊所中，大约有一半以上的诊所不愿意提供客单价数据，但根据大众点评网的用户点评客单价数据进行推算，最后得到的诊所客单价范围统计图（图 3－12）。

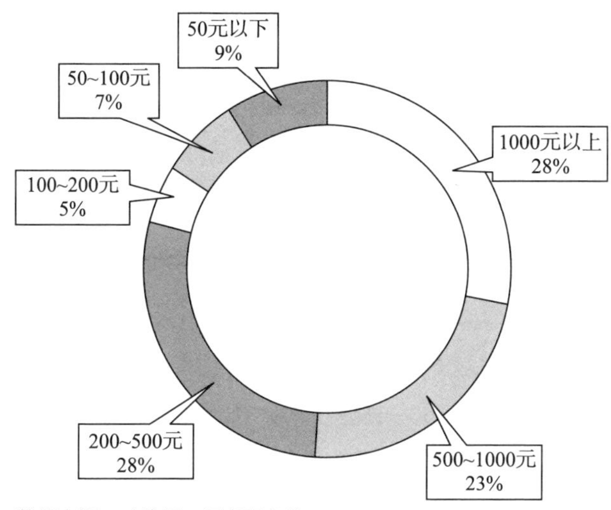

数据来源：动脉网 · 蛋壳研究院

图 3－12　调研诊所客单价分布

面向社区基础医疗服务的中小诊所，大部分客单价在 100 元左右。诊疗费不高，治疗费收取也较低，大部分营收是靠药品销售进行支撑，药占比可以达到 70% 以上。诊疗费较高的中高端诊所，平均客单价很多达到了 1000 元以上，医生也没有追求利润的指导思想，所以在开出药品时比较慎重，整体药占比可控制在 10% 左右。值得一提的是口腔诊所，整体客单价水平显著偏高，原因是口腔科领域的治疗费用高，器械、耗材昂贵，大部分诊所客单价超过了 1000 元。

五、企业健康管理，新型诊所获客突破

传统诊所的推广方式主要在线下，个体诊所没有市场推广人员，医生在推广上的想法不多。

动脉网通过调研，总结了一些新型诊所常用的推广方式可以让诊所进行借鉴，如图 3－13 所示。

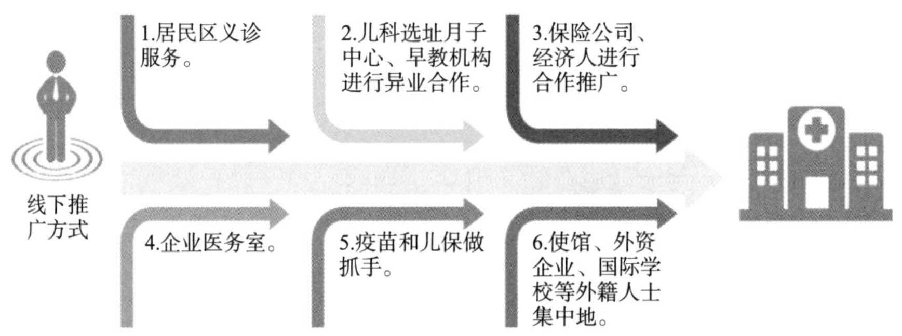

图 3－13　新型诊所线下的推广方式

1. 居民区义诊

传统的诊所吸引客流的活动，一般是诊所医生到小区附近摆点义诊，让小区居民熟悉自己，了解自己，这适合于新开店的时候。在诊所开办一定时间后，也可以通过定期免费测量血压、血糖的方式，吸引小区的老年慢病人群关注，吸纳为长期客户。

2. 儿科异业合作

儿科诊所的市场推广形式是最丰富的，因为小孩集中，容易召集。常见的活动类型有：和幼儿园进行合作，做小小牙医的体验活动，让小朋友知道爱护牙齿，对诊所的儿童口腔项目进行推广；和月子中心、早教中心合作，推广诊所的品牌和产品。在诊所做免费儿保体验活动，让父母带小孩上门，了解诊所的实力。

3. **和商业保险经纪合作**

商业保险的客户对于大部分中高端新型诊所都是非常优质的客户源，通过商业保险经纪人进行推广，可以更快获得这部分客户。

4. **和大型企业合作，入驻企业医务室**

大型企业都有很强的医疗保健需求，诊所可以考虑通过承接企业的医疗保健需求，在企业内部做医疗服务，入驻企业，并在企业内部培养潜在的个人用户。

5. **以疫苗做抓手**

以 HPV 疫苗做抓手推广妇科诊所，以五联等二类疫苗做抓手推广儿科诊所。

6. **高端诊所开发外籍客户**

高端诊所的主要客户是外籍人士，通过和外籍人士集中的使馆、外资企业、国际学校、五星级酒店、银行、高端社区进行合作，开拓市场。

在这些合作形式中，蛋壳研究院认为企业健康管理服务可以成为一个比较优秀的客户获取渠道。企业健康管理服务的好处是明显，因此在大型企业、500 强企业中常常会需要这样的医疗服务。医院提供企业医疗服务的动力不足，普通诊所往往也会因为人手不足而无法提供这样的服务。新型诊所、连锁诊所提供类似服务更符合市场，在赚取服务收入的同时，培养一大批潜在客户。

维世达开展的企业健康管理服务，也就是以企业医务室的形式进行展开。该服务是诊所派驻医务人员长期进驻企业中。通过帮助企业人力资源部门，针对企业员工及企业集体人群的健康危险因素进行全方位的医疗管理与服务。

第一，如图 3 - 14 所示，企业健康管理服务首先能有效地帮助企业降低总体医疗保健费用。

美国的企业健康管理经验总结出这样的数据，即 90% 和 10% 。具

图 3－14 企业医务室对企业和诊所都是双赢

体说就是 90% 的个人和企业通过健康管理后，医疗费用降到原来的 10%；而 10% 的个人和企业未做健康管理，医疗费用比原来上升 90%。原因很简单，实施了健康管理的企业，其员工的患病率、住院率明显降低，绝大部分的疾病风险都以各种方式被消灭在萌芽状态；即使万一患病，也会因为“三早”（早检查、早诊断、早治疗）而很快得到痊愈。因此，企业在员工医疗保健方面的支出总额明显下降。

第二，企业健康管理能大大减少员工因患病或健康事假而带来的间接经济损失。

由于实行了健康管理，企业员工不仅减少了自身患病的概率，其也会通过对家人生活方式等方面的积极影响而降低他们的患病可能性。这样，企业健康管理既减少了员工的病假工时，又减少了其为照顾家人的健康事假工时，从而大大减少了因此而给企业带来的间接经济损失。

第三，企业健康管理还能成为一项吸引优秀员工的福利项目。

企业的发展离不开高层企业家和优秀员工的加盟。在健康日益成为人们追求的重要目标之一的时代，企业的这项福利措施无疑会吸引许多既渴求事业成功也重视自身健康的优秀人才。

这必将成为企业参与市场竞争的利器之一。

第四，企业健康管理能显著提高员工的劳动生产率。

做健康管理的企业，员工人均年产出总值会有效得到提高。一方面，实施健康管理的企业员工更能感受到企业对他们的关怀，更富有归属感和工作热情，这项福利更能吸引优秀的员工加盟企业，自然就会为企业注入更多的创新思路；另一方面，通过健康管理的实施，企业员工的身心更健康，精力更充沛，员工之间更加团结互助，而这能直接提高企业的劳动生产率。

六、提供有温度的医疗服务

所有的中高端诊所，都在强调要为患者提供有温度的服务，提升医疗服务质量，其中最重要的一点就是诊时延长到 20～30 分钟，与为很多用户所诟病的公立医院 2 小时排队，3 分钟问诊形成鲜明对比。那么这 30 分钟时间医生主要需要做什么？

美国卫生署建议门诊每诊次时间不低于 20 分钟。对于初诊患者，一些机构规定必须达到 30 分钟以上。如果在中国的公立医院，医生每位患者看诊 3 分钟，每小时看 20 位。如果你排队在 40 号，需要等 2 个小时。如果医生按照每人看诊 30 分钟，每天工作 8 小时，可以看 16 位患者，你如果是排在第 40 位的患者，得排队到第三天。

在新型诊所，医生与患者就能做到长时间的充分沟通，缓解患者就医时的紧张程度。专家认真仔细地查阅患者所有病历资料，耐心反复地与患者交流，仔细提问，细致地进行解答，建立了患者对专家的信任。医生有足够的时间了解患者的病情，为患者讲解疾病知识、分析病情、告知风险等。在此情况下，医患矛盾、纠纷的发生率自然降低。所以，医生在这 30 分钟里，除了了解病情，给出建议，更多的是进行健康宣教。

新型诊所医生通过耐心细致的健康宣教，对患者疑问进行解答，可以让患者更好地去理解他的病情，配合治疗，加强家庭配合度，提高依从性。那么对于疾病的治疗能够获得非常正面的效果，同时感受到医者的真心和医疗的温度。这部分健康宣教可能在基础的医疗行为以外，但是它其实也是不少诊所标准化的一部分，让健康宣教成为整个诊疗活动过程中的常态。我们常说，新型诊所的主要客户来源，是依靠口碑，而口碑的积累，往往就是得益于诊所医生日常的健康宣教。

患者满意度管理是检验诊所医疗服务水平的一种很好的方法，可以通过调查，了解服务过程中需要改进的地方。但是一般的客户满意度调查有一定的欺骗性，因为中国人非常友善，调研时很容易给出满意的回答，所以这个指标有一定欺骗性。但是将“是否满意”的问题修改为“是否向朋友推荐”时，拿到的得分就更接近真实满意度。这个指标一般比较准确地反映了患者对诊所的认可度，所以诊所在考核医疗服务水平时，需要关注这个指标。

七、开拓网络服务——线上＋线下

近年来，医疗服务的线上与线下的融合将成为一种新的趋势。这种融合有两种类型，一种是诊所的市场推广大量往互联网靠拢，部分医疗服务也放在线上，另一种是互联网医疗企业开线下诊所，由线上往线下拓展。

第一，线上的流量容易汇集，通过互联网的市场推广形成流量，将用户导流到线下。通过和地域性网络社区合作，在妇女节、儿童节、重阳节等节日，通过一些简单的活动宣传，吸引特定的用户群来诊所参加体验活动。

第二，将医生预约、报告单、随访等医疗行为移植到线上，可以改善用户的体验，对提升线下诊所的服务水平有帮助。

第三，互联网医疗企业需要涉足医疗核心完善商业模式，诊所是相对投入较小的方式。互联网医疗企业的巨大流量也可以对线下诊所的业务带来帮助。因此，线上与线下结合是必然的。

因为诊所的覆盖范围有限，传统的市场推广主要在线下。然后在互联网医疗时代，不少诊所在市场推广中，通过互联网做了很多的工作。部分诊所让自己的医生在网络上进行课程教学，在网络社区进行宣传，提高诊所的知名度。

最早正式提出“注意力经济”这一概念的是美国的迈克尔·戈德海伯（Michael H. Goldhaber）1997年在美国发表了一篇题为《注意力购买者》的文章。文章中这样写道：“获得注意力就是获得一种持久的财富。在信息爆炸的新经济下，这种形式的财富使你在获取任何东西时处于优先位置。因此，注意力本身就是财富。”

在市场经济的高度竞争态势下，医生个人要增加出头露面的机会就要打造自身的强势个人品牌，通过差异化的营销和个性化的公关手段来频频增加与公众交流的范围，你要告诉他们你的能力值得他们与你接触。这就是为什么要不断发展个人品牌摆在目标市场面前的原因。

和睦家医院通过崔玉涛和翼连梅在微博上的长期科普，建立了品牌，收获了患者，也让这些专家成了网络大V，最后又离开和睦家创立了自己的品牌。欧茜、于莺、崔玉涛等在互联网上有较高影响力的大V医生，他们离开体制后的第一选择就是开办诊所，利用网络影响力获取用户的信任，获取第一批种子用户。他们更了解互联网的影响力，很容易将这种影响力转化为线下的流量。

对诊所来说，传统的发展路径是从线下门店开始，一家一家逐步扩张。部分诊所的发展路径，却是先在互联网医疗领域发展，在线上积累了大量的用户后，再向线下落地诊所。比如丁香诊所、杏仁医生、妈咪知道等。妈咪知道原本是母婴问诊平台，开办诊所前已经在线上有一定用户基础，诊所的第一批种子用户就是从互联网上转移而来，主要的导流方式包括自有流量上的推送、问诊、邀约、课程及与其他母婴线上社区合作等。

还有些诊所将部分医疗服务和医疗流程也移植到互联网，比如泓华国际诊所、邻家好医等。

泓华国际诊所在其线下诊所的基础上，线上开通了泓华医疗、泓华医生、泓华护士 APP，为患者提供互联网医疗和医护上门服务，帮助诊所提高效益，优化医疗资源配置。

无论他们是先有线上还是先有线下，但是都殊途同归，通过线上线下的结合一起推广。

八、以会员制为推手

传统诊所没有会员的概念，会员不仅仅是为了诊费的折扣，会员制的建立可以培养起一批相当忠实的用户。

诊所的会员制建立主要有三种形式，如图 3－15 所示。

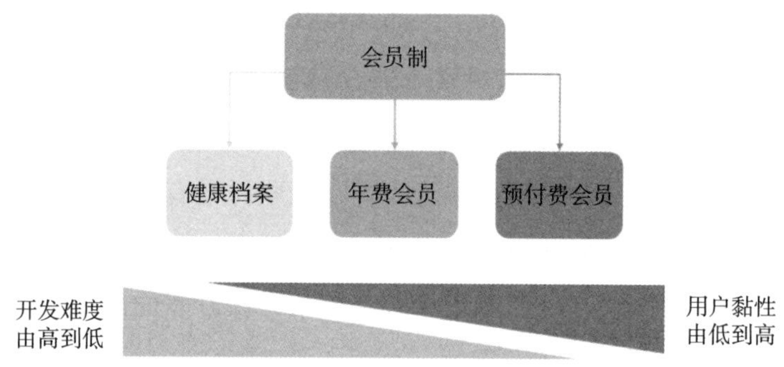

图 3－15　新型诊所会员管理模式

第一种是单纯的建立客户健康档案。对于患者的健康情况予以记录，方便医生进行患者管理。这种会员制的黏性不强，医学意义大于营销意义。应当说，凡是拥有信息化系统的诊所对每一位初诊患者都应该建立这样的客户健康档案，方便病历存档的同时，也为今后的市场活动信息发布提供便利。

第二种是按年缴纳会员费的会员制，并建立健康档案。用户缴纳的金额不是预存款，只是享受当年会员服务的支出。成为会员后建立会员档案，并可享受免费体检等活动，诊费也可以获得一定的折扣。一般来说，新型诊所提供的家庭医生服务、慢病管理都是基于年费会员。这种会员制对客户的黏性一般，高中低端诊所都适用。

第三种是预存诊费的会员制，并建立健康档案。客户预存一定金额的诊费，今后的诊疗花销从预存诊费中进行扣款，并对诊费给予一定的折扣。这种会员制可以预收较高金额，而且客户的黏性是最高的。但是这种会员制在诊费较高的高端诊所才对客户有一定的吸引力。

九、商保助力新型诊所发展

作为医疗体系中重要的支付方之一，保险是很多诊所非常关心，但又无力解决的问题。保险分为两种，分别是医保和商保。医保包含在我们现在所说的社保里面，而商保是指商业保险，覆盖范围是社保无法报销的门诊部分、超出医保目录部分、个人承担部分。

无法报销医保一直是横亘在定位社区基础医疗的中小诊所面前的一个难题。虽然大家普遍认为，门诊只能使用医保的个人账户，能否报销从费用层面来讲对诊所的引流作用有限。但是，诊所加入医保可以为诊所背书。医保是以政府监管规范和认证标准体系为准绳，实现了对诊所标准化、信息化、常态化的监控，可以帮助诊所获取患者信任，留住患者。

不同地区的诊所能否接入医保受政策影响较大，比如北京地区的诊所无法接入医保，而重庆地区的诊所可以接入医保。好在诊所覆盖范围在 1 ~5 公里范围内，是否能接入医保对大家都是公平的，对竞争力影响不大。而且医保在诊所仅使用个人账户，是否能使用医保不是决定用户是否到诊所就诊的决定因素。

中高端诊所因为定位问题并不需要医保，但是对商保的需求非常迫切。蛋壳研究院调研的中高端诊所中超过 90% 都落地了商业保险，引入商保的诊所数量普遍在 50 家左右，最多的维世达诊所引入了七十多家海内外商业保险直付。

引入商保直付的好处非常多，如图 3 - 16 所示。

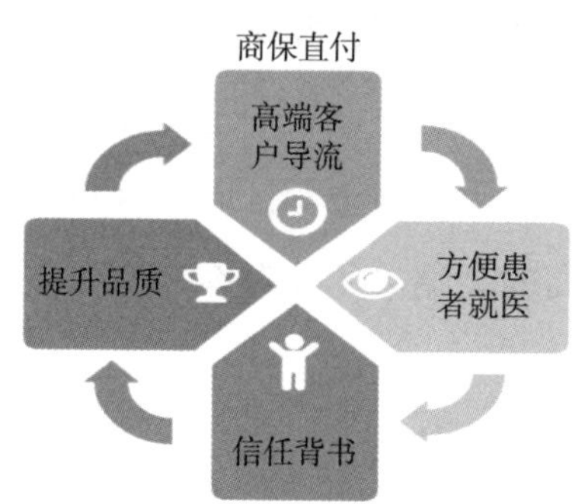

图 3 - 16　商保是新型诊所非常重要的发展动力

第一，中高端诊所的诊费收取较高，人流量偏少，通过商保可以吸引大量的商保用户。在调研诊所中，商保客户的比例占到了就诊人数的 40% ~50%，部分诊所达到了 60%。部分新建的新型诊所在调研中介绍，接入商保前后有明显的客流量区别，接入后，外籍客户的就诊量实现了翻倍。保险公司有自己的客户推荐诊所目录，接入保险的诊所进入到推荐网络中，会在高端外籍人群中起到宣传推广的作用。随着一家外资保险公司直付业务的落户，可以带来其他保险公司的落户。

第二，方便患者。选择直付医院、诊所时，投保人无需支付现金，患者直接刷保险卡，后续由保险公司与医疗机构直接结算，患者只需确认账单。对于客户来说非常方便，不用付钱，也不用再去处理烦琐的报销流程。选择非直付医院就诊时，提交报销单据后一般 10 ~ 15 天即可获得理赔，也很方便。

第三，增加信任。商保和医保一样，都有一个增加信任感的作用。如果诊所得到了高端外资保险公司的肯定，患者也会觉得这个诊所比较规范，增强信任感。

第四，提升品质。商保的主要客户是外籍人士、500 强跨国公司高管、500 强跨国公司员工、国内的高收入人群。这部分用户普遍对医疗服务和技术要求比较高，可以反向激励诊所不断提升服务水平。

商保虽然对诊所的业务开拓、信用背书都有非常大的帮助，但是在二线城市，很多高端商业保险没有落地直付业务。再加上消费水平偏低的原因，二线城市的高端诊所的市场容量要比北京、上海低很多。

十、接入第三方服务

在蛋壳研究院的调研中，新型诊所都接入了丰富的第三方服务（图 3－16）。

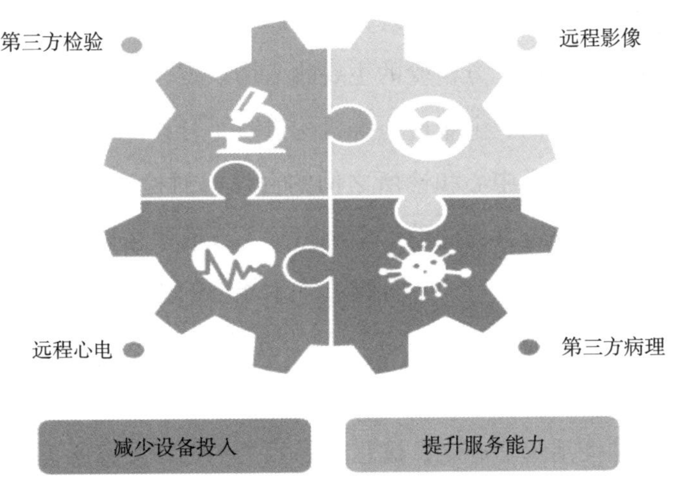

图 3－17　新型诊所引入第三方服务方

最普遍的就是第三方检验项目。诊所往往只配备基本的三大常规检查设备，生化仪、免疫发光仪等设备价格昂贵，而且检测量不大，如果诊所投入会造成巨大的资产浪费。在这样的情况下，第三方检测机构可以通过自建检测中心，为医疗机构进行服务，完成复杂的检验项目。

从妈咪知道儿科诊所的设备采购清单可以看到，和检验相关的设备只有三大常规。通过第三方检验机构提供检验外包服务，不但可以解决困扰诊所的设备和人才问题，节约了检验科室的投入，也提高了诊所的运营效率和对疾病的诊断能力。

目前，美国独立医学检验已经相当成熟，独立医学检验机构占据了35%左右的医学检验市场，其余大约60%在医院的附属检验室、高校实验室和其他实验室完成。在德国和日本，独立医学检验机构的市场份额均超过了60%，而中国的第三方检验只占到我国医学检验市场的2%。

从规模看，2015年国内第三方医学检验机构总营收约为100亿元，据前瞻产业研究院预计，2014－2020年第三方医学检验服务市场将保持35%～40%的增长速度，占医学检验市场份额7%～9%。到2020年，第三方医学检验市场规模理论值将超过500亿元。而大量出现的新型诊所将会是未来第三方检验的主要收入增长点，动脉网访谈的诊所几乎都已经和迪安诊断、金域检验等机构进行了合作。

第三方病理诊断中心和诊所之间的合作相对检验项目来说比较少。因为大多数诊所只做常见病的诊断和治疗，没有手术能力。在蛋壳研究院调研的新型诊所中，有小部分具有手术能力的诊所，这部分诊所可能会在皮肤科、外科做一些小手术，就需要第三方病理诊断中心的服务支持。

诊所也常使用远程心电、远程影像相关的远程会诊服务。诊所采购的影像设备中最多的是超声设备，小部分大型诊所会采购DR（直接数字化X线摄影系统）设备，但是几乎没有采购CT（计算机X线断层扫描）、MRI（核磁共振）的，除了整体投入高的因素，服务能力跟不上也是原因之一。设备虽然有了，但缺乏高水平的技师，就可以通过万里云等远程影像平台提供更好的诊断服务。

武汉爱瑞家儿科诊所CEO夏琳谈到，通过万里云平台，半个小时至一个小时之间就可以得到北京大三甲医院根据上传的DR影像撰写的诊断报告，非常方便。

第三方服务机构、远程服务机构通过规模化的投入，可以显著降低成本。诊所在减少投入的同时，也扩大了疾病的诊断、治疗能力，获取更多的收入。

十一、设计诊所衍生产品

很多人理解中的诊所服务，就是医生看病，和产品设计没有关联。其实诊所也需要产品设计，而且非常重要。医生提供什么样的医疗服务？我们的医疗服务应该是什么样子的？一定要通过产品的概念来进行定义。

简单来说，诊所的产品设计主要是和科室，以及科室的服务能力有关系。首先考虑的是特色科室的设置。其次是科室之间的服务能不能形成关联，互相导流，为企业创造利润。最后，还要有产品的创新和迭代能力。

设计诊疗产品时，要考虑两个点：一是产品的宽度；二是产品的深度。

产品的宽度是由诊所的科室数决定的，但是并不是产品越多越好、越宽越好，一定要有重点，有拳头产品。

产品的深度是由服务能力决定的。比如在儿科里面设计生长发育保健的产品，产品的特色是什么，细致度在什么地方，和别人不一样的服务是什么。通过差异化内容去打动客户，是产品深度的体现。

医疗服务产品的特征有四个。

第一，科学和人文的统一。医疗服务是科学，但是又要体现医生的人文关怀，这是大家常说的“有温度的诊所”的具体体现。

第二，医疗产品具有商品的特征，但必须在符合道德伦理的基础上挣钱。

第三，医疗服务具有高风险和不确定性。要做充分的预估，严格按照标准化流程进行管理，降低风险。

第四，实现个性化服务。每个病人的病情有差异、身体状况有差异，通过不同的方法满足每个人不同的医疗需求。

产品设计出来之后，还需要对产品进行迭代升级。通过信息化系统所收集数据进行分析，进行用户画像，总结规律。比如在做完数千例儿童发育评估之后，可以根据数据分析儿童的年龄段，他们来自哪里。通过这样的数据可以分析出来是 0～12 个月的儿童居多还是 4～5 岁的儿童居多，是应该加强智护训练项目，还是身高干预，有没有再独立形成产品的空间。

比如在诊所领域，我们常见的特色产品是儿童保健服务、疫苗服务、健康体检服务、生长发育门诊、HPV①（人类乳头瘤病毒）疫苗服务、儿童牙齿正畸服务等。这些特色产品大部分消费属性较强，也是诊所的主要利润来源。

儿科诊所中，儿童保健服务也是非常好的差异化服务项目。目前，儿童保健还没有被家长重视，社区儿保收费被严重压低，体检过程比较随意，形成了形式化的流程。儿童保健除了体格发育评估和心理行为发育的评估之外，还可以给小朋友提供及时的生长发育建议。通过及时、准确检查、宣教和保健服务，完成基层的预防保健服务。部分儿科诊所透露，其儿童保健服务收费，已经占到了其收入的 40%～50%。

我们选取了一些诊所设计的产品进行介绍。

1. 维世达健康体检套餐

（1）价格：2680～12200 元。

---

① HPV：人类乳头瘤病毒（Human Papilloma Virus，简称 HPV）是一种嗜上皮性病毒，有高度的特异性，长期以来，已知 HPV 可引起人类良性的肿瘤和疣，如生长在生殖器官附近皮肤和粘膜上的人类寻常疣、尖锐湿疣以及生长在粘膜上的乳头状瘤。像乙肝病毒一样，HPV 也是一种 DNA 病毒。它原是多瘤空泡病毒科的一员，1999 年国际病毒分类委员会（ICTV）取消多瘤空泡病毒科，代之以乳头瘤病毒科，因此，HPV 便归属此门下。

（2）特点：全面了解身体健康状态，并对多项肿瘤进行早期筛查。

2. 爱瑞家儿科诊所婴幼儿智护套餐

（1）价格：19800 元。

（2）特点：0～36 个月宝宝早期体格和智力全能发育的科学课程，由北京协和医院和上海国际和平妇幼保健院儿科专家技术指导。

3. 优仕美地个性化健康管理服务

（1）价格：在 3220～11280 元体检服务基础上增加费用。

（2）特点：优仕美地在普通健康管理体检服务的基础上，根据用户的医疗需求进行个性化调整，增加精细胃镜、低剂量肺部 CT 等数十个项目，不同项目的收费标准不同。部分收费标准如表 3－3 所示。

图 3－3　婴幼儿智护训练组合

课程	内容	对象	课程安排	时间	套餐价（元）
婴幼儿亲子智护课堂	1. 智能（语言与认知） 2. 肢体被动（大动作和精细动作的发育） 3. 潜能引发（创造力与想象力） 4. 情感交流（人际交往风格与社交能力启蒙）互动训练	婴幼儿及一位家长	每周一次 全年 48 次	45 分钟/次	19800
父母课堂	1. 0－3 岁宝宝养育理论指导 （1）婴幼儿生长发育的特点 （2）婴幼儿喂养指导 （3）早期教育的科学指导 （4）婴幼儿期出现的常见问题 （5）如何选择婴儿玩具和儿歌 2. 宝宝厨房 3. 疾病与意外伤害的预防 4. 入托前的准备	家长	每月一次	90 分钟/次	1200

第三节　诊所团队的组成和需求

一、管理层背景大多不是医学出身

和想象中不一样的是，动脉网调研的大部分诊所的创业者、管理层都不是医生（图3-18）。虽然传统个体诊所的主要创业者一定会是医生，但是调研数据显示医生创业者偏少，创业者背景多以医疗健康领域的投资人为主。

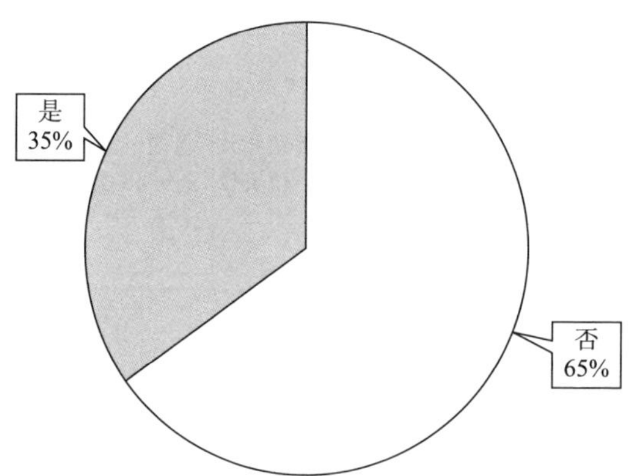

数据来源：动脉网·蛋壳研究院

图3-18　管理层是否医生

这是因为中高端品牌诊所、连锁诊所的创立门槛较高，投资金额高，再加上这类诊所需要较高的管理水平和经营理念，医生的专长往往不在这一领域。连锁诊所需要职业经理人负责运营管理，让医生回归到医疗岗位做最专业的事情。职业经理人负责对内的管理，对外的市场推广。

诊所经理岗位职责：

（1）负责完成诊所前期筹建工作，包括工程建筑、门诊装修、人员招聘及市场策划等。

（2）组织及协调诊所的基本团队建设、规范内部管理，全面负责诊所日常运营推广及管理工作。

（3）全面协调诊所的行政管理、医疗护理、人力资源、财务经营、市场策划、信息管理及后勤保障等各项工作。

（4）指导、检查、督促诊所各科室、各岗位的工作，随时纠正工作中出现的偏差，不断提高医疗和服务质量，保证诊所高效正常运转。

（5）负责完成诊所营收目标，确保门诊到访患者高满意度和推荐度。

（6）培训、指导下级护理、行政助理及市场推广人员工作。

但是首席医疗官之类的岗位也非常重要。部分新型诊所通过联合创始人的方式引入医生，专注医疗流程和医疗产品的设计。诊所再小，但也五脏俱全，只有对医疗足够的了解，才能在筹建、管理和市场推广中不走弯路。

二、医生人才的晋升和绩效管理

大部分普通诊所的医生履历背景并没有那么靓丽，一般来自一二甲医院。三甲医院的医生和专家一般会去中高端诊所就诊，他们的医疗专业度也是中高端诊所优秀医疗服务的基础。

而部分北京、上海的高端诊所，还有非常多的外籍医生，提供中英日韩等多语种服务。医生团队的收入应该如何分配？如何培养？诊所管理者的经验略有一些不同。

企业纷纷表示，**医生人才是制约诊所发展的主要问题**。在连锁诊所领域，人力资源管理重点关注的领域有三类：招聘与配置、培训与开发、员工关系管理。首先，医生招募一直是制约连锁诊所发展的因素之一，儿科更甚。从知名大医院乃至海外医院挖人是一种方式，但成本极高，从区县级医院招募是目前较为可行且成本较低的模式。此外也可从互联网渠道招募，如丁香人才招募的方式。

同样的，要吸引到优秀的医生加入，诊所也需要在工作环境、管理水平上进行提升。按照现在诊所的扩张速度，10 年后中国将新增 6 万家以上的新型诊所，再加上民营医院以每年 800 家的数量在增长，意味着未来十年将会有 15 万名医生和护士的需求。医生是否愿意脱离体制、多点执业能否顺畅，都会严重影响未来医务岗位的数量缺口。

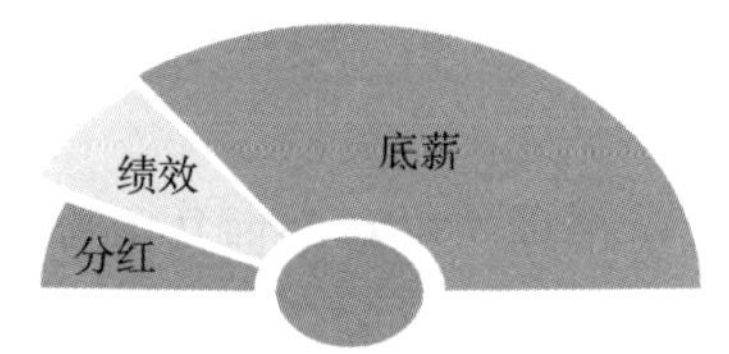

图 3－19　医生收入组成

如图 3－19 所示，新型诊所中全职医生的收入主要依靠三个部分：基本保障薪资＋按劳分配＋分红。短期来讲“工资”是主要收入；“按劳分配”是对医生个人智力和精力付出产生的合理价值收入；诊所盈利后，定期就有分红。一般来说，诊所会为医生提供比较丰厚的报酬。

医生要走出体制，需要很大的决心。诊所除了用薪资吸引医生，还会考虑股权，建立医生合伙人制度，如丁香诊所对医生团队就预留了股份和期权。只是医生合伙人制度并不一定就是万能的。大部分诊所在初期都没有盈利，甚至亏损很长一段时间。所以这个时候和医生谈“合伙人”，谈分红，其实医生很难接受。

另外，很多诊所有不同的管理思路，对待医生绩效的态度也有区别。部分诊所会提高基本岗位工资，不会对医生做业绩考核，目的是防止医生为绩效出现过度治疗。但是另一种管理思路是，要给医生合理的绩效分配，否则医生也失去工作的动力，而绩效的考核方式是病人访问量和营收考核两种。具体哪种薪酬管理方式比较合适，可以根据实际情况具体分析。

兼职医生一定会是用基本收入 + 绩效的方式引入。兼职医生一般是公立三甲医院的大医生，这部分医生往往不会脱离体制，但是他们的影响力非常大，也是诊所招揽客户的招牌之一。所以，在绩效考核方面可以着重优化。

同时，医生梯队的成长也很重要，例如中年资医生带领低年资医生入门。好的医生培养过程非常漫长，如果医生对诊所的认同感过低，在没有体制束缚下就会考虑离开。所以，大部分企业推出了“医生合伙人”制度，来吸引优秀医生的加盟。医生通过技术或者资金加盟诊所，获得股份和分红，并参与决策。

三、诊所的人才需求

蛋壳研究院收集了丁香人才网上和诊所相关的 1507 条招聘信息，并进行了数据清洗和整理，看看诊所的人才需求是怎样的？如图 3 - 20 所示。

在诊所主要的招聘岗位中，医生、护士、技师这三种和医疗服务直接相关的岗位仍然是最缺乏的，特别是医生和护士，他们是医疗服务的直接参与者。其次，诊所还需要大量的技师。

因为诊所普遍较小，很多没有设置药师岗位，需求量不大。

图 3 - 21 是诊所招聘医生时，所需要的科室数据。排名前十的分别是口腔科、中医科、全科、儿科、超声科、妇产科、内科、眼科、外科、康复理疗科。

口腔科医生需求量排名第一，和口腔科诊所市场化程度最高有很大的关系。口腔诊所客单价高，诊所收入和医生收入都较高，口腔诊所遍地开花。口腔科医生近年来就业需求很大，目前来看，我国口腔科医生

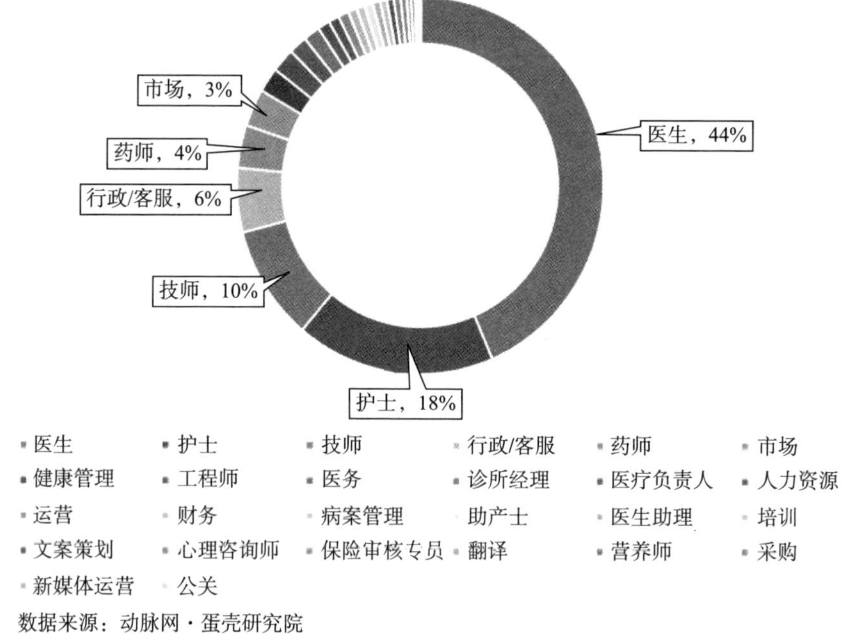

数据来源：动脉网 · 蛋壳研究院

图 3－20　诊所主要招聘岗位设置

与人口的比例是 1 ：40000，而国际公认的合适比例应为 1 ：2000，目前还有非常大的缺口。

中医科、全科、儿科医生的需求分列诊所医生招聘需求的第二到第四位，基本上符合政策推动、居民需求的现实情况。中医科在政策推动下近年来发展很快，不仅专科诊所如雨后春笋般发展，而且大部分新型诊所也有中医科设置。

全科医生是基层诊所发展的最大基础，截至 2017 年年底，我国累计培养全科医生 20.9 万人，仅占整个临床医生总数的 6.6%，缺口近 10 万人，离每千人居民有一名合格家庭医生的目标还有距离。全科医生是推动分级诊疗、基层医疗的重要砝码，在健康中国的大环境下，我国要实现全民健康离不开全科医生。

儿科医生的需求缺口也一直非常大，特别是在公立大医院。儿科诊所因为消费属性较高，社会需求大，数量也非常多，所以对儿科医生提

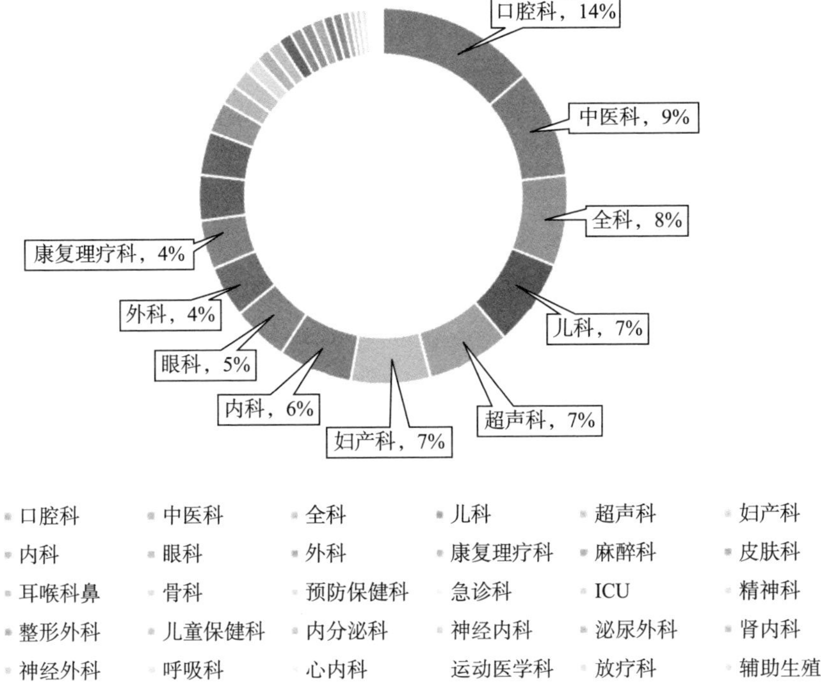

数据来源：动脉网·蛋壳研究院

图 3－21　诊所需要哪些科室的医生

出了较大的需求量。儿科专业招生少，儿科医生的供给相应减少，中国城市每千名儿童的医生数量只有 0.57。

根据《2017 年中国卫生统计年鉴》公布的数据显示，2016 年中国儿科医生总数为 127400 人。按照 2015 年全国 1% 人口抽样调查结果，0～14 岁儿童总数为 2.28 亿。目前每 1000 名儿童，只配备 0.56 位儿科医生，这一数值远低于全国平均每 1000 人配备 2.32 名医师的水平。

医技岗位中，需求最大的是放射科和检验科技师（图 3－22）。部分新型诊所很多都加入了 X 光设备，加大了对放射科人才的需求量。一般来说，诊所很少设置病理科。蛋壳研究院的数据统计中有 2 位病理科技师的招聘信息，招聘需求来自于有医院，也有诊所的和睦家。

药师作为处方的把关人，也是完善医疗服务、提升医疗质量的重要

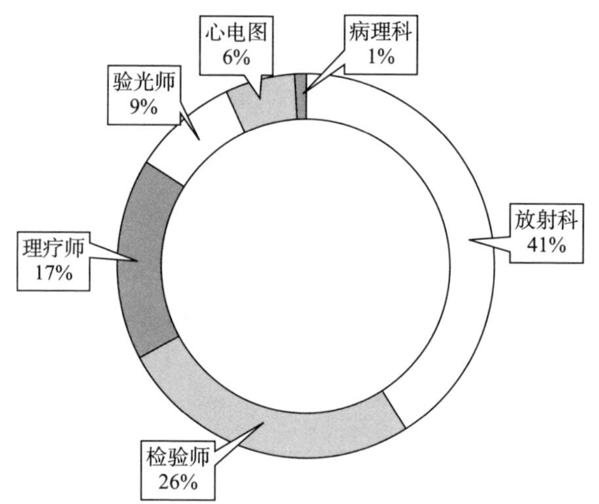

数据来源：动脉网·蛋壳研究院

图 3－22　医技岗位需求

环节。作为药剂师，他们清楚哪些药品是安全的，哪些药品是有配伍问题的，不会让诊所处于危险之中。诊所的每一张处方都应该有药师进行审核，同时对患者进行用药教育，让患者正确用药的同时，学会识别不良反应和副作用。所以，药师可以保证新型诊所用现代的诊疗观念，基于循证证据去使用药物。

四、诊所医生的收入普遍偏高

动脉网统计了招聘信息中所提供的医生收入信息。其中 60% 的岗位未透露收入，在透露收入水平的招聘信息中，大家采用的工资收入起止段数据差别很大，很难进行清洗，因此只能根据数据做一个大概的统计。约 70% 的医生岗位给出的收入区间是 10000～20000 元，20% 的医生收入在 20000 元以上，10% 的医生收入在 10000 元以下。现实情况中，医生岗位的收入会比我们统计的数据更高。原因是 1500 多条招聘信息中，招聘数量最多、收入最高的高端诊所均未透露收入水平，以面议取代。

护士、护士长的收入水平差别不大，一般护士的收入在5000～8000元占到了30%，8000～10000元占到了20%，5000元以下占到了40%。少量护士岗位给到了10000元以上，一般是高端诊所，并提出了双语等较高的要求。

诊所的运营比较重要的医疗负责人、运营负责人、诊所经理这三个岗位的收入大致分两个档次，约50%的岗位收入在10000～20000元，另外约30%的岗位收入在20000～30000元。

第四节　连锁诊所的运营模式

诊所管理难，连锁诊所管理更难，而全国性的跨区域连锁诊所管理难上加难。无论是定位社区基础医疗的诊所，还是定位高质量医疗服务的中高端诊所，都面临一个共同的挑战，即老百姓对分级诊疗的认知度和接受度并没有完全建立。加上目前我国很少有垄断性的连锁诊所，大部分企业都是刚入市，需要时间才能建立起品牌知名度和完整的运营体系。

通过蛋壳研究院的统计和观察，目前全国性的连锁诊所发展较好的企业并不多，多以口腔科和儿科诊所为主，部分综合性全科诊所的地域性比较集中，管理相对简单。

我们通过访谈对连锁诊所管理方式做了梳理和总结。大连锁诊所的运营模式一般有自营、收购和加盟三种。通常，连锁诊所在初期发展时都会采用自营模式。个体医生在单店开始盈利之后，再从第二家、第三家开始单店复制，开设多家诊所。

一开始个体诊所在扩张前，管理水平、信息化水平都不高，品牌运营意识不强。但是在后续的逐步发展中，管理水平也在逐步跟进。有资本介入的连锁诊所初期发展和扩张速度要更快，通过统一的市场运营，依靠标准化运营模式、运营管理手册和质量管理手册等，不用等到前期资本积累，在模式和品牌验证后，就可以快速扩张。扩张之后也可以带来规模经济效应，降低集团的筹建和采购成本。

连锁诊所在早期发展时一般采用自建模式，成熟一家扩张一家，扩张的速度主要受资金和人才的限制。收购则可以快速吸纳医护人员、管理人员等人才，管理经验也可以通过收购进行互补和提升。

加盟模式的连锁诊所，扩张容易，现金回笼迅速，曾经在一段时间成为连锁诊所老板喜欢采用的扩张模式。但是这种模式对管理水平提出了非常高的要求。动脉网蛋壳研究院调研的一家口腔连锁诊所，在初期就采用了加盟模式进行扩张。但是扩张到一定规模之后，因为经营理念和利益冲突，品牌方和加盟方产生了矛盾，还对品牌造成了一定的损害，最后全部收缩，通过自建模式缓慢扩张。

当然，通过加盟模式建立的诊所，也有在业务上发展得比较好的品牌。这类连锁企业，一定会在品牌形象与设置标准规范、医疗技术服务规范、运营管理与质量控制规范三大板块上发力，严格进行标准化管理，并加强检查监督。

动脉网蛋壳研究院采访的大多数诊所管理者表示，他们更支持自营模式。自营模式基于自己的资源进行扩张，盈利模式相对简单，控制力强。基本上是在成熟一家后扩张下一家，由自己的团队对新的诊所进行完整而详细的培训，甚至其他点的医护人员可以直接进驻。而加盟模式很难控制核心的医疗资源。双方会因为理念的冲突而产生矛盾，一方想控制医疗质量，提升口碑，另一方想追求利润最大化。

第五节　基层诊所的变革[①]

近年来，国家提出建设多层次、多元化医疗服务体系，并出台了鼓励社会办医疗机构的一系列措施。所以，民营医疗机构如雨后春笋般出现在大街小巷，但为什么民众还是不愿去诊所看病，而是挤向人满为患的大医院？

这或许是信任感的缺失，最明显的表现为“担心”：

（1）诊所实力参差不齐，担心遇到医疗技术不够硬的诊所；

（2）医疗服务价格不明晰，无定价单，担心诊所随意叫价、乱开药；

（3）没有人文关怀，看完病，担心想咨询点事儿都不行，没有互动；

（4）不能刷医保的诊所，是不是很贵，担心花钱太多；

（5）想做个检查，担心诊所根本没有这样的医疗设备，或者检测结果不准……

长期以来，我国基层诊所普遍面临的“小、乱、差”特征，又遭遇“缺技术、缺品牌、缺特色、缺推广、缺保障、缺帮扶、缺后盾”的发展瓶颈。我们都知道信任危机，才是诊所的最大软肋。

如何化解这种信任危机？就诊所而言，是否规范标准、明码标价、公开透明、遵纪守法、自觉接受社会监督，至少在短期内，是取得群众信任的重要前提。

---

① 本文由平安万家医疗供稿。

1. **诊所规范化经营管理尤为重要**

众所周知，如今基层医疗诊所存在着良莠不齐和乱象丛生的现象，有诚信的，也有不诚信的，这对于患者来说是无法分辨的。所以诊所一定要规范化、标准化，能够让患者便于识别，比如诊所的位置、舒适整洁的环境、各类药品的摆放、医护人员的着装……

其中，更重要的是诊所规范标准化的经营管理。信息化为诊所创造了很多机遇，在信息化、移动互联网的推动下，患者体验度与诊所服务效率可以不断提升。此时，诊所选择一种移动互联网的全新诊所工作模式就必不可少。

万家云诊所就是一个 SaaS 模式下专业的诊所工作平台，做到全流程就诊，非常的规范化、标准化：从预约登记、前台接待、医生就诊、电子病历、处方拿药甚至结账收费，都可以一站式管理。

患者从外部形象，到整个就诊流程体验，就能切实感受到诊所的规范化，对诊所的好感度自然会提升，那么恭喜你迈出了取得信任的第一步！

2. **诊所定位清晰，以疗效取信于人**

诊所定位应该清晰，不管是全科还是中医还是齿科，都要有自己的定位与特色。虚假广告、夸大病情、过度医疗等欺骗、忽悠行为一定不能有，如果出现与用户期望落差太大的情况，就会引来质疑，一次质疑就会让你的诊所流失大片的患者。

从诊所经营层面来说，它面对的顾客是患者，销售的产品是健康，群众最关心的就是健康，没有过硬的医疗技术让患者取得满意的疗效，患者同样不会认可。

3. **高效运营，保持良好的状态**

仔细观察一些优秀诊所，你会发现从走进诊所开始，就会对它产生一种信任，因为诊所里面的运转是高效又有序的，医护人员的工作状态明显区别于大医院——集中、有序、热情。

一般说来，患者除了来看病，最多的就是与医护人员“打交道”。患者首先是一个普通人，再是一个有需求的病人。所以，医护人员能给患者留有充裕的诊治时间，使患者不会觉得诊所如同战场，医生是在匆匆完成任务，才能减轻患者的焦虑感，获取信任感，建立良好的声誉。

此时，医护人员的工作能够高效有序会为诊所加分不少。万家云诊所提供诊所内部临床、运营、医技及供应链、绩效管理运营等服务，作为诊所人员的工作平台，帮助医护人员提高工作效率，帮助诊所提升内部管理效率。

4. 价格透明，以理服人

患者在接受诊治的过程中，未知的治疗方案与诊疗费会让他产生不少疑惑，也许不会说出口，也可能会直接中断诊治。这个时候，医生应该多加主动交流：为什么要为患者开这样的处方，患者需要做什么样的手术，患者为什么需要接受这样的诊治等。把“理”给患者讲明，他才会放心地接受你的治疗方案。

价格透明化，一些门诊将“诊疗服务模块化，明示疾病诊疗路径、诊疗方法及诊疗用药，确认各病种诊疗流程及预估诊疗费用，让患者诊疗前就预知大致诊疗费用及诊疗过程”的做法不妨借鉴，一方面可以理性管理患者诊疗预期，增进患者信任感；另一方面可以借此推进医疗服务产品化步伐。

最后，亲自将患者的费用结算单交给他，确保患者明白钱花在哪里了。不少诊所还在使用纸质病历、纸质处方单，更加让患者疑惑的是医疗费用不明。如今选择信息化系统都已经成为趋势，万家云诊所无需安装维护，打开网站即可免费使用基础平台功能，助力诊所迈进电子化时代。

5. 医患沟通及时、随时、到位

诊疗过程中的沟通很重要，相信大家都深有体会，就不再赘述。在此要强调的是在完成诊疗后，其实医患沟通并未真正结束，如果能随时与患者保持联系，就能极大地留住患者，提高回诊率。

万家云诊所能通过患者健康管理，自动归档用户的就诊记录，帮助诊所更好地管理用户健康；通过会员管理、随访管理，整合用户信息，提升客户关系，规范高效的随访计划，提高患者的留存率；支持多端消息互动，在线咨询，如聊天、语音、视频等途径进行医患沟通，提升患者就医体验，让患者在诊前诊后都健康无忧。

患者对诊所的疑虑感不是一天两天出现，也不是一天两天能够解决的，切莫将医诊当成一锤子买卖，不然“劣币驱逐良币效应”会更加凸显，整个民营医疗环境将继续被置于不信任的状态。

患者如何能信任诊所，这更取决于诊所进入市场的真诚度及自身的努力程度。获取信任感还有许多细节需要兼顾，如诊所要做好硬实力，做专做优做特色，做好服务，做足规范等。

第四章 新型诊所经营实战

近年来，诊所一跃成为医生、投资人追捧的对象。据国家统计局权威发布《2018 年国民经济和社会发展统计公报》显示，截至 2018 年年底，我国基层医疗卫生机构达到 95 万家，其中乡镇卫生院 3.6 万家，社区卫生服务中心（站）3.5 万家，门诊部（所）24.8 万家，村卫生室 63.0 万家。与 2017 年相比，我国门诊部（所）增加了 1.8 万家，也就是说，2018 年有超过 1.8 万家诊所新开业，每天平均有超过 49 家诊所新开业。因为投资运营成本低和审核进入门槛较低，国内诊所开展势头非常快，数量远远大于 200 家新增医院。

事实上诊所的热度，从 2015 年互联网医疗行业者拓展至线下业务的时候，它便呈现“燎原”之势，并被冠以“新型诊所”。

这类新型诊所里的玩家有妇儿院长、网红医生、互联网医疗创业者及投资人，他们以新的医学模式为核心，体现医生的服务价值和医疗人文关怀，以患者和医生为双重中心，充分与医疗服务关联新事物相融合，提供优质、便捷、有效医疗保健服务的一种诊所。

诊所成功的秘诀是什么？医生、产品、服务、管理、商业模式一个都不能少。那么每个版块如何设计？投资逻辑又是怎样的？

第一节　诊所投资的商业逻辑

投资人如何看诊所？听听春田医管的创始人段涛的观点。

春田医管是由国内外著名临床专家和医院管理专家组成，专注于妇产儿医疗机构的投资、建设、运营与管理，尊重医学发展的规律，重视学科发展，追求医学技术的发展与进步。主要提供学科、人才、技术、服务、管理、创新的标准制定和整体解决方案，打造妇儿医院专业优质的管理体系，促进妇儿健康的发展。“我们致力于成为最具价值的妇产儿医疗管理集团，服务中国医疗健康的变革与升级，希望以合理的价格，为患者提供最好的质量与最佳的就医体验。”段涛说。

段涛表示，早期具有代表性的诊所是口腔和医美，现在发展较快的妇儿诊所，总体来说是消费属性大于医疗属性，因为儿科看病更看重用户的消费体验。

同时由于儿科医生更好找（儿科医生在医院内待遇最低），诊所对设备要求更低，所以在儿科创业条件更便利的情况下，儿科诊所发展速度快的趋势很明显。

他认为，诊所投资首先要考虑投资回报率。除了前期投资营运成本低外，后期也可以快速达到盈亏平衡点。但是诊所运营也面临着商业模式难以为继的困局。好一点的诊所投资回报率可以达到30%，一般良好状态下可以达到10%～15%。对于投资人来说，前期投入5000万元，回报只有500万元到600万元。这种情况下，一家诊所可以实现营收平衡，但是对于投资机构来说，这种商业模式是无法推广的。

连锁化的诊所投资离不开管理半径。异地连锁的管理半径太大，投资人必须具备超强的管理能力，非常好的协调能力，管理团队和中央集权化的管理。要想实现诊所的连锁化发展，必须通过复制管理模式，降低成本，提高效率。

所以中国诊所最缺的是职业经理人，需要具备对内应对政策法规、行政审批，对外做营运和营销的人才。在目前医院门诊收入能够占到医院总收入大概一半左右的情况下，诊所能够在职业管理人的帮助下，做好经济化的管理，收入还是可观的。

此外，还需要关注诊所的品牌建设。段涛认为，线上和线下的运行体系没有问题，虽然线上导流被看作是用户的重要来源，但是实际上在全行业粉丝转化率只有千分之一到千分之三。可见粉丝导流能为诊所带来的业务量很小。

这并不是说线上导流没有作用，线上导流可以在品牌建设和患者沟通方面起到积极作用。“有的客户从单身开始就读我的微博，怀孕后便成为我的目标客户了，这就是一种无形中的品牌建设。”段涛如是说。

第二节　诊所经营如何定位

一、基层医疗诊所的定位

对于诊所定位，作为浙江大学管理学院人气爆棚的领导力与组织管理学系教授邢以群这样说：“从患者的角度来说，人总要生病和看病，而医院只做诊疗，基层诊所要做从预防、中西医并重、康复等全能角色的定位。”

十九大报告里提到，人民健康是民族昌盛和国家富强的重要标志，要为人民群众提供全方位全周期健康服务。在现有条件下，医院能提供全方位全周期健康服务吗？做不到的。这就是诊所发展的机会和方向，但需要提升基层的诊疗能力。

作为老百姓来说，生病了去挂号，但是三甲医院人特别多，挂什么科也不一定清楚。如果有一个方便可及，可信赖，费用合理的专业服务，老百姓肯定愿意付费。

这就是诊所的潜在需求，政策也在推动。邢以群认为，未来看病人流的趋势是这样的：70% 在基层医院，30% 在三甲医院。

在这个趋势到来以前，“我们干我们擅长的，成功只有一条路，发挥作为诊所的优势，聚焦这些优势。”

目前诊所面临吸引医疗人才困难，有的诊所设备缺少或者不够先进，医保报销手续烦琐；医生上班时间跟大医院一样，都没错位；病人也不愿意来，那如何解开这个死环？

邢以群认为，30% 的消费者愿意选择离家近方便的社区诊所。因此诊所的选址尤为重要。开在商圈的关键是位置，位置决定人流量，这个是硬性条件。

在定价上，需要先低价促销，不要一开始就想着做高价。然而便宜的话意味着你每单赚的比较少，那就要做量。

还有非常重要的一点，医患沟通需要具备亲和力，打医疗服务的牌。核心问题在于信任度，首先让老百姓知道诊所能做什么？做得怎样？然后再呈现诊所的特色。最后是诊所环境、秩序流程规范这些可感知的条件一定要做好，医生要借助网络做到永远在线。

另外，争取专家来诊所多点执业，可以圈粉一部分用户，再慢慢把关系建立起来。跟第三方的服务机构建立合作关系，比如信息平台、智能化设备、检验平台等，弥补诊所的不足。

“在这个过程当中，要坚定信心、奋勇向前，前途是光明的，道路是曲折的。”邢以群坦言。

二、叮叮儿科：定位特色健康管理服务

儿科诊所是近年的热门，一方面由于公立的儿科资源稀缺，体验较差；另一方面，资本的布局，也催生了一批优质的儿科诊所，通过差异化的服务，获得了家长的青睐和认可。

郑州叮叮健康管理有限公司（以下简称叮叮儿科）起于河南郑州，目前拥有 4 家儿科门诊，深耕社区，在儿童的健康管理上，狠下功夫，构建了自己的特色服务和先发竞争优势。

这是一家什么样的儿科连锁机构？为此，动脉网专访了叮叮儿科创始人王嘎先生。

1. 深耕社区，提供优质便捷医疗级服务

从 2016 年开始，儿科诊所已进入了风口期。在消费升级大背景下，国家层面鼓励民营医疗发展，资本涌入。“我认为，这个发展的空间是

自然呈现出来的，目前全国各地儿科诊所呈百花齐放的状态，打磨不同的创新商业模式，试图满足患者的需求。”王嘎说。

王嘎认为，目前儿科诊所已经形成了几个不同的阵营和格局，分别是一线城市的中高端儿科连锁、以热门城市为圆心布局的社区型儿科诊所、中小型儿童医院属性的儿科连锁及细分专科如眼科和口腔的连锁，而且每一个阵营都有较成熟的标的。

叮叮儿科是根植于社区的儿科连锁诊所，“致力于更高效和便利地解决两公里范围之内的儿童就医问题。我们除了提供常见病的诊治以外，还有儿保、推拿、生长发育、哮喘管理、过敏管理等特色优质专业的医疗服务，覆盖 0～14 岁全生命周期的管家式服务。”

目前儿科领域存在几个大的问题。首先是儿科医疗资源的供给不足，“这会引来各种问题，比如效率低，排队三小时看病三分钟，就医体验比较差，甚至存在过度治疗、交叉感染等问题”。

儿童看病的特点就是一家人出动，而且家长往往感到焦虑和紧张，“所以他们非常渴望更便利，想快速地见到好的医生，了解宝宝的病情。医疗的三个核心，医生、服务和便捷性在儿科表现得特别明显。”

对于叮叮儿科来说，其特色是尽可能地不打针、不掉水、不过度检查和治疗，同时配合儿保服务做到疾病预防。“叮叮医生都是来自三甲医院的儿科主任、副主任、主治医生。服务上，线上预约、导诊、看诊到最后的开药和回访，都有一对一的健康顾问去协助，节省排队时间。便捷性上，我们以社区为核心，家长不用跑很远去看病。”

王嘎说：“健康中国战略中一个很核心的关键点是预防大于治疗，儿科领域其实疾病只占了 30%，剩下 70% 更重要的是在于预防，所以我们配合儿保服务，治疗之外预防为主。”

2. 主打儿童健康管理，用口碑吸引用户

王嘎毕业于河南医科大学，在医药行业有 22 年的从业经历，在医生资源上具有先天的优势。目前叮叮儿科除了在郑州的 3 家诊所之外，

已经跨区域在青岛开设了一家新的儿科诊所，团队超过 50 人。

王嘎透露："2018 年上半年郑州市三甲医院儿科医生的签约人数已经达到了 10%，诊所的全职医生和多点执业的医生比例是 1∶1，好的医生还会成为我们的合伙人。"

具体的运营，由店经理和医护人员构成。"针对操作流程、质控、服务标准、营销转化，都有完整的模型和指导实施方案。我们会定期对店长、医护团队进行培训和考核。我们还设置学科带头人，对医生进行专业的背书，并通过科普课程宣教、义诊、医生访谈、用户交流会的形式，树立医生的个人品牌，建立用户对于品牌的认同和信赖感。"

作为公立医院外的民营诊所，"社区型儿科诊所作为公立医院的有力补充，应该是相互协同发展。我们建立了重大疾病的顺畅转诊通道，尽量避免从公立医院导流过来，而是用服务的口碑去吸引用户，现在 50%～60% 的客户都是通过老带新的模式到店的。"

当然，叮叮儿科也会做一些妈妈课堂、打折优惠等活动。针对"夏季的手足口病、秋季的腹泻、春天的流感，这些常见疾病的宣教，到店的转换效果还是明显的。不过，我们的核心竞争力还是提供专业放心的医疗服务，快速便捷地解决宝宝的问题，这个才是王道。"

不和公立医院抢蛋糕，而是进行服务的升级，营造良好的就诊体验，这是王嘎眼中儿科诊所业态正确的定位。"和上广深等地区相比，诊金的理念在中部省市还处在逐步接受的过程中，我们要深度挖掘治疗以外的保健和疾病后管理的空间，做公立医院不愿意做的，或者觉得很麻烦的儿童的健康管理服务，这才是我们努力的方向。"

目前，叮叮儿科还搭建了一套成熟的选址模型，并且根据儿童的心理和视觉的发育特点，在装修风格上，做到亲子温馨。"从选址、装修、审批到开业，每一步，我们都有完整的、详细可量化的流程，基本上可以做到 2～3 个月开一家新店。"

3. 连锁和盈利，需要认清三点事实

连锁标准化和盈利是摆在所有儿科诊所企业面前的一道难题。王嘎认为连锁的难点首先就是统一标准的建立。

“诊疗、沟通、服务、培训的标准建立需要一个过程，而且毕竟是线下实体，需要前期的投入，在客单价普遍较低的情况下，必须把握好一些细节和标准化，才能做到营收平衡。很多诊所回收周期是 18 个月以上，我们的时间尽可能少一点。”

另外，王嘎提到，跨区域扩张之后，远程的管理强度和标准也是非常考验整体运营能力的。“这必须经历一个摸索的过程。在这个过程中，其实我们也借鉴了国外儿科诊所一些成熟的运营模式。比如美国儿科的家庭全科服务模式、尊重循证医学，这些都是可参照的。我们现在根据公立医院儿科各个细分领域的数据进行深度分析，然后在里面找到 TOP10 热门科室，依据数据去设置我们的病种科室，构建差异化。”

动脉网了解到，2018 年上半年，叮叮儿科诊所门店日诊量在 40 ~ 90 人不等，“会有淡旺季节的差异，诊金是 50 元，常见病基本上维持在 150 元。随着口碑的运作和当地社区持续服务的升级，2018 年下半年出现大幅的增长。”

在盈利上，叮叮儿科收入构成主要是：诊金、药品、治疗还有检查。成本主要是后端的运营成本，以及前端诊所的日常经营成本，当然还有一些药品、装修房租等。

“常见病的收入占据 50% 以上，还有儿保门诊、生长发育门诊、小儿推拿、慢病管理等。未来像儿保、推拿、哮喘管理、慢病管理这些特色服务，占比会慢慢地提升。我们还会增加口腔、皮肤病、过敏这类的高净值的垂直基层科室。”

在众多的诊所中如何构建自己的竞争优势和“护城河”，王嘎认为有三点需要认清：

第一，不能单纯为了差异化而差异化。所谓的差异化一定是结合当地的市场需求、特点、自身品牌的定位，以及目标人群和业务的特点，进行有针对性的差异化；

第二，服务方面，没有最好，只有更好。叮叮儿科会不断去借鉴很多同行或者异业的服务，以最快的速度进行迭代升级和演化，甚至根据疾病病种打造出一个独具一格的特色服务；

第三，商业模式，做头部平台。因为儿科诊所是通过社区连锁的方式做口碑经营，要占据品牌和流量的制高点，形成一种垄断的优势，最终向利润性儿科服务进行进一步的转化。

创业两年以来，王嘎透露未来的计划是“借助中原地区的先发优势，加速规模化的进程，放大区域的优势，形成品牌和资源的壁垒。除了常见病，生长发育、保健、中医、哮喘、过敏等病种，一定是我们区别于其他诊所，走向特色化道路必须去完善的。”

经过两年多的发展，叮叮儿科已经拥有了比较完善的诊所运营模型和优秀的团队，在民众中树立了河南、山东等省民营儿科诊所头部品牌的定位。未来将借助资本的力量，进一步完善服务，巩固“护城河”。

第三节 诊所经营四步法

一、规范化：诊所发展的基石

国内医疗服务发展方向各异。高端诊所走服务型路线，以患者满意度为中心，但是费用较高，不适合整个社会大的基础存量。而公立医院不仅人满为患，而且医疗资源不均衡，医保负担大，患者满意度低。处于其中的民营诊所竞争力在哪里？

对此，邻家好医合伙人倪俊峰认为，民营诊所核心竞争力就在于私人诊所的医疗价值，在于诊疗和疗效。诊所规范化是民营诊所这一新型的医疗业态长期发展的一个基石。

首先，民营诊所区别于以往个人诊所的基础：如何实现核心价值。如何实现连锁诊所的核心价值？规范化和标准化就是未来诊所发展的拐点。以往的私人诊所操作不规范、诊疗流程不统一，而新型私人诊所要提供给患者的就是一种规范化、标准化的医疗服务。

新型诊所的规范不止于诊疗规范，而是包括从诊所抽检、财务管理、物料管理都在其中的规范。在实现诊所规范化中，邻家好医配备必要的医疗设备，提高诊疗的效率和精度。根据现有的一些指南和规范来统一，制定流程化的诊疗标准。

其次，需要解决诊所发展过程中面临的人才瓶颈。邻家好医通过输出标准化、文本化的规范内容让医护人员执行，切合诊所特色进行规范化培训，关注临床和治疗的规范。

在医生端，建立培训制度、学习制度以便以后能够复制规范，以此也在内部形成良好的学习环境和学习组织，开展常态化的讨论与分享。诊所发展以后遇到的人才瓶颈，邻家好医通过基于规范而建立的人才复制和培养的SOP①，培训上岗后再提供积极的内部晋升通道，解决私营诊所面临的人才不足问题。

最后，健康科普，也可以成为口碑建设，即通过线上导流，线下服务，以此来提高医疗服务满意度。

邻家好医认为现在互联网上受众范围较广的健康科普，并没有落实在个人健康管理上，用户淹没在大量医学信息中，这实际上偏离基础的医学价值和道德观。邻家好医的方式是以儿科普通疾病作为切入口，进行门诊客流的导入，通过对现有存量的客流进行有效的管理和精细的分析，对每个患儿进行细致的管理和随访，去发掘家长没有发现的、尚未重视的健康问题，去进行管理和宣教。根据内部的标准作业流程和以往的医学训练，取得初步的诊断后，开具一些合理必要的检查。

比如当医生预测孩子牙齿发育出现问题后，医生就会建议转向口腔医生去治疗。儿科形成有效的管理后，在家长间建立口碑，在用户间建立信任，那么邻家好医可以实现以儿科为切口，把其家长都纳入诊所健康管理中，通过儿科作为基础的流量导入。

规范化中健康宣教常态化还可以提高诊疗效率。疾病的治愈，需要家庭护理的配合，缺乏健康知识或焦虑的家长往往会帮倒忙。邻家好医基于SaaS平台，进行科学的健康宣教，解决家长的非理性需求。

二、引入互联网产品思维

丁香诊所负责人杨泽方认为，医疗服务产品中应该引入互联网的产

---

① SOP：Standard Operation Procedure 三个单词中首字母的大写，即标准作业程序，就是将某一事件的标准操作步骤和要求以统一的格式描述出来，用来指导和规范日常的工作。

品思维，各个产品线间应有效地规划设计和综合实施。

对于诊所的设计产品，他觉得可以分为有形产品和无形产品，并注意产品的深度、长度、宽度、关联度，让所有的产品进行优化组合，为诊所带来最大化的利益。

比如，产品的宽度指的是诊所需要多少个科室，是不是越多越好、越宽越好呢？长度是诊所的科室类别，如儿科、体检、保健、康复。大而全的科室好，还是小而精的科室设置好？

这些科室之间的服务能不能行成一些关联，能不能互相导流，能不能为企业带来利润，这也不能忽略。这就是为什么在丁香诊所儿科业务不错的情况下，杨泽方还要尝试其他科室，这叫未雨绸缪。

如果恰好某个产品的服务这两天很受用户欢迎，那么大批的竞争者和模仿者随之而来，怎么办？如何保证诊所具有不停地创造新产品和产品迭代的能力？

提前想清楚以上问题后，杨泽方做的第一步是调研和需求分析，他希望根据市场需求来布局产品结构。首先借助丁香园海量数据资源优势，对用户画像，因为产品设计需要在多、杂、乱的市场中精准地找到自己产品的切入口。举个例子，丁香诊所在推出减重管理时就发现，付费意愿更强的人群并不是体重已经超重的人，而是拥有健康认知管念、体重微超重的人。

产品思维不仅讲究市场需求，也注重产品矩阵。丁香诊所设计医疗服务产品时，首先把产品分为有形产品和无形产品。诊所间的产品组合搭配就形成产品线。

如果诊所拥有完整的产品线，后期抗风险和盈利能力也会增加。拿丁香诊所产品链比较齐全的儿科来说，在儿科看诊和体检中发现，用户有很多还没有对接的项目需求，因此丁香诊所围绕儿科开展了一系列产品。

同时，围绕诊所现有的客流量，基于对现有病人的数据挖掘和整理，分析用户最需要什么，你能提供什么产品，再做新品推广也采用这种方式做客户教育，是事半功倍的做法。而丁香诊所对此方法的运用已达到烂熟于心的境界。

不仅如此，丁香医生的产品思维中，还非常注重医疗服务产品。诊所的核心产品是解决患者问题。医疗服务产品则是以临床可感知的方式，让病人感受到医疗服务。比如护士在打针的时候，就要告诉患者，为了减轻扎针的痛苦，都采用了哪些措施。

丁香诊所将这一系列的产品以量化的方式输出，目的就在于将优质的产品变成可复制性的经验，能够赋能更多基层诊所。

三、患者利益 = 诊所利益

在传统的医疗机构和医院中，医生和患者被放在对立的两边，患者想要好的服务，而医生资源分布完全不平衡。医生和患者在信息不对等的条件下无法实现有效沟通，患者依从性低。

如何通过诊所解决患者和医生之间的利益的共赢？知贝儿科的负责人欧茜医生深度剖析诊所服务的价值，通过患者的获得感及诊所发展推动医疗行业进步，承担医生济世救人的情怀和担当。

在她看来，诊所利益和患者利益需要实现双赢，才能实现诊所的可持续发展。

首先，让患者明白用高于公立医院的诊金究竟买到了什么样的服务。诊所不同于公立医院面临大量就医患者，患者到民营诊所消费的属于服务型消费。公立医院每个病人只提供 5 分钟诊疗时间。

对于知贝儿科诊所来说，5 分钟的服务，无法解决家长的焦虑和非理性需求。在这里，医生的诊金是 500 元，他在一周前就让护士收集这个孩子每天吃什么。当患者就诊时，医生已经掌握清晰全面的信息，提供营养指导，离开诊所后，诊所会对患者进行追踪，监测执行效果。所以这500元诊金并不比公立医院贵多少。因为诊所提供的是良好的环境，更核心的是医生的专业学识、专业能力及对患者的尊重。当提高了医生服务的含金量，让患者参与医疗决策，患者的依从性自然会提高，医患之间建立信任感，医疗效果和体验都提高了，付费意愿也更强了。

其次，提升医生的服务意识。当提供了高品质的服务，那么收取相对较高的诊金也是合理的。线下诊所正是愿意提供给患者优质医疗服务的平台。

医生离开体制，专业变现最快的方式是网红之路，成为大V后，发广告和团购，都可以获得可观的年收入。但是有一大批不是网红的专业医生，线下连锁诊所能够为他们提供一个放松、专注于病人的平台，也能得到与技能匹配的服务。例如知贝医生就有专业的行政支撑团队为医生提供服务，医生不需要为报销、为预约患者花费精力，只需要做好自己专业的事情，考虑怎么把患者管理好。同样，线下诊所也提供后续培养和晋升渠道回报医生。

不同于传统公立医院内，行政级别差距和隔阂，在私营诊所内，医生团队沟通成本也是很低的。欧茜谈道："我想跟大家说的就是我们有一个不断优化的机制，因为在这个状态下，我们没有办法一下就能做到最好，我们会不断地去改进自己的工作。当有不良事件发生的时候，我们会上报。当有异议的时候，我们会有反馈的机制，整个团队内部的沟通成本是非常低的，所以我们会不断地进步。"

私人诊所不仅能解决病患和医生的矛盾，对于整个医疗行业推动也是巨大的。欧茜医生分享了一组数据：据国家卫健委初步核算，2016年全国卫生总费用预计达46344.9亿元。网易也曾报道过经合组织国家的平均药占比水平为16%。以此推算，46344.9亿乘以16%约为7400亿元，但实际上我们国家的药品销售是多少？1.7万亿，她觉得这里差不多有9600亿元可以省下来。

她认为，这9600亿元哪怕省下10%（960亿元），对于老百姓来说也是值得的。“这就是支持我在艰苦的创业道路上能走下去的精神动力，比做网红更有意义，也是体现医生责任和价值的地方。”只有线下连锁诊所，为每个用户提供定制精细化的咨询和健康管理，减少过度医疗，药物滥用，医疗疗效才更有价值。

“我们的单店在第五个月就实现了收支平衡，客户满意度超过了98%。知贝医生在线咨询平均客单价是191元，最高的是999元。付费社群用户也超过2000人了。”欧茜对此很满意。

四、创新运营模式

中国台湾的游能俊是宜兰爱胰协会理事长、宜兰糖尿病暨慢性病照护委员会委员，月服务1800位患者，在糖尿病慢病管理领域有丰富从业经验。

他认为，在中国台湾开诊所，并没有那么难。医疗是一个改变的过程，如果你看医学新知，每天的知识都有更新，而整个医疗进程又比较缓慢，比如治疗方法，以前只是提供什么样的治疗，现在还要强调产出价值。

随着信息化越来越透明，医生也从单兵作战，变成了团队作战，尤其是糖尿病的健康管理。在诊所里有一个团队做糖尿病管理，包括护师、营养师、医师、药师等。

现在中国台湾有37%的诊所进行糖尿病管理，当然也有医保的引导。诊所数量也从4000多家成长到6000多家，所以加速是很明显的，其中真正做糖尿病管理团队的有400多家诊所。

他至今都记得，刚创业那会儿，曾有前辈问过他：“开一家诊所，你都不打点滴可怎么活？”

“以后我们老人会越来越多，慢性病越来越多，因此我要走一条不一样的路。”后来，这个长辈每次见到他都非常欣慰，并说：“我当年的担心是白担心，你走这条路是对的。”

在创业这些年里，诊所团队内只有 2 人离开，一位是承受不了创业最初非常艰苦的工作；另一位是不适应诊所的工作。目前团队从最初的 14 人变为 34 人。那如何做人员调配？

据知，一般 3 个糖尿病人，游能俊会聘任一个专职的护士和营养师。因为营养师跟护士的领域学习不同，指导用户饮食。

比如，一个糖尿病患者来诊所看诊，医生如果要打动患者做一些学习交易，而不开口是没有用的；医生只看血糖，不问患者怎么吃、怎么运动也没有用；医生不说什么运动可能对患者的脚有帮助，这种医患沟通也是有欠缺的。因为通常患者的理解是我来看医生，你今天叫护士、营养师做，做医生不点个头，那效果是差的！所以在学习上不断扩大医生的专业领域，是很有必要的。

另外，还需要用言传身教的方式去引导患者，加入到医生的健康管理。比如每天我们吃饭、运动都拍照，并在结束后测血糖，以此让患者也养成这种习惯。这样做既能用自身的身体体验去打造慢病管理文化，又能深入体验患者做这些事情的感受，可谓一举两得。

那怎么让医疗高效率？这是一个积累的过程，需要做精准决策和数据的完整。同时医生的经验也要丰富，团队作战很强才行。因为医生的决策患者不见得买单，团队协作为病患做培训，靠组织文化影响。

所以，游能俊的诊所一般在诊疗之前，所有的数据收集完都给医生，糖化血红蛋白大约 40 分钟出结果，台湾地区的医保有云端，可以了解病患的过去用药情况，起始非常高效。来一个患者，医生可以直接对患者说：“我知道你吃了多少药，效果如何，要不要选择添加胰岛素？”

诊疗后，医疗服务并没有结束，患者到药师处取药。如果他是胰岛素治疗者，通常会接受案例追踪，这个是不用付费的案例追踪，诊所内有外围周边的一些转接的服务，可以联系到不同的科别，如眼科、心脏科、肾脏科。

虽然到 2018 年，该诊所在中国台湾创立已 13 年，但是游能俊认为，创业之初不容易，而坚持初衷会引领你一路走下去。如果只是在商业上算计的话，终究会力道不足的。

第四节　连锁诊所的经营之路

一、跨区域连锁诊所经营

妈咪知道，位于深圳。据其创始人梁亮介绍，到 2018 年上半年，它已有 6 家自营的门诊部，2 家托管的门诊部。

妈咪知道，是一个典型的从线上转到线下，极具互联网基因的诊所。如今也从单体到连锁化扩张，那么它是如何复制诊所经营模式？梁亮从体系、组织、系统三个维度讲述他们是如何服务线上线下、从硬件到软件到 IT 系统到组织形成服务闭环，探索复制新的商业模式。

在体系上，妈咪知道的线下诊所，引进了专门的 NPS 系统，又称净推荐值，亦可称口碑，是一种计量某个客户将会向其他人推荐妈咪知道服务可能性的指数。这只是用标准化体系改造诊所服务的一部分。

为了能够做出真正适合儿科的运营体系，妈咪知道除了聘请一个顾问咨询团队外，还把医生团队和研发人员、产品人员封闭在一起。研发诊所团队从 1 到 N 的经营管理标准化体系模块，实现病患资料可识别、可追踪，诊所质量服务变成可评价、可反馈。

在管理组织上，妈咪知道也要形成闭环体系。为了保证和实现标准化和质量，妈咪知道设立了三个部门来保障。

一是质量小组，负责定期体系的追踪，结果的汇报和改进，改进策略措施的制定。质量小组必须保证独立性和公益性。

二是医学委员会，负责将所有的规范和标准同医生相衔接。

三是培训和管理医学管培中心，每一名新的医生、护士、行政、运营、市场人员进来，要经过严格的培训，然后是标准化、初始化的团队进去指导。

到运行阶段，初始化团队会参与到开业初期中，质量部追踪结果。所有部门讨论改进结果，形成开放的诊所文化，医疗机构在从1到N的过程中才不会走偏。

二、吕医生和社区连锁诊所

踩着医改的节拍，资本和大部分基层医疗创业者纷纷进入社区连锁诊所行业，抢占社区入口。

吕医生个人连锁诊所的涉足，发生在2005年。

很多人好奇为什么不做规模化的医院，而去搞诊所？在吕奉平看来，连锁诊所未来更有前景，拥有无限大的市场空间，“我做过市场调研，步行五到十分钟的范围内，需要建一个诊所。一个诊所大概覆盖3万人。如果步行时间超过15分钟，患者就会感觉不方便，可能就不会到诊所就医。”她说。所以社区需要有诊所覆盖，服务于大众。

在她看来，投资诊所成本低，回报周期短。“诊所有其特殊性，必须靠长时间的沉淀积累客户，不过也有半年能见利的，但数量极少。”

“以2016年2月28日开业的温哥华花园店为例，诊所面积180多平方米，投入80万元左右。运营仅4个多月就盈利了，每个月到诊的患者600多人，覆盖人群3万。医院的回报周期至少十年，而诊所最多一年。根据不同位置，诊所大小不同，一般在200平方米以上，单个诊所的投资80万~100万元。”吕奉平说，连锁诊所管理成本低，而且用地为社区商业用地，租金不高。

随着健康中国2030、鼓励社会办医、医生多点执业等政策发布，吕医生也迎来了利好的春天，一时间成了资本、创业者的风向标。

“每到一个新开发的社区，吕医生很受政府和社区的欢迎，得到了很多的政策优惠。”

随着吕医生的店面不断增加，需要标准化的管理。“没有一个连锁的牌照，因此没有办法做统一装修、统一培训等。”

所以，2016 年 10 月，吕奉平获得了首张全科连锁诊所牌照，正式宣布吕医生成立。文件称，四川海奥医院管理有限公司报送的有关成立吕医生的申请材料经审核，符合国家、省、市关于鼓励支持民营医疗机构的相关规定，同意“吕医生连锁诊所”成立。

“连锁医疗的模式很早就有，比如连锁牙科、连锁高端专科医院，但是具体到社区连锁诊所，我们是第一家正式拿到牌照的。”吕奉平表示，吕医生将继续扎根社区，坚持全科连锁诊所的道路，为社区居民服务，传递健康与关爱。

1. 原地升级

社区连锁诊所战局初始，规模化是连锁诊所抢夺社区市场的利器。

作为行医 20 多年的老医生，吕奉平已总结出了一套行之有效的管理和行医方案，而且运行效果良好。吕奉平的连锁诊所主要针对的是慢性病、多发病、常见病的治疗。以诊中为核心，向诊前、诊后延伸。未来，她还会打造 O2O 的居家上门康复和居家上门陪护模式，建立针对老年人的社区上门养老服务，“根据我们的调查，这一块市场也非常大。”

然而还有一个现实的问题：医生从哪里来？

按照吕奉平的规划，扩张不仅需要大量资金，也需要大量人才。但是吕奉平真正担心的是人才。医生资源紧缺，尤其是基层医生资源紧缺，是医疗界不争的事实。北京大学中国经济研究中心教授李玲表示，目前基层医疗人才流失严重，想要发展连锁诊所，首先要解决的就是人才问题。

“人都招不到，别说人才了。”医护人员捉襟见肘，吕奉平深有体会。她说，为了应对以后扩张需要，她急切储备人才，运营的诊所中，有的只需配 6 个医护人员，但她会配 10 个，“为的就是以老带新，为新诊所开业做准备。人才的培养周期非常长，隐形成本也很大，培养一个较为成熟的医生，至少需要 8 年。”

第五节　人才经营是诊所发展之重

一、丁香诊所：1 到 N 的管理者，输出行业标准

消费升级背景下，整个医疗行业都有转型需求。借助药品差价盈利可持续性不强，消费者也在寻求更好的服务。丁香诊所创办期间也遇到医疗各行业的人来取经运营诊所。

其中丁香诊所负责人杨泽方最看重的是拥有核心专业技术的医生出来创业。他们不仅拥有专业底蕴，也对整个医疗行业有担当有情怀，能够共同推动行业进步。而丁香医生希望输出专业的医疗管理培训、人才招聘服务、配套专业的管理系统和资金资源，帮助这群医生们或者其他诊所依靠服务盈利，打造价值型诊所。

事实上，杨泽方也是一名医生。他对于医生出来创业面临的困难，是再熟悉不过的，因为这些难题和困扰他都经历过。而现在即将迎来拐点式增长的丁香诊所，能够为有价值的初创诊所提供全方位的支持，这是他 0 到 1 和 1 到 N 之间的重要转变。

在他看来，一般医生出来创业，一大难题就是无法吸引更多的高素质医生加盟。而丁香医生能够用诊所联盟的方式，用行业标准来做人员招聘。

具体的做法是：该诊所先加入丁香医生的诊所联盟，随后通过劳务派遣的方式帮助基层诊所获得更多优质人力资源。若是运营几年的诊所，丁香诊所联盟同样可以输出人才培训。整合资源，打通难点，帮助医疗行业形成良性循环。

诊所有了人才，自然也就有了“魂”儿。杨泽方还在探索不同于体制内公立医院的人才管理和成长模式。医生在诊所内，没有行政级别差别，而是实行项目负责制。项目负责人不是恒定的，但项目负责人可以调配诊所的所有资源为自己的项目服务。

管理方面，无论是初创诊所还是发展势头较好的诊所，医生创业都面临着因为管理成本而造成的盈利的边际效应递减问题。有一技之长的医生开第一家时，盈利不错，到了第二家、第三家，由于管理成本的加大，渐渐走入了盈利的困境。在丁香诊所联盟发展规划中，可以根据各大优质诊所经验，提高医生本身的运营能力或者配备管理人员的方式，降低医生的创业成本。

二、瑞慈医疗：诊所名医平台建设

诊所如何能够挖动名医，推动医生资源的流动？

来自瑞慈医疗集团的周璐靖很有经验，他表示无论是新型的模式还是医生流动的方式，中国医疗的问题还是在于医生是远远不够的。在短期内能够提供优质医疗服务的人群，不可能在短期之内大量复制。

同时互联网共享医疗也面临着医疗资源分布的不平衡和公立医院竞争这样的壁垒。在优质医疗资源稀缺背景下，绝大多数资源还都集中在“北上广”。同时，医疗服务由于本身的特性，还受限于服务半径。瑞慈医疗是如何解决这些问题的呢？

首先在客户导流上。由于瑞慈医疗体检、医院、诊所、养老四个板块已经在香港地区上市，在一个轻医疗平台上转做私营诊所，然而瑞慈医疗意识到将轻医疗平台导流到诊所并不容易，转化率较低。诊所还需要时间建立患者对品牌的认知度，需要思考流量平台如何将线上流量转化为新业务流量。

基于名医平台的诊所核心就是名医。瑞慈培养专家的过程分为四个阶段：

第一个阶段是保证专家有扎实的医疗水平，同时和第三方平台一起用互联网的工具帮他去做存量口碑的客户。

第二个阶段是平台一起去帮他导入一些患者，这就是所谓的渠道患者。同时该医生必须配合我们去做品牌建设。

第三阶段是同行转诊，同时建议这些专家要尽快融入一些私立医疗机构，参加一些大型的论坛。瑞慈会给他们这样一个机会，做同行口碑。

第四阶段是培养一些高端客户和忠实的粉丝，然后利用这个做口碑效应，帮助诊所获客。从专家角度来说，就是将以往三甲医院的病人切实变成医生的病人。

拿瑞慈医疗来说，第一年它只请三甲医院的知名老专家；第二年它成立了 5 个中心，肺癌、脂肪肝、神经外科、感染病、肝病和运动康复，分别涵盖体检中经常出现的健康问题。创立中心，一方面收集科研数据；另一方面吸引专家坐诊，提升专家活跃度。对于活跃度一直不高的专家，则和企业合作进行健康义诊。“让他觉得在我这个平台上是有事干的，这样你才能留住专家。”

为进一步解决打通专家问诊后的治疗需求，瑞慈医疗联动体检中心建立的诊所充分开发优质医疗资源，探索视频门诊。强调更多的患者参与，最大程度节约专家的时间；也能把全国各地的患者，尤其是复诊，通过视频门诊做一些多学科联合门诊，让那些不可能每次来上海复诊的患者也能享受医疗服务。

瑞慈希望秉承持续创新、服务医生、关注患者的理念，通过平台化的名义建设打造全国最大的民营门诊平台之一，保持开放合作共赢，服务于医护人员。

第六节　诊所管理实战经验

诊所管理方面，作为葆桦医疗创始人，里奥诊所合伙人潘静，或许更有发言权。她有着超过28年的医疗临床实践及国际医疗机构运营管理经验，也全资投资了里奥诊所，有效地将诊所管理理论和实践结合起来。这为其他诊所负责人在诊所运营中建立了许多标准，是值得借鉴的。

在潘静看来，从定位上说，并不一定要把诊所定位为高端或者低端诊所。诊所应该从满足人的健康权利上出发，营造一个友善安全的医疗环境。目前国内的市场环境，高端医疗和低端医疗并没有一个准确的评判标准。

“难道在一个英文的环境中或者外国患者多就是高端医疗了吗？我觉得不是的。”潘静直言道。她认为国际化的方向是完善服务流程、服务态度国际化、诊疗私密性国际化，而不是借用国际化的概念，铸就私营诊所看诊的门槛，目标还是让更多人享有健康服务。

随着消费升级，消费者的付费意识增强，也将有越来越多的人为高品质的医疗服务买单。据潘静介绍，葆桦医疗这种私营诊所，市场愿景中主要消费群就是“80后”和“90后”新中产人群，而收入6万~60万元都可以是新中产。

潘静也强调私立医疗机构一定要讲销售。不同于公立医院，私立诊所中主要的原料和产品就是医务人员的时间，那么如何将医务人员的时间合理利用起来，保证合理的就诊时间？销售策略就是要解决医生有效时间的利用率和诊室的利用率。

对于医院的运营模式，潘静认为，医务人员和病人之间的关系就是经营模式。私人诊所带给病人的价值最重要的一点是对病人的尊重和安全。

在诊所的经营数字上，没有哪一个诊所的数据可以成为其他诊所的标准。每个诊所都需要根据实际情况制定合适的发展战略。诊所运营必须落实到每一个细化的项目，小到空调，大到人工成本计算。同时对于诊所，潘静表示在前期由于诊所产出缓慢，运营者要防止现金流断裂的问题。运营诊所必须有前期投入的耐心。

对于诊所的长期运营，潘静不认为私营诊所比公立医院价格更高，在获客量上升后，客单价是可以上升的。反而在人力成本上，诊所经营者需要仔细核算。潘静以自己的诊所为例，在核算完基本工资和附加福利成本后，人力资源成本第一年 60% ~80% 很正常，但是后期应该控制在 45% 以内，后期回落到 30% ~35% 。

在医生绩效和医生薪酬分配比率上，里奥医疗提供给医生平台而不是局限。但是医生毕竟不是销售，还有诊所经理，因为他带有一定的销售功能，但不能用量化的销售指标来评估医生。潘静表示："我们采用可达成的考核目标，业务总量是要加上他的结构质量为考核内容的，不能说只是业务总量，只是拿个数字去考核他，还要以职业发展为考核目的。"

第五章

新型诊所创新路径

第一节 “互联网+诊所”

互联网在中国这几年的快速发展万众瞩目，从外卖到共享单车再到互联网金融，种种与互联网相关的产业都受到了大家的欢迎。推进“健康中国2030”规划纲要，作为国民健康服务组成部分之一的诊所，面对互联网发展，当然也需要及时调整战略、营销模式和盈利模式，以在新一轮的竞争中抢占先机。

根据国家卫健委的相关数据显示，截至2017年4月底，全国诊所（医务室）20.5万个。分析人士指出，在未来几年，中国基层医疗服务机构数量还将呈增长趋势。诊所数量的大规模增幅，对诊所经营者来说，要找到一种高效、便捷、持久的诊所经营之道，才能更好地立足于市场，服务患者。

在“互联网+”高速公路的时候，这三家诊所这样做：

（1）郑州康裕健康管理有限公司在国家“大健康”战略背景下，用互联网思维积极探索“医疗+体检”。诊所应用万家云诊所连锁管理系统整合多方资源，协调各方利益，以提高医生的诊疗能力和医疗机构的服务能力。

（2）上海三爱中医门诊部作为中医代表机构，率先借助平安万家医疗的万家学院、集采平台、诊疗知识库等多元模块，在互联网端为其机构医生提供培训、交流的机会和平台，让中医馆业务发展和服务能力建设融于日常业务流程中。

（3）长沙开福颐君堂中医门诊部则通过使用云诊所SaaS服务提供的专业健康档案及会员管理，让患者诊疗有迹可循，帮助IP中医更好地定向拓展市场。

但仍然有很多诊所在面临如何将“互联网+”融入日常诊所运营时，存在问题。

问题1：投入一套互联网系统费用高吗？

关于投入的成本，相信是不少诊所经营者首先考虑的问题。互联网系统在很多老百姓看来代表着高科技，而高科技的使用不免让人觉得这个东西肯定贵。

由于受系统投入成本的担忧，有不少中小诊所的问诊还停留在纸质病历和手动结算的层面，当要筛查某种病历的数量，还需要医生逐一翻查纸质病历，耗时又复杂。有时复杂的配药流程和全天不断的销售额流水还因为靠诊所医生手算，不免产生结算误差，给诊所带来更大损失。

其实，在考虑投入成本的同时，作为诊所经营者还更应该去考虑所谓的投入带来的回报。举个例子，买车的车主如果选择较贵的车险，万一遇到交通事故，保险公司的赔偿服务也会更周到，让车主省心不少。

在诊所领域，也有不少互联网平台已经开始尝试提供高性价比诊所经营服务，帮助诊所更好衔接互联网技术。以平安万家医疗为例，万家云诊所作为其推出的一款SaaS软件从诊所经营者角度出发，通过收取仅99元/年的服务费（推广期），帮助中小诊所提供由近百人技术支持团队组成的本地、远程技术支持。APP内还内置积分商城，医生通过每天登录云诊所签到、接诊、写病历，累积积分，在商城用积分购买优质商品。

此外，万家云诊所上线医保智能审核系统，实现医保、商保实时结算，吸引到更多的客源。并且提供了SaaS级CRM① 客户关系管理平台，基于微信的SCRM（社会化客户关系管理），可以为诊所挖掘优质会员，提高留存率，为诊所增加潜在收入源。

问题2：互联网系统操作复杂，诊所又没有技术人员

---

① CRM：customer relationship management（客户关系管理）的简称，通常指用计算机自动化分析销售、市场营销、客户服务以及应用等流程的软件系统。

提到互联网工作者，相信大家首先想到的职业是码农，肯定不是医生。Java、C++、H5……一些行业用语，就可以把人搞得晕头转向。医生的工作量本来就是巨大又复杂的，如果单单学习互联网系统就要花费数百个小时，好几个星期的时间，不论对于诊所还是医生来说，都是得不偿失的。

但是，以“操作复杂”而摒弃移动互联网系统的诊所经营模式也是万万不可取的。就拿餐饮业来说，曾经几时，大家还需要排队拿号，既浪费就餐者时间，又需要餐厅增加人力、控制秩序，十分辛苦。

不过，现如今，人们可以使用大众点评、美团等 APP 直接在手机上完成预定、排队、点餐、买单等流程，不仅节省了就餐者的时间，也让餐厅可以更好地节省人力成本，把更多时间与精力花在食物质量、餐厅环境布置、服务员培训等业务上，让业绩更上一层楼。

事实上，移动医疗的最大优势首先当然是方便快捷，用户可以通过移动医疗平台预约、咨询医生，找到最适合自己病情的医生，及时看病。万家云诊所针对口腔、中医、西医的诊所/门诊部，以及体检医疗机构，都有一套适合的专科化软件，医生可在电脑、手机、PAD 多端接入，满足机构全流程全角色的诊疗工作需求。

对于诊所经营者来说，系统可以提供科学化的分析数据，也就是“老板报表”，帮助经营者预测市场需求、客户需求，进一步形成决策科学；还能在信息化平台上建立内部联系，大大加强团队协作能力，提高诊所整体运作效率。

而对于诊所前台、医护、财务、人事行政等角色，基于系统平台，对每一项工作及运营流程都能进行管理，有效地帮助诊所对运营体制进行质量监控和高效管理，为诊所的可持续发展修正运行轨道。

根据调研，50%以上的中国医生平均每天用于写病历的时间超过 4 小时。“语音病历”功能能解决手写或常规医疗 SaaS 系统中电子病历输入耗时耗力的问题，提升接诊效率。同时，在诊疗过程中，云诊所系统能自动识别电子病历内容，并提供精细化的用药建议，根据患者个体情况给出针对性的建议，真正实现诊所无纸化运营。开药时，医生还可根据系统的库房管理界面进行专业药品耗材进销库存管理，及时获取智能药品有效期及库存预警，进一步提升诊所运营效率。

问题3：系统以外有什么附加价值，有渠道对接更多外部资源吗？

当系统不单单是一项信息化管理工具，它可以是多样服务的聚合入口。作为平安万家医疗战略型医疗产品，万家云诊所按照不同阶段的诊所发展需求，为诊所聚合贴近诊所需求的各项服务。诊所一站即享专业认证、人才招聘、医学培训、医疗保险、第三方检验等更多服务。

在市场化浪潮的自发力量和政府分级诊疗的政策推进下，更多的基层医疗机构正在萌生新的发展模式，而“软件化资源管理+互联网”模式更是给医疗信息化，诊所定向拓展市场、提高从业人员水准、加速工作效率带来无限可能。

互联网与医疗的碰撞和结合之下，如何连接和优化配置医疗资源？以万家云医疗平台为载体，平安万家医疗帮助诊所全面提升综合能力，打通诊所、客户、支付三端，全方位为诊所赋能，正在为基层医疗机构竞争力提升筑造超速发展之路。

第二节　岛琴诊所：用轻模式做家庭医生服务

基层诊所的发展在近年来搭上国家的政策，发展态势可谓是雨后春笋般，各种资本和民间力量大量涌入。基层诊所定位是承接分级诊疗最基层的医疗单位，因此家庭医生服务是其重要的功能。

那么民营基层诊所如何承担家庭医生服务？岛琴诊所有它自己的探索和实践。

一、定位：专注家庭医生服务

这家成立于2016年的成都武侯岛琴诊所有限公司（简称岛琴诊所），其创始人王融的初衷是想做一家肿瘤诊所，然而在实践中她发现获客是最大的难点。

据王融介绍，这些来诊所看病的患者皆是其他医疗机构的病人，甚至连病人自己都不清楚自己的病案历程，这让诊所医生处理起来很棘手，管理散乱。

为解决该难题，王融思考：倒不如自己扎根基层，从老百姓的日常健康管理做起，对个人健康状况有连续性的管理和记录，对患者更有意义。

因此，王融逐渐确定了要专注家庭医生服务这样的理念，力求真正为签约用户带去实实在在的服务，提供有价值的家医服务。

虽然截至2018年6月，全国各地家庭医生签约工作正有条不紊地推进，但是却存在这些问题：一是基层公共卫生机构人力不足、资源分配不均衡；二是服务落实不到位，很多地方存在“只签约无服务”的情况；三是当地居民并没有从家庭医生签约中获得应有的保健服务。这些使初衷为家庭医生签约服务的预期明显大打折扣。

王融看来，主要还是行政命令下被动完成签约指标导致机构积极性不高。目前家庭医生签约的主体机构是各社区卫生服务中心：一方面这些有限的机构与全国的签约指标形成了巨大的供需矛盾，另一方面这类比较传统的基层医疗机构缺乏信息化、智慧化的手段支撑，由此导致服务效率比较低下。

信任问题导致社会上的民营医疗机构及其他机构还没有切实地参与到家庭医生服务中去。

签约群众对家庭医生服务并没有那么容易获得，往往需要自己一次次往返签约机构。

二、“软件＋硬件”打造岛琴全科诊所

“要扭转这一局面，岛琴诊所必须先构建自己高标准的全科诊所，改掉一直以来诊所在大家心中处于一种没有品牌、缺乏信任的局面，很难获得认可，获客能力较差的状况。”王融如是说。

2017 年 9 月，在四川省广元市利州区，王融从“软件＋硬件”两个维度打造了第一家岛琴全科诊所。

软体上，一方面诊所有优秀的全科医生坐诊，定期考核和培训，确保医疗水准。“我们的优质医生资源跟好大夫在线的 55 万医生达成合作意向，采用轻模式运作，随时随地进行远程会诊和就地线下面诊。”

另一方面自己组建技术团队，深耕基层诊所信息化建设，引入了 AI 智能辅诊系统，辅助医生进行临床决策，最大限度地减少漏诊误诊。二者双管齐下，致力于为用户提供精确的诊断。

“这支技术团队是 2016 年岛琴诊所刚成立的时候就组建的。我们重视人工智能和医疗信息化建设在基层的应用，这是诊所的竞争力，也是

诊所规模化的必然要求。”王融补充道。

在硬体上，除了基本的高标准装潢和基础的中西医康复科的开设，岛琴诊所还开设自己独立的检验中心，这在诊所中是少见的。

“重视检验，构建岛琴检验中心，是岛琴诊所区别于一般诊所的不同之处，也是提高岛琴诊所家庭医生服务能力的基础。”

检验是诊断的依据，重视检验才能得出更精准的诊断。岛琴诊所不仅构建自己独立的检验室，也在这个基础检验室的支撑上，方便小型常规检测，构建了岛琴 POCT①，即现场快速检测的应用，利用便携式分析仪器及配套试剂，在病人旁边进行的临床检测及床边检测，以求最快得到检验结果。

诊所一方面开展基础的日常诊断业务；另一方面从各个渠道挖掘适合的家医集团用户，包括与利州区公卫达成合作，并与保险机构，银行大客户，央企、国企、机关、事业单位工会及物业管理会等开展业务洽谈，争取为岛琴诊所的家庭医生服务实现获客。

三、从岛琴诊所到“岛琴联盟”

随着越来越多的诊所顺应政策而相继开业，基层医疗的力量也不断壮大。但是诊所同质化现象很严重，竞争也很大。

基层诊所要生存，需要抱团取暖，单打独斗难有前途。“我们希望搭建一个岛琴联盟。”一方面是为了诊所本身发展；另一方面从本质上来说也是为了推广自己最为核心的家医服务。

岛琴联盟是一个上下联动的紧密型诊所联盟，而非是一个松散的挂牌组织。岛琴联盟免费提供一套标准的信息化系统给加入联盟的诊所使用，对加盟诊所进行信息化改造，提高诊所的标准化，也帮助诊所实现

① POCT：Point - of - care Testing（即时检验）的简称。

扩容科室扩建等，并共享岛琴诊所检验室，以此来赋能原始诊所，使之具备承接公卫家医服务的资质和能力，同时也为合作诊所引流，实现利益共享。

“我们第一家联盟诊所也在 2018 年 3 月开业了。”王融还表示，“一个岛琴联盟诊所负责十个家医服务站点，五个相邻的联盟诊所之中有一家旗舰级诊所即岛琴核心诊所，具备基础的检查检验服务，最终形成以点带面的网络式家医服务。这样的操作使得区域内的用户能最便捷地获得我们诊所联盟提供的家医服务，缩短到达路程。”

四、智慧化可穿戴设备助力家医服务

同时，“为了将家医服务质量进一步落到实处，让用户足不出户就能获取自身的健康数据，我们的技术团队在诊所系统的基础上开发了针对用户的微信端口，并将每一台可穿戴设备都与系统绑定，以便数据实时传输。”

据王融介绍，岛琴诊所专业的可穿戴设备具有小型化、智能化、可穿戴化的特征，主要功能是用来帮助慢性病患者监测血压、血糖、心率、血氧等体征。目前岛琴诊所能提供的可穿戴设备包括：心电仪、动态血糖仪、动态血压计、健康手表等，能满足签约居民各项健康监测需求。

通过这些智慧化设备对用户体征进行监测，并将监测数据实时传回岛琴数据中心，由医生提前给出治疗建议，如此一来岛琴诊所到家的家医服务也能及时提供给用户，起到防微杜渐的功能。

在健康数据的推送上，岛琴诊所根据用户个人需求确定推送时间，用户会在微信端收到数据提醒，也随时登陆“岛琴健康”公众号，自己查询健康指征，任何疑问也能通过微信端直接与家庭医生取得线上沟通。

除了服务于家庭医生之外，王融认为，联盟诊所还面临以下问题：

第一，仍然是诊所获客。目前诊所、门诊部的患者就诊增长比例要低于诊所的增速。未来更多诊所诞生后，诊所的生存压力势必会进一步增大，只有想办法通过提供更优质的医疗服务，拓展更广阔的渠道来扩大获客量。

第二，老龄慢性病需要重新定位。中国人口老龄化加剧，基层医疗改革应将康复护理、慢病防治和医养结合纳入重点。因此，诊所在科室的设置上，也应当适当地在服务对象方面加以考量，有针对性地考虑老年慢性病群体的诉求。

第三，诊所定位应当高端。随着消费升级大潮和资本的追捧，针对中高端人群的诊所，市场新且增速快，因此能提供优质、高效的医疗服务的中高端诊所将在大城市找到自己的立足之地。

第四，优质医生的获取。这是基层医疗一直以来的难题，未来诊所需要更加优秀的医生加入，而医生是否愿意脱离体制、多点执业能否顺畅，都会严重影响未来医务岗位的数量缺口。

第三节 美维口腔：打造“事业合伙人”模式

用了两年时间，美维口腔医疗集团（以下简称美维）已经与12家品牌连锁联手，旗下门店达到130家，发展速度，业内罕见。

大量资本注入民营牙科产业，重资产全国扩张的模式，已经不被看好，精细化运营被所有口腔机构提上新的日程，市场上也呼唤新的连锁模式出现。

隶属天亿集团的美维，开创了中国第三种口腔行业发展新业态，通过“事业合伙人”模式，打造一个“稳定、共赢”的命运共同体，以优势互补、互融互通为原则，以“战略投资、标准输出、品牌管理”为基础，在资本、人才、技术、市场、管理等多维度，对口腔机构进行全方位赋能并帮助其实现个性化发展。到2018年6月，美维已经有3个区域市场营业收入跨入“亿元俱乐部”。

美维模式到底如何赋能口腔机构？合伙人模式落地情况如何？

一、落地合伙人模式

“2017年，美维的事业合伙人模式，处于刚开始推进的阶段，我们要求合作伙伴必须是在较小区域内深耕的品牌，有10～20年的发展历程。现在我们在全国城市的布局已经取得了长足的发展，投资合作往前迈进一大步。一大批医生成为我们的合伙人，而且所有合作门店的总业绩真实地大幅提升。目前，全国的门店总数已经达到130家。”朱丽雅首先透露了2017年取得的成绩，之前制定的战略计划仍将强力贯彻推进。

从2016年到2018年6月，美维所有投资合作的品牌，如江西中山口腔、天津爱齿口腔、昆明韩美口腔、武汉清华阳光口腔等，业绩都同比增长近一倍，“比如由牙医创立的中山口腔，还有拥有20多年运营经验的天津爱齿口腔，跟我们合作之后，短短一年时间，业绩都有了大幅提升。我们的合伙人计划不是只停留在口头上，而是实实在在落地执行。”

中国口腔行业历经20年发展，出现了很多优秀的区域性口腔品牌，“虽然中国民营口腔能够做成全国连锁的品牌较为稀缺，管理难度也比较大，但是省内、市内的连锁比例非常高，2～5家的小型连锁非常多，本身具有一定的患者和品牌认知基础，只要经营理念契合，这些都是我们投资合作的对象，因为美维是一个开放的平台。”朱丽雅表示，美维已经进驻全国35座城市，这些合作的品牌，在当地市场都有较好的品牌基础。

美维投资合作的诊所，主要集中于二三线城市里，“美维不仅看到了一线城市的市场需求和价值所在，更清楚二三线城市的发展潜力。其实，二三线城市的强势品牌一点也不少，而且运营成本相对北上广深等一线城市较低，患者的消费需求和潜力，可挖掘度更高。另外一个大的因素就是，这些城市的牙医创业成本低，且没有哄抬薪酬成本等因素，医生可以安心下来服务好客户，提高自己的技术水平。”

在选择合作伙伴投资时，针对医疗、运营、品牌价值、创始人能力与胸怀、诊所营收水平等，美维都会进行一个综合考评打分。“我们不是以地域为参考标准，只要评分达到我们的标准，就可以合作，而且美维不会过度介入收购诊所的日常经营，我们要做的事情就是赋能旗下口腔连锁机构，提高他们的综合运营管理和盈利水平。因此，我们的很多合作伙伴都是牙医出身，热爱这份事业，同时具备良好的品德，拥有一定的行业地位和高度，以及企业家的发展视野。”

二、赋能中国优质口腔机构

对于想做全国连锁的口腔品牌来说，“连而不锁”一直是悬而未决的大难题。重资产自建，往往成本过高，且管理难度大，自建后需要较长的市场培育期，市场需要新的全国连锁模式，美维开启了中国口腔连锁的新模式。

参照美国口腔的市场情况，记者了解到，牙科支持组织（DSO）兴起并取得了长足发展，为诊所赋能，可提供最先进的信息化、技术、培训等服务，还帮助他们打理行政事务，牙医可以专心投入到服务患者上。其中，最大的牙科支持组织中心地带牙科（Heartland Dental）已经拥有超过750家诊所。

对于美维的定位，朱丽雅也给出了最清楚的解释：“人的聚合是超越行业传统发展的原动力，美维不是口腔医疗连锁机构，我们整合资源搭建平台，为中国优质口腔品牌赋能并帮助其实现个性化发展。通过在资金、人才、供应链、运营管理、智能平台、孵化器等多维度提供能量，美维体系将协同进化升级，为客户提供口腔预防、诊疗、健康管理等更便捷、高品质、可信赖的服务。”

资料显示，2017年4月8日，美维已经与中美官方共同认可的国际权威认证机构DNV·GL联合宣布，将共同完成一套适用于国内市场的国际级医疗管理体系认证，并成为美维的核心资产。

通过DNV·GL所提供的现场评估与培训服务，更充分地理解国际化诊所管理标准，并以该先进标准为蓝本，美维建立了在口腔界具备先行意义的“M+”管理认证，将旗下口腔医疗机构打造成集学术化、精细化、专业化、舒适化、信息化为一体的领先口腔医疗机构。

美维通过“五化一证”建设，正逐步提高旗下口腔品牌的医疗服务质量，具体措施如下：

第一，提升信息化管理水平。基于美维自主研发的SaaS云平台，全面高效收集、分析医生、患者和医院/诊所诊疗信息，建立一个大数据体系，提供一站式口腔门诊管理整体解决方案，使美维旗下口腔诊所信息化管理水平上升到新台阶。

第二，科研培训体系的搭建。牙医是诊所的核心资产，直接决定服务的质量和患者的安全。美维携手美国罗玛琳达大学、广东医科大学、天津医科大学、湖北科技学院等口腔院校建立“产学研创新联盟”，在学术论坛、临床教学、科研创新、医疗技术等多个领域进行深度合作，建立人才梯队培养机制，培养世界顶尖齿科专家和人才，帮助医生提高管理和职业技能。

第三，投后市场运营帮扶。地方性的口腔品牌一般都是通过技术实力慢慢积攒口碑，在当地小范围内，尤其是熟人圈子内形成一定的品牌影响力，这亦是其后期难以找到增长突破口的原因所在。对此，美维一般会委派专业人士，通过3～6个月的时间帮助该地区组建市场运营团队、制定市场运营战略等，使该地区的市场运营工作迅速进入正轨。

第四，集约化采购，规范管理降低成本。借助规模效应，美维为旗下品牌提供及时、高效、有质量、规范性的采购，尤其在一些高成本的设备项目上获得更多的议价空间，同时构建以物资需求计划、采购实施、资金支付和物资储备为主要内容的专业化物资管理系统，在整个供应链上帮助旗下品牌降低采购成本。

“美维是一家以产业与资本双重驱动的投资公司，因此我们注重投后管理，这是一个非常完备的体系，涉及品牌管理、标准建设、人才培养、信息服务等多个方面，我们在帮助合作伙伴做好老客户黏性维护、品质管理和口碑管理的同时，通过服务平台信息化、患者诊疗流程化、医生资源共享化和运营管理连锁化的共享体系，最终协同进化，发展壮大。”

在口腔领域，美维要打造类似米其林一样的认证体系“M+”，通过搭建国际级医疗管理体系认证和口腔数字化智能化管理体系，美维将与世界牙科经营管理标准全面接轨，成为国内标杆型“战略投资、标准输出、品牌管理”的行业整合平台。

另外不得不提的是，除了以上提到的“五化一证”建设之外，美维与兄弟企业美年大健康强强合作。天然具有体检流量导入的优势，这也是其他家口腔企业不具备的资源。

三、亿元俱乐部计划

对于连锁统一品牌的策略，美维目前依然坚持多品牌运营的格局。“这些在当地城市老百姓已经熟知的品牌，没有必要更改、统一名字。我们要做的就是逐步让这些品牌在营收上提升。2018 年 6 月，美维已经有 3 个区域年收入上亿元。亿元俱乐部计划已经从 2017 年开始启动，而且在投资、财务、管理规划上我们都要按照合规程序向前推进。”

朱丽雅还表示，美维在口腔专科（如儿牙）及数字化上均有布局，“现在患者的口腔保健意识比 10 年前有了较大的提升，对于体验的重视程度越来越高。从 2017 年开始，我们已经在上海、北京、重庆、天津、昆明等地区建设椅旁工作室，引进领先的口腔扫描、3D 打印等设备，技师可以做即刻修复。我们已经是隐适美 iTero 口腔扫描（一种口腔扫描仪，可以起到取模、预览矫正结果、监控矫正进度等作用）最大的采购企业之一。诊所数字化的工作推进，比如种植导板，将是未来我们重点推进的工作，将会大大提升牙医的效率和患者的体验感。”

随着政策上鼓励民营资本办医，会有更多的牙科医生出来创业，口腔产业也成为消费升级大背景下极有可能突破万亿规模的大产业。

在中国的民营牙科产业体系内，中小型的门诊依然存在，并占据市场主体，而且运营得不错。但是类似眼科、体检等行业，“中国口腔行业一定也会有强势的连锁品牌出现，美维的模式要引领中国口腔产业进入一种新的产业形态，而这种壁垒是其他企业复制不了的。”

赋能中国优秀的口腔连锁集团，联手更多的合伙人，全方位地给予品质、管理和盈利上的提升，美维还将在民营牙科的道路上持续驰骋进击，“我们第一个目标是做成整体盈利的企业，再按部就班地推进IPO① 事项。”

不仅如此，美维倡导从口腔诊疗向口腔健康管理迈进的服务理念，并非局限于解决患者单次的口腔病痛，而是致力于为患者提供终身的口腔健康管理，这也是中国口腔消费模式可预期的发展趋势。

理念富有前瞻性的美维，正一步一个脚印，携手每一位事业合伙人，共塑民营口腔新业态。

---

① IPO：Initial Public Offerings（首次公开募股）的简称，是指一家企业或公司（股份有限公司）第一次将它的股份向公众出售。

第四节　平安万家：中国版“分钟诊所”

新医改背景下，零售连锁药店和诊所的发展迎来新机遇和挑战。政策的放开，加速行业竞争。企业转型和创新必须持续升级，才能占据市场。在此背景下，医疗行业各细分领域也开始合作，平安万家医疗快诊模式应运而生。

2018 年 5 月 10 日，平安万家医疗在上海举办以“新形式·新发展·新挑战”为主题的快诊模式发布会。发布会上，平安万家医疗与山西仁和、陕西怡康、甘肃惠仁堂、山东漱玉平民、湖南老百姓、湖北好药师、浙江九洲等国内领先药店连锁企业签署快诊合作协议，至此，平安万家医疗快诊模式签约药店总数已近千家。全国多家连锁药店掌门人、医药领域资深专家、机构投资人齐聚一堂，围绕快诊模式推动药店转型升级等话题，促进医药领域“供给侧结构性改革”。

此次合作是医疗细分领域中零售药店和基层医疗服务平台之间的强强联手，双方进行优势互补，其目的是结合平安集团深厚的保险和健康产业体系资源优势，全方位赋能，共同探索药店和快诊、快检、快药、保险这几方面的结合，希望创建基层医疗新的服务模式。

一、中外快诊模式对比：重点看 CVS①

事实上，快诊模式在国外有很多案例。据麦肯锡全球董事合伙人王锦介绍，美国、欧洲尝试快诊模式的公司有很多：CVS、零售商 DM

① CVS：美国最大的药品零售商。

等，保健品店、药店、健康店面积从 500 ~ 1500 平方米不等。

CVS 经营药房，包括 DTP① 药房。它旗下的分钟诊所是美国医疗体系最传统、最核心的业务。到 2018 年上半年，它为美国 3500 万人提供了门诊服务。分钟诊所采取患者随到随诊、随治随走的做法，不必提前预约。它只要聘请注册护士和实习医生就能应付患者需求，减省人工成本之余，造就了 15 分钟超短看病时间。另外，针对每项医疗服务及其报价，分钟诊所都会清楚列明，就像麦当劳的菜单一样，价格由 30 美元至 110 美元不等。患者就诊的花费大大低于去医院的开销，也没有医院那么烦冗的手续。

平安万家医疗快诊模式灵感也来源于此。“未来两年，我希望能站在美国的讲台上分享中国的业务模式。”王锦这样期待。

此外，德国的零售商 DM 是一个非药店的健康零售店，在商场内有一个很小的取药机，把患者或者是现在正在用的药物大数据进行收集分析，与背后的数据库做匹配，帮助患者科学准确地把握自己的用药情况。还有 GlowCap，它是电子化药片的包装盒盖，能用声音和灯光的形式提醒慢性病处方药病人按时吃药，甚至在一瓶药用完之后自动下订单和送货，有效提高患者的医从性。

二、“1 + 3 + 1”多元化支持，全方位赋能

“平安万家医疗快诊模式虽借鉴了美国的分钟诊所，但是洋为中用，提出了全新的‘一套设计方案，三大业务支持，一个技术平台’的系统解决方案。”平安万家医疗总经理许志红这样说道。

“一套设计方案”：平安万家医疗给予药店具有高标准的 SI 品牌形

---

① DTP：起源于美国，是由阿斯利康和辉瑞创造的新的营销模式——医院处方模式，也就是说，制药企业将产品直接授权给药店作为代理，患者从医院医生那儿得到处方，拿着处方直接到药店去购买的一种经营模式。

象识别、诊室空间布局及科室规范。

“三大业务支持”：给予药店包含产品支持、服务支持和质控支持。

“产品支持”丰富了药店服务项目，有助于提升药店吸引力和客户满意度，并通过构建合格服务网络，逐步与政府医保控费、平安商保服务对接服务。

“服务支持”则体现在规范运营和技能培训上。平安万家医疗不仅向药店提供《医疗运营手册》《工程装修手册》《营销指导手册》等标准规范，并开设750余节上线课程和120多家小组培训，为药店输出包括医疗技能、诊所管理等方面的系统化培训。

而在“质控支持”方面，万家认证标准以患者安全和医疗质量为核心，促进医疗机构的持续改进，一方面是基层医疗质量的镜鉴，另一方面也为符合认证的快诊店背书。

作为基础技术支持平台，平安万家医疗云诊所实现了医生、护士、药房等全角色的数字化、信息化运营管理，覆盖了从电子病历到辅助诊断、从远程医疗到会员管理、从掌上诊所到集中采购、从活动营销到舆情监控。

平安万家医疗连锁业务部总经理李江表示：快诊模式是顺应医改政策与基础医疗市场需求所开发出的创新医疗供给方式，其基于标准认证和平台科技赋能两条路线，通过引入现代医疗科技及服务安全标准规范，集中满足了传统药店精益运营、提升收入、医疗规范及客户满意等核心需求。

李江补充道：“因为在美国的药店，快诊有商保在支撑，而在国内，商保还没有发展到那步。国内目前治疗支付保障比较小，万家快诊借助平安集团的强大资源，致力打通医保和商保，补充社会基本医疗保障，为合作伙伴带来价值。”

三、快诊模式助力传统药店升级转型

作为平安集团“嫡亲二代”，平安万家医疗在2016年就看中这一市场。现阶段，快诊模式助力传统药店升级转型，已树立起一批标杆。

2017年6月15日，平安万家医疗和山西仁泽医药集团旗下仁和连锁诊所的首家快诊诊所在太原运营，提出“20种常见病，15分钟快速就诊”的口号，让百姓真切体会看病、配药“一站式”服务所带来的便捷与福利，并计划在山西省合作落成100家快诊诊所，服务当地百姓的常见病快速诊疗，加快基础医疗设施建设。

山西仁泽医药集团董事长杨全柱表示：“快诊模式依托平安万家医疗的标准、系统、平台，结合仁和大药房的本地资源优势，为彼此发展带来新机遇。”

目前，平安万家医疗与仁和连锁诊所强强联手，已实现诊所的全面升级与改造，并将逐步推进与平安集团保险及医疗资源的深度对接。下一阶段，双方将以快诊合作为基础，共同探索开发药品供给的新模式，帮助诊所增加药品品类、减少药采工作、降低整体成本，同时帮助药店拓展销售渠道、建立竞争壁垒、提升销售服务。

2018年5月10日，平安万家医疗再度与山西仁和、怡康、惠仁堂、漱玉平民、老百姓、好药师、九洲等国内药店连锁企业签署快诊合作协议，以期实现在全国千家药店中进行快速诊疗，解决传统药店对医疗机构管理运营不熟悉的痛点。

四、药企、商保等看新型药店与诊所模式

怡康医药集团董事长何煜认为，随着国家医改的推进，“快诊＋快药＋快检”，越来越符合我们把医疗服务做到极致的理念。“我们有600

多万的会员，有了快诊模式，后续还可以做健康管理，这对药店业务提升有很大帮助，我相信这种模式一定能在国内推行得很好。”何煜补充道。

老百姓大药房执行董事王黎认为，对于连锁药店设立诊所，虽然我们全国零售药店都接入了各地医保系统，但是提供一体化的医疗服务还是非常难，这是我们希望和平安万家医疗合作的最重要的出发点。

“对于基层医疗网点布局，未来要真正做到分级诊疗，药店是顾客最后一公里的入口。”王黎这样笃定。但如何既要满足检验快，又要安全？他补充道：“我们对药很专业，对就医流程管控的安全性很缺乏，希望和平安万家医疗合作，补足短板。”

“从目前的合作形式来看，药店和慢病的客户有很强的联动，慢病患者在药店拿药，药店能很好触达客户，更容易形成一个从购买、服务、理赔的闭环。”平安健康保险副总裁李馨认为这才是支付方和服务方深度的融合。

“快诊 + 商保”的结合，平安万家医疗董事长兼 CEO 范少飞认为是一个非常好的组合，这将使支付方有效地结合起来，他认为届时快诊模式将会呈现燎原之势，满足支付方全网络布局需求。

在未来，平安万家医疗还将坚持创新医疗模式，大力建设基础医疗，进一步满足并优化大众的医疗服务需求和体验。

第五节　微医：药店升级，“药店 + 诊所”

日常生了小病，我们第一时间想到的不是去医院挂号排队，而是去药店问问该吃什么药，可见药店天然具有一定的医疗属性。然而由于专业人员和专业服务能力缺失，药店往往不能为用户提供有效的建议。

有没有可能让药店的专业服务变得简单易达，能够更好地服务于用户呢？微医药诊店（简称微医）就是这样一个项目，其背靠乌镇互联网医院，为药店提供精准预约、远程诊疗、电子处方等服务，让药店能够轻松变身“诊所”，全面满足用户的医疗健康需求。

从 2016 年 3 月立项开始，到 2017 年 6 月，微医已经与 1.8 万家药店达成合作，相当于这期间每天都有 30 ~ 40 家药店接入药诊店系统。从问诊量上看，药诊店日均接诊量达到 3.6 万人，累计接诊量超过 400 万人，几乎等于协和医院一年的接诊量。

微医药店业务事业部总经理张勇全面复盘微医药诊店项目，解读“药店 + 诊所”的医药零售新趋势。

一、药诊店立项：要解决药店专业服务缺失问题

张勇是医药行业记者出身，对医药消费行为和医药零售市场非常熟稔。他告诉动脉网，零售药店其实一直想做专业的药事服务和诊疗服务，然而囿于资源和成本限制，很少有零售药店能够把药事服务做好，诊疗服务则更加难以实现。

但是在“互联网 + 医疗”的风口下，医疗资源的可及度已经非常高，通过手机就能进行医疗咨询。如果把咨询场景转换到药店，就能和药店的

药品零售结合起来，实现“诊疗+用药”的闭环。并且药店还可辅助对网络使用程度较低的用户进行诊疗，是互联网医疗自然延伸的一个场景。

微医在互联网医疗领域已经有成功的尝试，也在积极寻找互联网医院更多的应用场景。了解到医药零售的痛点之后，即开始用“药店+互联网医院”的模式来解决药店的痛点，药诊店模式得以立项。

张勇表示，药诊店项目的背后是微医在互联网医疗方面深厚的积淀。他说，微医以乌镇互联网医院为起点，到2017年6月，已在全国建立了19家省级互联网医院。同时，微医围绕“医联体、医共体和学科联盟”三种组织形式，深度连接了全国1000家省市县中心医院和10万个基层医疗点。

医生资源上，微医连接了全国超过28万医生，能够为用户提供在线问诊、远程会诊、电子处方等服务。如果把这些医疗资源和医生资源扩展到药店服务上，就能最直接地为用户提供服务。

具体方式上，微医为药诊店设计了专门的接口及应用，并配置了专门的值班医生资源。其中，常设值班医生为2000人，其他签约乌镇互联网医院的医生也可通过抢单的模式接收药诊店发出的咨询需求。

合作药店通过登录乌镇互联网医院药店系统，便可为会员提供精准预约、远程诊疗、电子处方等服务。

2017年6月开始，药诊店还发布了专门的硬件设备，将陆续铺设到合作的药店。后期该设备还将配备辅助的硬件，如血糖血脂仪、血压计等，可以在药店进行基础的检测，并实时上传，作为诊断辅助。

动脉网体验该设备发现，其能快速选择科室和进行患者主述，点击问诊之后能够快速得到医生的响应，响应时间不超过1分钟。

“药店专心做好药店，微医提供专业医疗服务，分工细化。‘以医带药’模式能够让药店更好地满足用户需求，服务于用户健康。”张勇认为，药诊店系统和药店互相配合，是医药零售和互联网医疗非常好的结合形式。

发展方向上，张勇认为，药诊店可以对标美国的“分钟诊所”，让药店成为医疗资源的补充。

美国分钟诊所成功的关键在于，其以较低的成本实现了较高的医疗效率。分钟诊所通常以同一品牌连锁模式运行，依附于药店和超市，能够大范围布局和推广。就诊无须预约，等候时间在 15 ~ 20 分钟，价格透明而低廉，比普通门诊便宜一半以上。

它将风险最低的常规治疗如过敏、感冒、咳嗽、腹泻等从基础医疗诊所中分化出来，用最有利于成本控制、最有效快速的方法解决这些问题。诊所工作人员一般是执业护士（占 95%）或助理医师，配备一位医生提供远程支持。

微医药诊店的模式与之非常类似，同样可以将药店发展成为基础医疗机构，满足用户就医的便捷需求。

二、不只是医疗服务，还要帮助药店做营销

张勇给出的数据显示，从 2016 年 3 月立项开始，到 2017 年 6 月，微医药诊店已经与 1. 8 万家药店达成合作，合作药店包括国大药房、一心堂、老百姓、漱玉平民、嘉事堂等，相当于每天都有 30 ~ 40 家药店接入药诊店系统。从问诊量上看，药诊店日均接诊量达到 3. 6 万，累计接诊量超过 400 万（图 5 -1），几乎等于协和医院一年的接诊量。

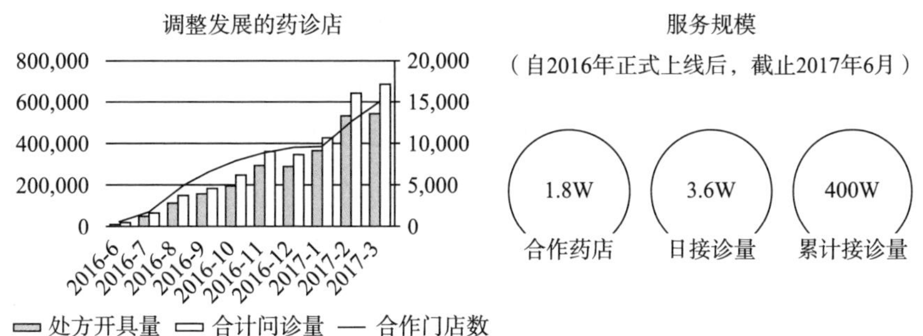

图 5 -1　药诊店增长数据

药店选择接入药诊店，除了服务能力的提升之外，药诊店为其带来的客流、销量上的提升也是重要因素。

张勇举了一个实例，他说他在河南某地检查药诊店实用效果时，遇到一位走遍全城所有药店寻找药诊店的用户，感受到了用户对药诊店的热情。

药诊店对某连锁药店5家药店推广期的客流数据的监测也显示，在药诊店推广期内，这5家门店的客流量提升了2～3倍，其中问诊顾客的新客比例占到了40%～60%；用户复诊率达到80%以上，处方药销售翻番（图5－2）。

案例：药诊店推广期客流提升2～3倍

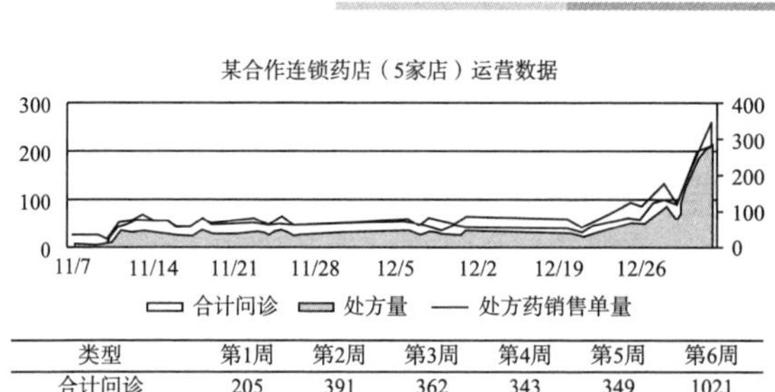

类型	第1周	第2周	第3周	第4周	第5周	第6周
合计问诊	205	391	362	343	349	1021
处方量	119	190	193	206	241	934
处方开具率	58.1%	48.7%	53.3%	60.1%	69.1%	81.7%
处方药销售单量	373	495	508	542	620	1314

- 推广前后的客流量呈2～3倍提升
- 问诊顾客的新客比例达到40%～60%；
- 顾客复诊率达到80%以上
- 处方药销量翻番！

图5－2　药诊店实用效果

张勇还表示，“药店＋诊所”，亦可看做医药新零售方面的尝试。他说，起于电商领域的新零售强调的是以消费者体验为中心，以数据为驱动。迁移到医药领域就是以用户的合理用药为中心，以专业服务为驱动。医药新零售本质就是从营销驱动，到服务驱动的转型。

药诊店在做的事情就是以提升零售药店的专业服务能力为抓手，全面满足用户的诊疗需求和药事服务需求，调动用户到店的积极性，从而帮助药店实现客流和销售上的提升。

不过，张勇也强调，虽然药诊店通过接入乌镇互联网医院拥有了开具处方的能力，但是药诊店绝不会滥用处方权，而是强调合理用药和药事服务。

他表示，药诊店主要针对的是常见病和慢性病。为自我药疗的小病患者提供专业的医学服务，指导其合理用药，避免因用药不当、小病演变为大病；为慢病用户顾客生成实名健康档案，针对慢病人群提供依从性管理和疾病风险控制。

另外，在B端，药诊店也将为零售药店提供更多管理工具，包括会员宝、营销宝、用药宝等。其中，会员宝将和药店会员系统打通，基于药店会员数据，为其提供个性化的诊疗服务；营销宝将从终端控销入手，使控销更精准；用药宝从零售药店供应链入手，结合药店实际销售和库存情况，提供专业化的用药解决方案。

三、医药零售变局，药诊店怎么做

实际上，除了微医之外，另有多家企业的项目均与零售药店“赋能”相关，方向包括采购、服务、管理、营销等。如专门服务于药店的医药电商，类似药诊店这样从专业服务能力提升上入手的诊疗和慢病管理工具，以及信息化管理工具和互联网营销工具。在“互联网+医疗”风口之后，“互联网+药店”的创新创业开始风口涌现。

从医药零售整体趋势来说，最直观的特点是市场增速已经放缓。人口红利消失和经济结构调整使得医药消费增长趋于平稳。

医药零售增速放缓作用到具体的零售药店上，表现出来的就是总体门店数量变化不大，而行业内的并购整合加剧。按食药监统计历年公报，零售药店总量2012年末为42万家，到2016年11月，数量也仅增长到44万家，而单体药店的数量减少了5万家，连锁药店的数量增加了7万家，可以概括为“单体退，连锁进”。

行业总量、零售药店数量变化总结起来就是，零售药店要往高端的方向走，要往专业及多元化的方向走。

不过，医药零售也并非全为消极信号。在整个医改大背景下，医药分家、处方外流、医药电商解禁等因素影响下，医药零售也看到了行业曙光所在。

尤其是处方外流，被认为将给院外医药零售带来万亿元的增量。处方外流能否大规模出现，很大程度上取决于药店能否获得合规的处方来源。传统的纸质处方流转及监督起来并不容易，电子处方或将成为处方外流的主要载体。

以此而言，电子处方资质或成为稀缺资源。而微医旗下乌镇互联网医院是少数几家拥有电子处方资质的互联网医院之一，背靠其成长的药诊店项目自然将得其荫庇。换句话说，布局了电子处方的零售药店才能第一波享受处方外流的红利。

业内人士也表示，国家要求处方药必须有处方才能购买不是为了限制行业，而是要监督合理用药。电子处方以其可追溯性及监管便捷很可能成为主流，未来各利益相关方肯定会抢占电子处方的入口。

张勇在采访中也提到，药诊店拥有合规的电子处方来源，处方药将成为药诊店一个非常重要的业绩增长点。另外，药诊店也在开发用于行政监管的接口，为相关部门提供监管提供便捷入口。

整体而言，药诊店为药店提供了多种形式的免费问诊、诊后电子处方开具、门店营销等方面的服务，能够全面提升药店的专业服务能力，让药店在医药零售变局中有足够的竞争力。

另外，从医改大背景来看，药诊店将零售药店变为“诊所”，解决了基层医疗的问题，符合分级诊疗的要求。其通过乌镇互联网医院将优质的医疗资源下沉到基层，也提升了基层医疗的服务能力，能够一定程度上解决看病难的问题。

第六节 e看牙：在智能营销和柔性供应链上的创新

信息化系统是一家诊所的神经中枢，尤其是基于 Internet（因特网）、跨终端、跨平台的 SaaS 软件，成为打造“移动诊所”的新中坚力量。

除了在临床和管理上赋能诊所，中国医疗 SaaS 标杆型企业上海领健信息技术有限公司（核心产品 e 看牙，以下简称 e 看牙）在智能营销及柔性供应链上发力，专注口腔和医美诊所的痛点和需求，真正帮助诊所开源、避险、节流和增效。

自 2015 年成立以来，短短 3 年时间，e 看牙已经成为口腔和医美领域的 SaaS 头部平台，合作口腔诊所 1 万家。

e 看牙是如何支持连锁管理，从产品到产业思维转变的?

一、合作口腔诊所 1 万家，支持连锁管理

作为医疗行业 SaaS 先行者，e 看牙已于 2017 年 12 月宣布完成亿元 B 轮融资。其开发的管理系统支持连锁管理和集团管理，全面支持美国 JCI 评审，可提供与社交平台深度整合的社会化客户关系管理 SCRM 系统，帮助医疗机构实现智能化营销。

此外在供应链库存管理 SPD（智能配电系统）、移动办公 App/iPad、医院和门诊管理 PMS（工程生产管理系统）、电子病历 EHR（人力资源管理电子信息化）、客户关系管理 CRM、支付保险 Billing（电信

企业计费)、第三方设备和服务集成 Integration Service(整合服务)等方面，e 看牙也具专业性和优势。

e 看牙还可提供商业智能 BI(商务智能)工具，帮助口腔和医美机构在大数据时代实现数据驱动增长，让诊所运营者了解从获客到最后的口碑转化每一个环节效率，从而做针对性的决策。

在产品和服务创新投入上，2017 年，e 看牙一直在持续加码。

1. 推出智能库存管理系统

e 看牙推出了智能库存管理系统，也就是智能进销存子系统，帮助诊所从采购、入库、领用、出库等环节，做自动化的管理和数据分析，极大地提升了效率。

2. 推出智能社交化客户关系管理 SCRM 系统

基于微信提供精准营销工具，包括智能客服、智能服务、智能营销，能够把患者在诊前、诊中和诊后的全流程管理起来，同时可对接大众点评等社交媒体平台，帮助诊所做一些智能化的营销，如裂变式营销、触达营销。

3. 推出 e 看牙商城

e 看牙从创业之初就确定了要从整个产业链的角度为口腔行业提供整体解决方案。自营的 e 看牙商城，提供超过 10000 SKU(库存量单位)，覆盖门诊 90% 以上需求，在帮助口腔机构获得供应链成本优势的同时，提升口腔机构采购及库存管理的效率，为诊所提供耗材供应链，帮助诊所省钱、省力、省心。

4. 推出医美领域智能 SaaS 管理系统悦容医美云，以及全科 SaaS

其中医美 SaaS 系统在医美行业是引领的，签约了柏荟医疗集团、美丽田园、芙艾医美、星和医美等数百家机构，而全科 SaaS 已经跟一家美国的诊所签约。

“一方面e看牙口腔SaaS产品更加成熟，并开拓医美、全科产品线。另一方面，我们在耗材供应链的扩张上步伐加快，e看牙SaaS和e看牙商城已经做了无缝的集成和对接。同时，e看牙还为诊所运营赋能，SCRM工具能够对接社交化媒体和电商平台，像大众点评、微博、天猫，从营销和市场角度，能够帮助诊所去做拉新、促活和留存。”吴志家透露，e看牙已经是中国口腔SaaS的头部供应商。

e看牙目前覆盖的口腔诊所已经超过1万家，每月新增800~1000家，“我们是收费的模式，主要覆盖中高端口腔诊所。从产品和产业策略角度看，我认为e看牙走在一条正确的道路上。接下来的时间，我们的目标还是提供国际一流的口腔智能管理系统，同时从产业链上为诊所提供更好的耗材供应链服务。”吴志家表示。

二、从产品到产业思维的转变

通过领先的诊所管理系统，提高牙医和诊所运营者为患者提供高质量护理服务的能力和效率，这是诊所的核心诉求。其中，客户关系管理，尤其是SCRM的功能愈发重要。诊所软件需要与一些主流的社交营销平台做集成和对接，在国外就是Facebook（脸书）和Yelp①，国内就是微信、大众点评等社交平台。

对比国外市场，如在美国，汉瑞祥的Dentrix Ascend和Patterson Dental（帕特森牙科）的Fuse是使用较多的牙科软件。2018年4月，汉瑞祥宣布将软件业务剥离，并与Internet Brands（互联网品牌）成立合资软件公司Henry Schien One。后者是牙科诊所用来吸引和留住患者并管理在线评论的领导者。新的公司旨在通过集成的牙科软件，帮助口

① Yelp：美国著名商户点评网站，创立于2004年，囊括各地餐馆、购物中心、酒店、旅游等领域的商户，用户可以在Yelp网站中给商户打分，提交评论，交流购物体验等。

腔行业改善管理、营销及患者沟通状况。

在口腔产业，患者体验的重要性愈发重要。诊所开始重视与患者的沟通及就诊体验，为患者提供更个性化的服务。其中，SCRM 系统的搭建是其中重要的一环。

那么 e 看牙的 SCRM 系统，能够帮助诊所解决哪些问题？吴志家透露了其中三个关键难题：

（1）精准营销。目前不少潜在客户都是集中于微信、大众点评等社交平台，所以诊所需要一套工具，能够做一些精准营销推广，如基于微信的定向信息推广、抽奖程序、裂变式营销、触达营销等，打通线上和线下的闭环；

（2）智能化客服。口腔领域的患者体验和诊后随访非常重要，看重口碑，而且患者不太习惯接电话或者发短信。通过 e 看牙的 SCRM 系统，诊所和患者的客服和随访，将基于微信进行，从而提升患者就诊体验；

（3）自主预约和咨询。通过 SCRM，患者可以基于微信自主去做预约和咨询，包括病历查询。

“其实，e 看牙在 SCRM 上开发已经有 2 年多的时间，SCRM 理论和商业模型并不是国内独有，但 e 看牙是第一家真正面向医疗行业推出 SCRM 工具的企业。2015 年刚开始开发软件的时候，我们没想到 SCRM 这部分会是一个刚需，”吴志家坚定认为，“不能只是盯着诊所内部的运营管理，还要看整个口腔产业的上下游，如供应链和 C 端，从需求侧的患者体验，到供给侧的效率的提升，推动整个口腔产业的升级。”

从产品思维到产业思维的转变，这是吴志家反复提到的关键词。e 看牙的发展逻辑第一步是完善 SaaS 软件，帮助诊所提升其管理水平和效率，同时结合技术的趋势发展和患者的消费理念变化，不断完善产品。

“提供完这些服务之后，我们与诊所建立了信任关系，再通过“SaaS + 交易”的模式，打破一些中间渠道，提升诊所进销存的管理效率。目前，e 看牙主要的收入就是 SaaS 年费及耗材供应链，未来可能开拓供应链金融。”

动脉网了解到供应链环节的痛点主要体现在以下三个方面：

(1) 传统的供应链供给的效率相对来讲比较低，没有 SaaS 系统，数据驱动运行不起来；

(2) 中间渠道比较多，可能有三级、四级经销商，对于诊所来讲，成本增加；

(3) 从产品的追溯性看，一些耗材的批次不规范，质量不达标。医疗行业的本质就是质量和安全，诊所需要一些新的有效管理和预警手段。

“e 看牙的智能库存管理，实际上是一个柔性供应链的概念，我们要让任何一家诊所的老板实时知道，现有的库存是多少，将来要消耗多少。这样的话，库存的资金也会得到很好的一个利用和提升。”

在吴志家眼中，口腔产业中的数字化、社交化营销、数据驱动运营增长、软件跟供应链整合的趋势是不可逆的，而 e 看牙未来要做的就是不断深入口腔和医美行业，把握产业痛点和需求，提供极致的产品和服务。

三、不建议诊所自主开发软件，e 看牙不会开诊所

e 看牙软件的市场推广手段，吴志家用“高维打低维”来总结。

“（截至 2018 年 6 月）将近 3 年的时间，我们已经获得广大的中高端连锁机构认可，产品上已经超越了临床和管理功能。当然隐形正畸和种植的数字化，以及 e 看牙 App 上的在线培训和病例分享项目也在逐步推广。e 看牙最新的突破点是，提供智能营销和供应链，某种程度上，产品理念和成熟度已经领先其他产品 2 年时间，专业度则通过美国 JCI 评审标准就是一个很好的说明。”

另外，e 看牙还是一个开放平台。“一些大型连锁对于财务和供应链的规范性提出了更高的需求，e 看牙通过开放平台，跟各地医保系统和财务系统打通，能够支持这些诊所的上市规范性。”

随着中国口腔市场的成熟度越来越高，诊所的运营也慢慢从粗放式增长变为精细化运作，对信息化和数据驱动的要求越来越高了，愈发看重投入产出比。“我们合作的诊所要求都不太一样，有的对营销比较重视，有的要求跟财务系统和供应链系统能够打通，符合规范性，有的对于正畸软件流程管控和正畸病历的重视程度非常高，不一而足，需要我们满足不同分层客户的需求。”

动脉网了解到，e看牙核心团队具有国际化视野和15年医疗软件研发经验，专注于医疗SaaS产品和服务，这也是e看牙在市场上竞争的基石。

不过，吴志家也坦言，“To B的产品看短板，我们在推中高端诊所的时候，处于绝对领导地位，一些中低端小型诊所对于信息化的需求还不够强烈，这块市场，e看牙需要多一些维度去推广，还需要一些耐心和时间。”

对于诊所是否应该自己开发软件系统，吴志家建言：“从全球范围来看，梅奥诊所2016到2017年，花费10亿美金购买Epic系统，专业的事情就应该有专业的人来做，我特别不建议中国的医疗机构自己开发软件，无论从成本、效率和专业度上，都没有优势。”

第三方专业的软件公司，才有可能持续不断地完善产品功能和体验，“2018年下半年，e看牙不断提升自身产品力和市场占有率，另外就是在e看牙商城和SCRM上，帮助到诊所。而且e看牙承诺永远不会自己去开诊所，而是从产业链思维赋能诊所。”

吴志家透露，e看牙已经收到了新加坡、马来西亚、韩国、加拿大等国家和地区的诊所对管理软件的一些需求，“我们会在适当的时机推出多语言版本，能够进入海外的市场。2018年5月，悦容医美云SaaS正式上市，签单不断。”

在口腔和医美两个消费医疗领域，短短3年时间，e看牙已经构建了无可复制的护城河，推动了医疗SaaS产业的新升级。

第七节　新型诊所的并购与整合

企鹅杏仁集团于 2018 年 11 月 28 日官方宣布，正式收购于莺科技及其北京水岸祐邻诊所。

同时，创始人于莺及其团队加入企鹅杏仁集团，担任首席医疗运营官及 VP 职务，主要负责患者医疗服务质量管理、全科培训体系，以及医疗产品、医学内容等方向。于莺也将借助自身丰富的医疗自媒体运营经验全面提升企鹅杏仁的跨平台医疗服务运营能力。本次收购是对企鹅杏仁自合并以来在医疗服务领域的一次成功助力。

企鹅杏仁 CEO 王仕锐表示："于莺老师的医疗服务运营及家庭医生理念与企鹅杏仁发展 848 战略非常契合，这也是促成此次合作的核心原因，期待于莺老师的加入将企鹅杏仁的跨平台医疗服务提升到一个新高度。"

事实上，这类新型诊所间相互并购的案例，已经发生不止一次了。

一、企鹅杏仁并购于莺的水岸祐邻诊所

人们对于于莺并不陌生。因为她拥有的标签太多了，如微博大 V、网红医生、职业经理人等。其中加入美中宜和的两年，于莺创造了奇迹——综合门诊年营业额达 1800 万元，月门诊量 2 千余人次，对于一家初出茅庐的高端诊所而言，这个成绩相当耀眼。

随后她离开美中宜和，创办了水岸祐邻诊所。这是顺应国家的分级诊疗政策，面向普通人群开的一家连锁社区诊所，以管理居民健康为目标。这与企鹅杏仁集团旗下的企鹅门诊理念——"用科技，使高品质

的健康与医疗服务，变得人人可及”不谋而合。

而于莺表示：自己将凭借多年以来对医疗的感悟，对什么是老百姓的“刚需”，我们需要什么样的家庭医疗及多年的诊所运营经验，带领企鹅杏仁团队提升门诊服务质量，构建完善的家庭医生培训体系，逐步打造代表企鹅杏仁形象的专业医疗服务团队，完善企鹅杏仁医学内容的业务闭环。

此外，企鹅杏仁还吸引了超过10家医生集团与旗下杏仁门诊签约，如张强医生集团、沃医妇产名医集团、川派医生集团、天方腋谭医生集团等医生集团达成了亲密合作。其中，张强医生集团已分别在成都、沈阳、广州、深圳、南京5大城市达成了高效稳定的合作。

说到合并，其实2018年8月杏仁医生与企鹅医生合并成立新集团公司“企鹅杏仁集团”以来，布局线上线下一体的大健康服务体系。短短4个月又并购了另一家新型社区诊所，发展速度真是快。

目前，企鹅杏仁集团保有全国最大的医生多点执业工作室和日间手术中心网络，已向超过千万名患者提供线上、线下结合的优质医疗服务。作为线下新型基础全科诊所，囊括水岸祐邻诊所在内，企鹅医生门诊已在北京、成都、深圳、香港完成了26家诊所的建设部署；而杏仁医生在广州、深圳、上海、成都、沈阳、南京已建成7家中心门诊及日间手术中心并投入运营。

企鹅杏仁集团打造的是“全科诊所＋日间手术中心”的创新诊所模式，将针对性、系统性地对广大医生需求和患者流量进行一个递进及分发的过程，做到日常疾病诊疗全覆盖，从而形成有效的逻辑闭环。

未来三年内，企鹅杏仁集团计划自建30家中心诊所和300家连锁诊所，触达国内30个城市。于莺的适时加入，对企鹅杏仁来说可谓“如虎添翼”，至此也打开企鹅杏仁在探索全新医疗服务的新篇章，陆续将会有更多布局行为，引领整个非公医疗体系的服务完善。

二、妈咪知道成立赋能事业部

远在深圳的妈咪知道儿科诊所，此前在扩张诊所数量时也提到了投资参股。据妈咪知道创始人兼 CEO 梁亮介绍，2018 年公司内部专门成立赋能事业部，专注于投资参股诊所、并购诊所等业务的拓展。

梁亮表示，未来新型诊所的并购将成为主流趋势。2014 年，经过移动医疗的风口，诊所也迎来一个开业潮。经过这几年的发展，行业的调整是必然，诊所间也将不断整合，形成更强大的联盟。

2017 年，妈咪知道投资参股了一家广州的儿科诊所。该诊所有 1000 平方米，位于广州妇女儿童中心旁边，位置绝佳。诊所的资源和硬件设施均很好，可以说是非常好的投资标的。

但是这家诊所缺乏运营团队，所以迟迟未开业。经过熟人介绍，梁亮多次拜访这家诊所的股东，表达希望参股该诊所的意愿。借助妈咪知道的技术研发、系统、团队等基础设施，迅速帮助其开业。这对于原诊所来说，迅速获得了技术、团队、系统的支持，经营业绩迅速起来了。对妈咪知道来说，也快速开拓了广州的市场。

因此，双方一拍即合，这种属于优势互补的整合，达到了强强联合的作用，提升影响力。

加入之后，梁亮将妈咪知道的整套能力进行输出，统一了诊所的系统，规划了标准化的服务。同时还花了大量的时间和精力，来培训医生和员工，让诊所开业并步入轨道。

回顾参股过程，梁亮认为合作很顺利。需要注意的问题是在前期谈判中，大家明确权责，后期管理经营中，有清晰的组织架构、流程机制，然后扎实地执行。

梁亮表示，双方有共同的价值观最重要，这样的标的值得合作。大家需要有共同的愿景、目标，否则难以共事。在此基础上明确分工，不断磨合，一起实现“有温度的医疗”。

三、强森医疗集团已并购 4 家综合门诊部

“我认为并购综合门诊部（新型诊所）的标的并不多，选址、规范都达不到标准，但一级医院有大量机会。”强森医疗集团创始人兼 CEO 何海洋直言。

强森医疗创立于 2014 年，是一家以社区为目标，以家庭为核心，以企业医疗保障为依托，推进社区首诊，为中国家庭提供优质、便捷、安全的全科诊疗与家庭医生服务的社区医疗连锁集团。现已完成 B + 轮融资，先后参与的投资机构有君联资本、启明创投、德辉资本、现代服务业发展基金等。

何海洋认为，一级医院有大量的机会，是他在并购了 4 家综合门诊部后得出的结论。他认为并购综合门诊部后，也避免不了投入重复改建的成本。一般来说，口碑不好的不能并购，好的标的物也不愿被并购。

而一级医院不同，既能和他的综合门诊部形成业务协同，又是成熟的标的，成长空间也是巨大的。“我们开了 4 家一级医院，和综合门诊部的业务有协同，发展也很迅速。”因此，后续没有协同价值的标的，不再并购。他相信 5 年后是并购综合门诊部的好时间，如果发现合适的一级医院，也会出手。

在选择标的过程中，何海洋认为选址是第一位，和他们的诊所不能重叠，且必须盈利，符合他们的标准，不需要重新装修，同时兼具好的医生团队。

与做实体相比，他更关注的是 IT 链接整体赋能的机会，输出管理的轻模式运作。即整体赋能，选址，运营，流量，效率，品牌，采购，家庭医生培训，会员体系，供应链管理……在 B 端运营这部分，何海

洋坦言，他们一直是处于盈利状态。

据悉，强森医疗一直致力于打造标准化、可复制的方案。具体如下：

第一，就诊流程的标准化，即用户体验地图。就医流程是一个相对较长的链条，有挂号、问诊、开处方、随访等，最后形成一个闭环。

第二，医疗质量的标准化，这是医疗机构的生命线。医疗机构和其他行业有很大区别，比如服装店、酒店、洗衣店，他们的服务直接面对用户，不存在中间人。而医疗机构中间隔着医生，医生是专业服务的提供者，是提供标准化诊疗的决策者。

医生处在机构和 C 端用户之间的这个环节，所以地位就显得特别重要。但医生不是工业品，很难达到统一的标准化。医生是医疗质量标准化的一个核心，所以需要有一些体系去辅助他们达到更多层面的标准化，如资质、培训、管理、有效的评价体系等。

第三，新店选址的标准化历程，这非常重要。一旦诊所位置决定了，那么周边的流量池基本就被框定，也就是说周边的家庭数和周边社区居民的人数，不会有太大的变化。“我们首选城市是新一线城市或者国家中心城市，或者品牌开发商。”强森医疗副总裁万坤说道。

谈到 2019 年的规划，何海洋表示，不再投入新分院建设，重点是运营好已有门店。

四、其他角度看新型诊所并购

对于并购诊所来说，通江医疗领域投资总监许丹认为，更多还是体现在商业模式上的创新与整合，或许更多是自救行为。社区医疗的核心是轻诊、问诊，没有这个基本点，其他都是浮云。

另外，社区门诊本身也不是一个资金密集型产业，也不是谁钱多谁就牛。企鹅与杏仁模式不是短时可以变革的，基因不同，文化不同，需时间验证，医疗服务不解决信任问题都是空谈。

君联资本投资总监戚飞表示，单体诊所做起来并不容易，双方合并是一个合理的选择，而且团队合并的价值大于单纯门店的并购。并购以后的整合，运营效率能否提升，才是下一步更大的挑战。

而知贝儿科的 CEO 赵强认为，并购诊所要分开来看，有优秀医疗资源的诊所很值得并购，可以通过高效的管理体系让诊所运营得更好。如果除去诊所医疗团队的价值，就仅剩选址的市场和战略价值了。而随着诊所牌照的放开，再去并购诊所的价值不大。

而选择市场和战略价值这部分的溢价能力是不高的。另外，如果该诊所运营了很长一段时间，那老客户会有一定价值。但通常要被并购的都生存的不太好，所以对于有连锁布局打算的企业来说，并购不是首选。他相信未来连锁诊所只用办一张证，一证走遍全省。

从长远来看，安德医生联合创始人钟鹏认为，如果想要做连锁，门店全部自建不现实。目前安德诊所更多的是建标准化的模型和人员培养，此后肯定还是会考虑并购的。

从成都的社区诊所生态来看，新型诊所不多，大多是传统诊所、夫妻店或者既是医生又是老板那种。如果这种诊所门店位置好，经营效果也不错，它也不会接受并购；如果经营效果不好，接过来就是烫手山芋。

目前活跃的新型诊所，大多数是在 2015 – 2016 年发展起来的，加上资本的助力，运用互联网的思维做诊所运营。他们均希望通过互联网的无边界、流量去降低边际成本，形成医疗服务闭环。而诊所的运营直接面对 C 端患者，靠的是运营者的综合能力，还要和公立医院抢患者。

另外，公立医院的医联体网络搭建，打通三甲医院到社区卫生服务中心的通道，自然更加吸引患者。毕竟人们的就医习惯一直是以公立为主，而不是民营为主，想要改变这种现状，很难。

因此，钟鹏表示，新型诊所活下去才是关键，而不是想着开多少家店。因为开一家店面临运营获客的问题，开 100 家店仍旧面临这个问题。如果你每开一家，每月亏损 10 万元，开 10 家每月则亏损 100 万元。没有雄厚的资金，谁也填不起这个洞。

没有资金，又没有很好的诊疗技术，那么新型诊所怎么办？未来诊所一定是看基础病，加上药品零加成的推行。诊所靠药品和检查收费终将成为过去时，所以做好医疗服务是出路。钟鹏表示，“我觉得为 B 端提供医疗服务实际上以后机会很大，因为现在作为企事业部门或政府来说，购买医疗服务是趋势。”

第六章

国内外诊所面面观

第一节　美国社区家庭医生模式探究

2013 年医学博士薛翀去美国约翰·霍普金斯医学院研修，之前他一直在大学附属医院从事外科专科工作，对基层医疗了解甚少。到美国以后的所见所闻，开始让他去深度思考中美医疗服务模式的差异，也切身体会到这其中最大差异在于社区医疗，也就是人们常说的家庭医生服务。

一、教育与培训

美国的医学教育属于精英教育，临床医学没有本科学制，所有的医学院都是研究生院，只有获得学士学位的人才能报考医学院。报考医学院的本科专业不受限制，也可以是艺术专业毕业的本科生。

薛翀所在的约翰·霍普金斯医学院在美国排名第一，而约翰·霍普金斯大学全球排名 14 名，每年约翰·霍普金斯大学本科毕业生中能在医学院继续深造的基本上综合成绩在全校前十。

社区家庭医生的教育一样遵循这么一条精英培养路径。唯一跟专科医生培养有所区别的在于住院医师规范化培训的年限和轮转的科目。

一名合格的家庭医生的培养需要经历 4 年本科 +4 年医学院 +3 年住院医师规范化培训。而我国的医学教育模式现今仍存在多种形态，有类似美国的 8 年制医学教育，也有类似欧洲或者日本的 5 年制医学教育，甚至还有 7 年制度教育模式。

社区医生所需要的全科医生数量中，中国经过 5 年本科 +3 年住院医师规范化培训的在 20 万左右。按照美国的标准，每万人达到 3 名全科医生的配比，那么还有20多万全科医生的缺口，这些缺口如何补齐是个重大问题。

科班培养和对一些已经在执业但学历较低的医生加强继续教育都是解决这个问题的办法，然而基于我国现有的庞大医师队伍，继续教育显然变得更加可行。如果按照美国的医学教育模式，那么我国可能还需要更长的时间来弥补全科医生的缺口，相比而言，目前国内推行的5+3教育模式更适合我国的国情。

中美家庭医生规范化培训内容也有很大的不同。在美国，家庭医生3年的规范化培训中必须要每周有1~2个半天在诊所实习，而我国的家庭医生在接受规范化培训的3年中，会安排去社区医院实习，但是没有每周1~2个半天到诊所实习的规定，这样的培训体系可能会导致全科医生规范化培训以后，不具备独立开办诊所和经营个体诊所的能力。

二、保险与支付

目前中国卫生主管单位也在大力推进社区医生与家庭的签约，而这项工作在美国主要由保险公司来完成，医疗保险的主角是商业保险公司。

美国政府也会承担特定人群的医疗保险，主要是针对低收入人群、低收入家庭儿童、65岁以上老人或不足65岁但有长期残障的人士或永久性肾脏衰竭患者及退伍军人。其他40%的医疗保险要由商业保险完成。

因此，在美国，六人以上雇员的公司，雇主就必须要为雇员缴纳商业医疗保险。

保险公司会为购买其保险产品的客户推荐家庭医生，客户也可以到自己偏好的医生那边去了解自己购买的保险能否使用。如果家庭医生在保险公司的支付名单内，那么客户在家庭医生那里产生的所有费用，首先由保险公司跟医生进行结算，剩余需要自费的账单会在1个月左右寄送给客户，再由客户支付。

所以，美国的医疗支付方式是后付费模式，就诊过程当中是没有支付环节的。而我国的诊所都是需要当场支付。

三、服务内容与模式

美国家庭医生的服务可以归纳为四大内容：健康档案的管理、健康评估、轻症的诊治、重症的分诊和转诊。

（1）健康档案的管理，不仅仅是记录，更有价值的点在于一个人长期的健康数据是可以为自身疾病的预防、跟踪和预警做重要参考的。只有具备完整的健康档案，才能进行持续的健康管理。

另外，如果碰到解决不了的问题，需要转给专科医生解决，那么，患者的健康档案也可以直接由家庭医生转给专科医生，但是一定需要获得患者的授权与同意。

（2）年度健康评估（Health Evaluation）。我国叫健康体检，这个定义可能来自于国内大量体检机构的兴起，本项工作也确实主要由体检机构来完成。而在美国，这项任务的主要完成者是家庭医生或者是在医院工作的全科医生。

诊所里即可实现“问诊”“查体”，并且可进行抽血，抽取的样本送到独立的医学实验室进行化验。另外会标配心电图仪，完成心电图的检查，其他的一些检查比如超声、X光或者CT等检查，家庭医生可以通过推荐到医院或者帮其预约到独立影像中心去完成。疾病筛查的项目基本上会参考美国预防服务工作组（United States Preventive Services Task Force）的推荐。

（3）轻症的诊治。轻症包含一些常见轻症，比如上呼吸道感染、尿路感染、中耳炎等，也包含一些已经由专科医生确诊过的慢性疾病，比如高血压、糖尿病的药物治疗。这类医疗服务中美两国的社区诊所医生没有太大区别，区别比较大的主要是在美国输液和抗生素的使用受到严格的控制。

（2）重症的分诊和转诊。在美国的诊所里，护士的办公桌上往往会有一本分诊（Triage）手册，接到患者电话预约看病时，可以根据患者病情描述程序化地问一些问题，大概判断疾病的轻重缓急，并且给出几类建议：如是否需要紧急呼叫救护车到医院急症室；是否可以在家观察；大概在多久之内来诊所看病。

在家庭医生碰到一些专科问题需要转诊的时候，往往能够提供比较好的推荐，这一方面与他们在住院医师规范化培训期间跟所在的大医院的专科医生共事过有关。另外，他们在长期的执业过程中，经常转诊病人也积累了比较好的经验和专科医生资源。

在服务的模式上面，最大的不同是预约制，在美国连理发都需要预约，看医生也同样需要预约。家庭医生的预约以电话预约为主，当然，也可以预约上门服务。

美国家庭医生的门诊费平均在 129 美元/次，如果要求上门，在覆盖区域内会增加 50 美元。另外主动的电话提醒也比较频繁，尤其是体检报告出来以后，提醒体检人进一步就医。这一方面跟医生对病人的负责相关，当然每次门诊的诊金不菲，医生的劳动可以获得可观的回报。

四、新型互联网医疗模式的促进和改变

2015 年医生预约平台 Zocdoc① 融资 1.3 亿美元，估值 18 亿美元，

---

① ZocDoc：基于地理位置的线上预订平台，用户可以在网站或者移动客户端通过 ZocDoc 找到附近医生，并且根据医生的档案点评、资质认证、空余时间段等选择合适医生，再确认服务时间，完成预订服务。

成为美国纽约第三大初创公司。

当年薛翀查询了所注册的医生，大部分是家庭医生，没有一位约翰·霍普金斯医院的专科医生。这也反映了美国的专科医生不太愿意接受没有经过家庭医生筛选过的患者预约。

当时，有一位来自邵逸夫医院一起研修的同学，自己触到下颌下面淋巴结有点大，直接给约翰·霍普金斯医院的耳鼻喉科打电话，想要预约医生。但是被前台直接拒绝，要求她先找全科医生做完检查再预约，最后前台帮她推荐了一位约翰·霍普金斯医院的全科医生。

另外，自2013年以后，在线问诊App相继发布。最早纳斯斯达克上市的Teladoc①，之后的Healthtap②和MDlive③等也相应拿到可观的融资。

这类项目在国内前后也涌出很多家，最早出现的当属春雨医生，后来一些早期发展的PC互联网医疗平台，如好大夫、挂号网、丁香园等都推出在线问诊App，最多时国内的同质化产品达到3000多款。

另外，社区家庭医生能够很好地服务病人，CVS和Walgreens（沃尔格林公司）两大连锁药房也提供了基础条件。这些药房一般是24小时营业，患者拿到医生的处方后，在手机上打开CVS的App拍摄处方或者扫码，便可以直接选择离家最近的药房进行取药或者选择邮寄。

CVS药房销售所有在美国上市的非处方药和处方药。这样的模式让诊所从药品上获取的利润会大幅减少，收入会主要来自诊金，同时也保障了患者即使在诊所看病同样也能获得好的药品。

---

① Teladoc：在线医疗咨询公司，于2002年6月13日在美国得克萨斯州成立，是全美第一个，也是最大的远程医疗平台。

② HealthTap：是美国的一家提供7×24小时远程问诊服务的移动医疗互联网公司。

③ MDlive：是美国的远程医疗服务提供商。

延伸阅读

全美排名前一百的社区医院如何应对高需求患者?

在美国医疗护理系统中，很大部分的成本都是由一小部分人承担的，50%的医疗护理花费都落在了5%的人口上。

他们患有多种并发症，拥有难以管理的需求，常常还伴有长期的慢性疾病。这些患者因频繁地与医疗系统打交道而被称为“超级病人”。

随着时间的推移，他们的慢性疾病逐渐恶化，从而使治疗变得更加昂贵，风险性也更高。

卡利斯佩尔地区医疗保健（Kalispell Regional Healthcare）针对这些高度使用医疗护理资源的“超级病人”设计并开展了一个特殊创新项目，帮助高需求低收入的患者改善身体健康状况，同时也减少其不必要的急诊访问，从而保护社区医疗资源。

2016年卡利斯佩尔地区医疗保健获得贝克尔的医院评审（Becker's Hospital Review）和健康等级（Health grades）评选的全美100大社区医院之一，动脉网为你解析这一医院系统。

1. 创立背景

卡利斯佩尔地区医疗保健创始于1910年，位于蒙大拿州西北部的卡利斯佩尔，拥有343个床位，为超过2万平方英里区域内的19万人提供医疗服务，总员工超过4000人。

该医疗系统包含卡里斯佩尔区域医疗中心（Kalispell Regional Medical Center）与北谷医院（North Valley Hospital）两家急性病治疗医院，以及精神卫生和药物滥用监测设备。

卡利斯佩尔地区医疗保健所提供的核心服务包括癌症护理、心血管疾病护理、神经疾病护理、脊柱保健、三级创伤紧急护理、新生儿重症监护，以及矫形外科护理服务。除此之外，该医疗系统还囊括了六家经美国质量保证委员会的医疗之家项目（Patient - Centered Medical Home）

所批准的初级医疗保健诊所。

卡里斯佩尔区域医疗中心是一家区域性的转诊中心，该医院提供全方位的医疗护理服务。这家医院拥有超过400位医生、医师助理和护理师，总共100个部门的员工总数为3400。动脉网了解到，接近70位医生都在外延诊所接诊病人。

北谷医院位于蒙大拿州的白鱼镇，拥有25个床位，是一家公益性质的非盈利机构。该医院提供的核心服务包括全天候的紧急服务、生育中心、矫形外科手术和微创手术。北谷医院在蒙大拿州的白鱼镇、哥伦比亚福尔斯、卡里斯佩尔和尤里卡运营基础和特殊医疗护理诊所，同时还在白鱼镇提供结构化的精神卫生服务。

2. 过渡期护理模式

该公司与质量健康改善组织（Quality Health Improvement Organization）合作引入了一款改良过渡期护理模式，旨在为入院就医的慢性病患者和高危老人，提供全面的住院计划和家庭追踪服务。

2014年，为了将过渡期护理哲学应用于蒙大拿州，山区优质健康（Mountain – Pacific Quality Health）以特殊创新项目（Special Innovations Project）申请并获得了医疗保险和医疗补助服务中心（Centers for Medicare & Medicaid Services）接近200万美元的资金，从而将新兴和既有的资源与科技整合起来，用于发展被称为“资源团队”（ReSource Teams）的干预队伍，为超级病人提供服务。

该项目不仅额外获得了罗伯特伍德约翰逊基金会（Robert Wood Johnson Foundation）的25万美元补助金，还在整个蒙大拿州取得了不俗的成效。

这款护理模式的目标有三个：

（1）通过识别高成本和医疗资源高度使用者，提升频繁出入医疗护理系统患者的身体健康。

（2）通过提升护理条件和社区资产的流动，降低不必要的医疗护理资源使用，包括医疗护理、房屋、交通、食物、安全系统资源等。

（3）测试平板科技是否能帮助偏远地区的农村患者与医疗护理服务提供者进行交流。

3. 基于社区的资源团队

资源团队由多领域训练有素的专家们组成，其中包括联系大量不同社区资源的基础护理医师、药剂师、护士、行为健康专家，以及志愿者和社区医疗工作者。资源团队适用于任何一个社区。

与为人口稠密地理区域提供资源的传统过渡期护理模式不同，资源团队会整合新兴与既有的社区资源和科技来发展干预团队，从而覆盖到更广泛的地理区域。

这样一来，这个团队就与社区医疗效果拓展项目（Extension of Community Healthcare Outcomes）产生了联系。该项目旨在为缺医少药的偏远地区提供专业技术、知识与支持。

通过这样一种基于社区的方法，资源团队的护士就成了患者的护理协调员。他们帮助患者进行医疗审定、护理负担评定、患者安全评估、患者与护理者教育，以及药物整合。

资源团队的护士还负责与医生进行协调，帮助建立患者之家。社区医务人员扩大了非医疗护理的影响力，击溃了许多社会决定因素给医疗护理所带来的障碍。

除此之外，行为健康顾问能够帮助团队发展工作策略，从而应对拥有一致精神健康需求的病人。资源团队能够教会患者们自力更生，帮助他们进行基础护理管理。

资源团队主要聚焦于正在住院的患者，或是六个月内重复使用医疗健康资源的人，如拥有两次及以上住院许可的患者、进行过两次或以上住院观察的患者以及进行过三次及以上急诊室访问的患者。

能够得到资源团队帮助的病人需满足以下要求：

（1）能够受益于更协调的基础护理；

（2）患有能够治疗的医疗问题，如糖尿病；

（3）非临终患者；

（4）症状非持续恶化；

（5）患有记录在案或未登记的，且与“超级病人”相关的精神健康问题。

资源团队最开始主要服务于蒙大拿的三个城区：比林斯、海伦娜和卡里斯佩尔。他们用定制化的护理管理软件平台追踪患者的护理情况。团队的护士会提前访问即将出院的病人，了解他们的具体需求，并判断他们是否适合参与该项目。

一旦患者进入该项目，团队的护士就会在出院的第一周内对患者进行访问，同时收集病人的临床信息。之后，护士将会把这些信息分享给关注社会决定因素的社区医护人员。

在进行家访时，资源团队的成员会使用平板电脑让患者与医疗服务提供者进行远程视频沟通，并帮助患者协调一系列的护理问题和社会需求。平板电脑已成为为那些社会和医疗条件都极为复杂的农村患者实施或修改医疗计划的重要工具。

社区医护人员和资源团队的护士在30天之后会重新回访，对患者的症状进行评估，观察患者对护理计划的依从性，以及评估患者社会化的进程。护士将会把这些信息与资源团队进行分享。

之后，患者可以结束项目，延展项目，或是选择转入自己的医疗之家。如果患者选择延展项目，社区医护人员和资源团队的护士将会对其持续访问90天，这期间他们会观察患者对慢性疾病的自我管理能力，医疗护理引导能力，以及对护理计划的依从性。资源团队的护士与社区医护人员最后会为患者的基础护理医生总结并整理这些信息，然后形成护理的协调计划。

4. 保障护理一致性

资源团队同时还提供护理协调软件，帮助不同的业务实体来分享患者的信息。有了这一软件的辅助，基础护理医生就能够看到患者所涉及的多种社区资源，如穿梭巴士和送餐服务等，同时还能杜绝重复劳动。该软件帮助团队追踪患者在参与门诊护理项目之后是否能避免医疗危机。

这一项目成功的关键在于资源团队的护士不仅作为医疗协调员在服务，同时也在协调社区资源。资源团队要意识到自己的挑战不仅仅是要填补医疗空白，还要宏观地观察患者个人生命的全景图，识别那些未得到满足的基本需求。

通过与患者建立信任关系，资源团队将越来越有能力去实现依从性的提升和更加有效的医疗结果。

农村团队的工作通常都是孤立无援的，因此团队每月和专家的案例研讨会都会研究一些去识别化的复杂案例，这对学习和转移知识，以及实现预期效果来说都是非常关键的。

为达到清楚了解且有效回应患者生命全景图的目标，一系列丰富的社区机构于2012 年集结起来，组成了西北蒙大拿护理过渡联盟（Northwest Montana Care Transitions Coalition）。该联盟已成为特殊创新项目不可分割的一部分，并持续为合作伙伴提供积累成效数据的方法。

5. 具体成效

卡里斯佩尔区域医疗将追踪入院许可或再入院许可、急诊访问、亲自或视频聊天访问，以及患者满意度。到第二年结束，这一特殊创新项目预计将服务65 名患者，并且为每位患者减少一次不必要的急诊访问，即节省了近83400 美元。这就意味着通过减少再入院许可次数，医疗保险、医疗补助与印第安健康服务（Indian Health Service）将节省100 万美元。

每个患者情况都是不一样的，他们对医疗护理资源的利用意向也各不相同。同样的，每个医疗服务提供者也是不一样的，因而他们之间相互交流，满足患者的需求，降低医疗护理资源的不必要使用就势在必行。通过巩固护理协调性和社区机构的沟通情况，包括医疗护理、房屋、食物、安全系统资源等，人们的健康将会有所提升。

让患者认可并积极地参与到自己的健康护理中是成功的关键，同时引领人也需要对患者感同身受，为他们创造支持性的环境。

激励性质访问、创伤知情护理与物质使用意识的需求对资源团队的护士来说非常重要。能够跨多护理与社会决定因素层面提供服务的资源团队，将会是实现项目目标的最好选手。

资源团队帮助我们改善那些频繁访问医疗护理系统的患者的身体健康状况，同时还通过识别高成本高频率使用者与护理协调来保护稀缺资源。最终，这种方法将同时提升护理服务提供者和接受者的体验，还能提升医疗效果和效率。

第二节　美国牙科支持组织的发展

牙科是一个不断变化的行业，医生需要不断地创新，才能提高效率和患者体验。近年来，美国牙科领域的主要趋势就是牙科支持组织（以下简称 DSO）的兴起与发展，与牙科服务组织建立联系似乎已经成为牙科诊所的常态。

一、超过 200 家诊所的牙科支持组织有 10 家

现代牙医正面临很多挑战，他们不仅需要在技术上与时俱进，还要面临不断增加的成本、政府监管、法律等问题。在如今的口腔行业，很多牙医都处境艰难，而背负着超过 30 万美元学生贷款的年轻牙医，往往难以为自己的新诊所募集资金。

牙科支持组织提供的支持旨在帮助牙医们应对这些挑战。从为诊所提供最先进的科学技术到帮诊所打理行政事务，DSO 能做的还很多。

DSO 的真正概念并不明确，规模也大小不一。DSO 可以只由两家诊所组成，也可以由成百上千家诊所建立。DSO 为其成员提供的支持也并不是统一的，而是多样化的。

但即使各方定义不同，DSO 始终坚持认为，牙科诊所需要专业的组织来帮助他们成长与发展。牙科支持组织协会（ADSO）就是出于这种需要而建立的。

ADSO 联合执行董事奎因杜弗雷纳（Quinn Dufurrena）说："起初，我们只是一个研究小组。四五个大型 DSO 的首席执行官聚在一起，谈论那些最好的牙科诊所，也谈论那些奏效与不奏效的经营策略。"

刚进入这个行业的年轻牙医不仅可以立即建立自己的团队，还能获得宝贵的教育机会。就经验丰富的成功牙医而言，DSO 的支持有助于减轻运行牙科诊所的非临床任务，从而让他们把注意力放在患者护理上。此外，受 DSO 支持的牙医还有机会与其他正面临相同挑战的牙医一同交流，并为即将成为牙医的学生们提供指导。

中心地带牙科公司临床事务执行副总裁刘·萨姆森（Samson Liu）说："牙科支持组织的存在变得越来越普遍，这在很大程度上是为了建立一种新型现实。"中心地带牙科是美国最大的牙科支持组织，32 个州里共有 700 多个牙科诊所加入了该组织。全美国超过 200 家牙科诊所的牙科支持组织有 10 家。

1. 美国牙科支持组织 TOP10

（1）中心地带牙科（Heartland Dental）：超过 750 家诊所。

（2）阿斯彭牙科（Aspen Dental）：拥有超过 600 家诊所。

（3）太平洋牙科服务（Pacific Dental Services）：拥有超过 500 家诊所。

（4）微笑品牌（Smile Brands）：拥有 350 家诊所。

（5）美国牙科伙伴（American Dental Partners）：拥有 285 家诊所。

（6）伟大的表情牙科中心（Great Expressions Dental Centers）：拥有超过 280 家诊所。

（7）牙科护理联盟（Dental Care Alliance）：拥有超过 260 家诊所。

（8）负担得起的假牙和植入物（Affordable Dentures & Implants）：拥有超过 220 家诊所。

（9）西方牙齿（Western Dental）：拥有超过 220 家诊所。

（10）插入式（InterDent）：拥有 200 家诊所。

2. 为牙医和诊所提供 5 大支持

对医生来说，最大的挑战并不是牙科疾病诊断，而是运营诊所需要的行政管理任务。Dental Products Report（牙科产品报告）与Vennli于2016年一同对404名牙医进行了调查，从而探讨他们对诊所运营的看法。

该调查表明，82%的牙医都认为运营任务是一个重要问题。DSO为诊所们解决了人力资源、遵从政府法规和会计等问题。

Affordable Care地区合伙人罗宾·爱德华兹（Robin Edwards）说："附属DOS的牙医可以获得会计、法律、采购、招聘、物业和人力资源服务，这些都是他们急需的。AffordableCare拥有200多个附属牙科诊所。"

对于决定加入DSO的医生来说，其诊所并不需要在功能上改变太多。安德里亚·雅尼克（Andrea Janik）说："我的诊所看起来和别的诊所没什么不同。我还是牙医，我仍然负责运营，每一个决定都是我自己做出的，员工的雇用和解聘也完全由我做主。"

DSO能够为牙科诊所带来方方面面的帮助，具体而言有以下几项：

（1）帮助诊所遵从政府规定。

对牙医们而言，一项重要的问题是他们遵守政府规制的能力。

虽然医生有责任确保他们合乎政府的规定，但这确实是一项负担。通过加入DSO，这个过程变得更简单，也更快捷了。

受太平洋牙科服务支持的安德里亚·雅尼克博士表示："我的诊所现在在遵从政府规定方面已经做得很好了。"太平洋牙科服务所支持的诊所数量超过400，这些诊所分布在美国的14个州。

该组织为安德里亚·雅尼克所在的诊所提供了在线帮助模块，诊所的医生、助手、前台都使用这些模块来保证自己合乎规定。例如，如果你需要心脏除颤仪器使用方法的培训或是健康保险流通与责任法案的许可，只需要登录并观看这些培训和要求。在线模块中设有问答环节，以便医生与工作人员完成培训。

安德里亚·雅尼克还表示，牙科支持组织在诊所对法案遵从事宜方面所给予的帮助给了医生更大的空间与时间，去完成更高标准的护理服务。这些内置于诊所的提醒工具不仅会帮助医生，同时也会帮助诊所的其他工作人员。

（2）为诊所提供先进技术。

已经参加 DSO 的牙医表示，使用最先进的技术是他们最担忧的问题。

杜弗雷纳（Dufurrena）博士说："技术对诊所来说确实是至关重要的。如果没有某些技术，我们很难提供高质量的牙科治疗，但缺点是这些技术太过昂贵。DSO 的好处之一是，他们有足够的资金来购买这些设备。他们有规模经济，所以他们可以以低价购买技术。"

当然，DSO 为医生提供的技术也并非每家都一样。

亨利·舍因特殊市场（Henry Schein Special Markets）总裁哈尔·马勒（Hal Muller）表示："DSO 支持的牙科诊所在设备和技术方面是多种多样的。有些组织完全无纸化、数字化，而另一些则选择保持传统。但是，所有组织都坚持使用最先进的设备。许多牙医从前都苦于设备的购买，这样一来，诊所的压力就变小了。不过，在单个 DSO 中所使用的设备往往是标准化的。"

DSO 能够通过购买和供应商协议，帮助其附属医生在技术方面与时俱进。

蒙格兰（Mongrain）表示："鉴于我们的业务规模和我们支持医生的方式，我们能够在与供应商合作伙伴谈判时获得议价权，为他们简化销售流程。我们还有专业的谈判人员，他们能够为我们带来最优惠的价格。"

DSO 还为希望获得新技术的医生提供建议和支持，并经常为诊所的大批量采购提供建议。

受支持的牙医可以使用行业内最新的尖端技术和产品。虽然技术的提升是重点，但基础设备也需要得到保障。

从长远来看，中心地带牙科临床领导者推荐的设备将是有益的，而不是昂贵和不必要的。如今，有无数新的牙科技术不断涌现，但我们的临床领导者并没有将这些新型技术全盘照搬，而是先研究所有可用的技术选项，并评估其利弊，从而挑选出适用于牙科诊所的技术。然后，开发团队可以为这些推荐的设备获取最优价格。

当需要新的设备时，医生通常只需要简单地向 DOS 发出要求即可。

爱德华兹（Edwards）说："AffordableCare 始终可以帮助诊所采购、维护或修理设备。通过牙科支持组织购买设备，就像发送电子邮件或拨打电话一样简单。"

新技术的可及性对许多医生来说是一个巨大的吸引力。

安德里亚·雅尼克说："我们拥有最新最好的 CEREC（德国瓷睿刻全瓷牙齿美容系统）技术。我们还有漂亮的用于口腔癌筛查的 Sirona（西诺德）激光系统 VELscope（一种口腔黏膜荧光检查仪）。太平洋牙科服务以自己现代化和新兴的先进技术为傲，他们利用自己的集团采购能力让设备变得更加实惠，然后引入各个诊所。"

（3）为诊所管理保险事宜。

不少牙医也表示，与保险公司沟通太少也是一项难题。

安德里亚·雅尼克说："保险对我的诊所来说是一个很大的推动力。我所面对的患者群体及他们与保险公司签订的合同，对患者和 DSO 来说都很重要。"

DSO 帮助诊所管理保险事宜，这确实能够让医生们减轻不少负担。

当患者预约问诊后，地区支持团队便会率先检查其保险利益是否与其提供的文件相符。这样一来，牙医们就能够真正地把注意力集中到患者身上，而不是忙着跟保险公司打电话收集信息了。

帮助医生承担起管理保险的任务确实能够让他们专注于治疗。

Dufurrena 说："医生原本就不必参与保险工作。现在就好了，他们可以回到自己的本分工作上，把时间用来做一个牙医该做的事，DSO

会为他们打点一切，这是一个很大的优势。牙科支持组织拥有大量牙医的事实也让这类组织在与保险公司的博弈时能够取得更好的报销率。换句话说，这又是一个规模经济。如果你的组织里牙医够多，你就有足够的筹码去谈判到一个更好的价格。”

（4）为牙医建立专业性社区。

调查显示，女性牙医与男性牙医所面临的临床处境有所不同。女性牙医所担忧的问题是如何去创造一个专业的社区。

通过创建专业社区，他们可以分享信息，也可以抽出时间来照顾家庭。他们需要有人来与自己互补。

加入 DSO 有助于建立一个牙科专业人员社区。

安德里亚·雅尼克的诊所还会定期邀请牙髓病、口腔外科和口腔正畸等专业的医生来访。安德里亚·雅尼克所在的 DSO 每年都会举行一次全国性会议，从而创造与组织内其他人进行交流的机会。

安德里亚·雅尼克说：“我们会对整体业务数据进行一些更新。我们有一个生活导师，他会跟我们谈论人际关系和继续教育问题。所以除了在自己的诊所中拥有这个关系网络和临床文化之外，我还与其他人进行了非常密切的联系。”

医生们发现这样的文化是友爱和支持的源泉。

蒙格兰说：“在中心地带牙科，我们有一个非常开放的社区，大家都坦诚相对。我们共同分享了大量的信息和数据，我们的文化就是彼此互相帮助。你不会想要搞垮谁。我最好的牙医朋友大部分都是中心地带牙科的医生，这是一个社团式的社区，你从来都不会感到孤独。”

调查还显示，男性比女性更愿意拥有自己的诊所。虽然如此，但是有些男性医生也喜欢这种社区感。

男女医生的态度正在发生改变。也许是一种意识，也许是一种渴望，渴望工作与生活可以更好地平衡，而私人诊所是无法实现这一点的。开设与管理私人诊所的牙医必须随时待命，而加入 DSO 则能够为自己的生活创造更多的自由空间。

（5）临退休牙医的明智选择。

DSO 不仅吸引着那些初出茅庐，还没有任何资源的新牙科医生，还吸引着那些临近退休的老牙医们。

Dufurrena 博士说：“能够认可传统所有者模式的牙医助手已经不多了，所以跟我年龄差不多的牙医就必须要另谋出路。因此，大量的老牙医们也开始加入 DSO，作为自己的退出策略。”

牙医不仅能够将诊所卖给 DSO，自己还能继续工作，这样的退休前生活也不赖。Dufurrena 博士表示，加入 DSO 的很多牙医都会签署相关协议，保证自己会留在诊所内相当长的一段时间，而 DSO 则可以帮助他们好好地打理自己的诊所。

他们可以不断地吸取年轻的牙科医生，而成熟的牙科医生可以退出诊所。因此，与其为自己找一个助手，然后吸纳他成为合伙人，他们更愿意加入 DSO，而 DSO 有时也能为他们提供年轻的牙医。

Dufurrena 说：“我们会招募医生，然后用非常先进的项目来训练和支持他们。之后，我们会买下你的诊所资产，而你在退休前仍然可以继续工作，支配这些资产。”

二、牙科支持组织 or 联合诊所

DSO 已经改变了牙科诊所的典型模式，而这种没有明确定义的模式将来还会继续发展。

Dufurrena 博士说：“我们牙科行业有一个问题。我们不太确定 DSO 与联合诊所之间的区别。很多时候我们使用的术语都是不正确的，所以这很难说。越来越多来自单个诊所的牙医开始组建小型的联合诊所，随着他们规模的扩大，直到容纳 4 到 6 个诊所以后，他们就会意识到集中数据、系统和设备的必要性。这时，他们就成了 DSO。最后，不仅从单个诊所到联合诊所的改变越来越多，从联合诊所走向 DSO 的也会越来越多。”

先进技术的可及性对年轻的医生来说有着巨大的吸引力。马勒表示：“所有 DSO 的管理者都意识到，这一代毕业的牙医都希望能够在诊所中使用他们在牙科学校时所使用的技术。未来几年，这一趋势将更快地驱动技术的发展。”

但对于那些认为 DSO 会淡化病人护理的人来说，蒙格兰博士的预期则恰恰相反。

他说：“许多医生都担心 DSO 会完全接管诊所，而不是提供优质的病人护理服务。我个人认为，最终市场会告诉我们，哪些模式是成功的。”

沟通是以病人为中心的护理和临床工作流程中最重要的环节之一。随着联合诊所和牙科服务组织（DSO）的不断发展，我们需要将沟通流程保留在一个集合式组织里，整合 PC 与移动数据，同时保护患者信息。

随着 DSO 市场的不断发展，组织内的信息安全与基于智能手机的临床沟通将成为必要。我们需要提供真正以患者为中心的牙科体验，并且提升牙科团队的合作、牙科诊所的盈利能力，以及最重要的是患者诊疗结果。

第三节 英国著名的牙科诊所面临挑战

作为英国著名的牙科企业，Mydentist（我的牙医）每年在其超过650家诊所治疗超过800万名患者。

然而，在牙科诊所所有权变动和患者对就医体验要求越来越高的影响下，快速扩张的Mydentist仍然面临着不小的挑战。

一、654家诊所，市场占有率英国第一

Mydentist是英国头号牙科诊所连锁。该公司在英格兰、苏格兰、威尔士和北爱尔兰共拥有654家牙科诊所（截至2017年年底），以及598项英国国家医疗服务系统（National Health Service，NHS）牙科协议。

资料显示，Mydentist前身是Dental group Integrated Dental Holdings（综合牙科资产，简称IDH），于2015年正式更改为现在的名字。IDH也是英国私人牙科服务的领先供应商，随着英国经济的增长，英国私人牙医服务的发展迅速。

Mydentist首席运营官安妮特·斯平德勒（Annette Spindler）表示："新品牌不仅仅是一个名字，还是关于我们每天如何将品牌融入生活，并通过我们的员工展示我们的价值观和个性。"

截至2016年3月31日，IDH患者服务部门的收入约占市场份额的7%，诊所数量约占市场份额的5%，并约占英格兰和威尔士所有委托牙科服务的15%。

在Mydentist品牌下运营的IDH牙科诊所提供广泛的初级护理牙科

服务，包括牙科检查、补牙、拔牙，以及更专业的牙科服务，如美容牙科和正畸。

扎根于英国牙科市场，Mydentist 享受到了有利的系统趋势，比如患者流量与价格的稳定性高、英国政府长期以来都致力于提升牙科服务、有利的人口增长趋势，以及牙科领域日益增长的消费需求。

通过诊所服务部门的分布，Mydentist 还成为牙科和其他医疗消费品、材料及服务（包括专业牙科设备的安装和服务）的领先供应商。

该公司共向至少 8000 家牙科诊所销售牙科用品及服务，其中包括其患者服务部门的牙科诊所。按收入计算，IDH 在英国的市场份额为 25%。

2017 年，Mydentist 连续三次荣获健康与安全奖金奖（Health and Safety Awards）。该奖项由皇家事故预防协会（RoSPA）颁发，以奖励那些连续多年持续保持高水平事故预防率的组织。

二、重视患者教育

作为英国最大的牙科供应商，针对儿童，Mydentist 已经推出了免费的应用程序游戏 Plaque Attack（石膏攻击），用有趣的互动内容来为孩子和父母提供牙科卫生教育。

作为其儿童俱乐部计划的一部分，Plaque Attack 旨在教育儿童保持良好口腔健康，并告诉孩子们，哪些食物有益于牙齿，而哪些是对牙齿有害的。

苹果和安卓用户均可免费下载 Plaque Attack，该游戏为 5 岁及以上的孩子与家庭所设计。通过识别食物中的正派与反派，孩子们会完成一场与时钟赛跑的游戏，从而防止蛀牙、龋齿和牙菌斑。

该款游戏一方面为孩子设计了交互式色彩表，从而保持孩子的兴趣，另一方面为父母设计了牙齿护理贴士和牙科保健知识。

这些知识包括如何照顾孩子牙齿的一些基本信息，从孕期、新生儿、蹒跚学步的孩子到青少年，一应俱全。Plaque Attack 游戏可用于牙科候诊室，父母和孩子不仅能愉快地度过等待时间，还能从中获益。

Mydentist 对 2000 个英国家庭所做的研究显示，人们在判断食物对牙齿的影响方面有很大的困惑，对食物含糖量的认识则尤其不清晰。

20% 的家长认为水果冰沙对孩子的牙齿有好处，另有 19% 的孩子认为，尽管吸管杯饮料往往含有大量添加的糖和添加剂，但仍然是安全的选择。

同样的研究也显示，41% 的儿童每天无法保证早晚都刷牙，19% 的父母不了解氟化物的益处，这款游戏正是基于这些研究结果而研发的。

三、为旗下牙医提供专业培训课程

Mydentist 不断帮助所有临床医生职业发展，帮助他们成长，这些学习和发展的核心渠道就是 Mydentist 的学院。

在曼彻斯特市中心，Mydentist 设有先进的训练设施，其中包括有现场手术室、3 个训练场地和一个牙科头模房间。

这个训练场地与同在一栋大楼全面运转的诊所相连。医生可以在这里提高自己的实操技能，以及职业水准，时刻获取学科领域的最前沿的知识。

1. 专业培训课程

Mydentist 也为每个人提供了全面的培训工具包，医生可以通过管理学习系统来为学习团队发展知识。

这些培训信息按照角色与任务划分，包括入职、强制性在线培训模块、学习辅助和角色特定培训课程。

Mydentist 的课程也支持英国持续专业发展体系（CPD）周期，在该系统中的培训时长可算作持续专业发展体系时长。

2. 临床支持

所有的牙医都会受到地区临床支持经理和区域临床主任的全面临床支持。Mydentist 不仅会为医生提供同行评审、临床小组、临床通讯和交流机会，还为临床医生、诊所和运营团队举办年度临床会议，以便团队聆听同事与供应商的年度报告。

2017 年，Mydentist 第三次举办 Mydentist Clinical Conference（我的牙医临床会议），共计 700 位临床及非临床团队的代表参加了该次会议。

在 Mydentist，医生可以享受晋升的机会、全力支持和完整的职业自由。Mydentist 相信医生的力量，这也是为什么他们每年投入大量的时间和金钱来发展牙医及其技能。

Mydentist 还创建了一个专门维护与管理诊所日常琐事的组织，从而让牙医们有足够的时间与空间来发展自己的技能与职业。

四、提升患者体验

Mydentist 另一项重磅措施就是“闪耀新我”计划，旨在通过培训牙医的软技能，如建立与患者的关系，来改善 Mydentist 的客户体验。

地区发展经理将负责召开研讨会，与同事们一同探讨和学习如何提供更加温暖、舒适和安心的服务。

Mydentist 学院经理马克・琼斯（Mark Jones）说：“我们也想通过推出‘闪耀新我’计划来确保，我们始终如一地以最佳状态在帮助我们的客户。”

去看牙医的人往往正经历着疼痛，也许还带着些紧张情绪。医生如何向患者讲述病情会对整个就医体验产生影响。

他表示：“不过，我们希望患者来到这里是因为积极的原因，比如，想要保护牙齿。我们想要帮助顾客以一种全新的方式来看待就医这件事，并享受去看牙医的乐趣。”

Mydentist 还为区域发展管理人员和诊所管理人员推出了其他几个内部培训项目。Mydentist 承诺，每雇用一名推荐员工，都会向非盈利牙科训练组织 Bridge2aid 捐献 50 英镑。

Mydentist 赞助了非洲牙科工作者的培训，并且把一些自己的牙医也派往了非洲。这个新计划巩固了 Mydentist 和 Bridge2aid 之间长达三年的合作关系。

在患者服务上，Mydentist 开发了网络预约程序，患者可以直接通过自己的定位寻找最近的诊所预约，不仅有诊所的具体位置与运营状态，还能提前查到诊所医生的相关信息。

患者在接受英国国民健康保险制度（National Health Service）诊所的花费取决于具体的患病情况，但只用支付一次性就医费用，无论患者是否需要再次或多次回访医生。

目前有三种常见的收费方式：

组合一：费用 20.6 英镑

项目：牙齿检查、诊断、健康建议及拍片检查、牙齿去垢与抛光、氟化物涂膜、窝沟封闭剂、未来治疗计划。

组合二：费用 56.3 英镑

项目：组合一的所有服务再加补牙、牙齿根管治疗、拔牙。

组合三：费用 244.3 英镑

项目：组合一与二的所有服务再加假牙冠、义齿、牙桥。

五、连锁的运营挑战

根据 Mydentist 2017 年数据，截至 2017 年 12 月 31 日，该公司共持有 654 家诊所，而在 2016 年 12 月 31 日，该公司还拥有 677 家。

多家 Mydentist 诊所关闭为当地人民带来了不小的就医问题。在格温内德镇，近 4500 名患者失去他们唯一的英国国家医疗服务体系

（NHS）牙医，这是该地区唯一的私人医疗机构。

英国牙科协会（BDA）最高执行官彼得·沃德（Peter Ward）表示，英国牙科手术份额大量留在企业型诊所手中。Mydentist 临床主管史蒂夫·威廉斯（Steve Williams）则表示，两年里该诊所都难以招到新医生，这是他决定关闭威尔士诊所的原因。

现在，正如彼得·沃德指出的那样，牙科并不是资本关注的唯一方向，眼科也颇受到资本的青睐，而且可复制性更高。但对于眼科领域来说，临床业务对企业带来的影响远远小于推销活动。

在牙科领域，患者支付费用的最大部分都用在了经过专业临床训练的医生身上，而不是其他一些花哨的营销活动。

所以，直截了当地说，如果 Mydentist 找不到牙医，诊所就无法运营。大量英国牙科协会的成员都表示更愿意留在执业医生所有的诊所，而非企业或者投资机构所有的连锁诊所。

对于患者来说，他们想要的是与自己的牙医保持长期关系，形成连续性服务，而非想与某个连锁品牌建立关系。如果牙科企业或者连锁品牌无法实现这一目标，他们就很难获取长期的成效。

附录　我国新型诊所简介

一、唯儿诺儿科诊所

2014 年，唯儿诺儿科在上海成立，这是一家典型的美式医疗机构，融合了中西育儿的儿保模式，通过多年国际化行医经验，将美式私家医疗理念带入中国，遵循循证医学，提倡不过度治疗的预防保健理念。已经在上海、深圳、杭州、无锡、香港等地建立了 12 家连锁诊所，筹建中有 4 家，会员有 6 万多名。

为了搭建适合国人的医疗体系，唯儿诺的医疗团队均来自美国及国内四大儿科医院、三甲医院资深儿科医生，让美式私家医疗可以因地制宜，更加适合国内家庭。

唯儿诺儿科在 2017 年 9 月完成由高特佳领投的 3000 万美元 B 轮融资。这是唯儿诺继 2016 年获得美国锐盛投资的 A 轮投资后的第二笔融资。本轮融资后，唯儿诺将加速其扩张与布局，巩固其在高端儿科连锁领域的头部地位。

二、优仕美地

优仕美地医疗（Yosemite Clinic，简称 YC）创建的国内首家独立日间手术中心于 2016 年 11 月落户上海浦东。位于上海浦东新区的诊所面积约 3000 平方米，是一家提供全方位医疗服务的机构，包括全科、内科、外科、妇科等多科室的医疗服务，精于微创手术。医疗设备有 CT、

X 射线、超声、实验室在内的先进的诊断设备，并设有具备高洁净标准的百级层流手术室。

同时，优仕美地与主流商业保险达成合作，致力于打造专业便捷、和睦安心的医疗服务平台。它们的医生来自世界各地，能提供英语、日语、韩语和中文等多种语言服务。

2017 年春节，刚刚成立不久的优仕美地医疗就宣布顺利完成数千万人民币 A 轮融资，投资方包括君联资本、理成资产和正奇投资。2018 年 4 月 20 日，优仕美地医疗举办与美敦力中国医疗基金投资发布会，宣布在优仕美地与美敦力微创治疗建立战略合作伙伴关系一周年之际，美敦力中国医疗基金将领投优仕美地医疗母公司 A + 轮融资。

在美国，日间手术中心发展迅猛。从 1970 年成立第一家独立日间手术中心，到现在 6000 家以上的规模，在日间手术中心的手术总数已经占到全美手术总数的 85% 以上。优仕美地医疗作为国内首创的日间微创手术平台，将打造日间微创手术服务与科技结合的标杆模式，发挥出独立日间手术中心的运营效率。

三、维世达诊所

北京维世达诊所成立于 2000 年，位于北京市朝阳区光华路 1 号，北京 CBD 核心区的嘉里中心三层，是一所成立时间相对较早，运营非常成功的国际标准综合性实体医疗机构。诊所采纳国际通行的“全科、全程、全日”医疗服务模式，选聘高素质的中外医护人员，提供与国际接轨的高质量、综合医疗保健服务。18 年里，维世达为 16 万个人和家庭用户、100 余家知名企业用户、使馆、商会及世界卫生组织、联合国组织提供定制化医疗服务。

维世达诊所现开设全科、妇科、儿科、口腔科、精神心理科、运动医学科、专家门诊、传统中医等多个门诊科室；另有超声检查、X 光影像、心电图等多种辅助检查和生化、免疫、血液等实验室检查；可提供普通话、粤语、英语、日语、韩语、法语、西班牙语、意大利语、阿拉伯语等多语种服务。

维世达诊所采用与国际接轨的保险直付体系，与 70 多家海内外保险公司签订了医疗费用直付协议，最大限度地为客户提供就医便利。

维世达诊所除在北京之外，在深圳还建立了 6800 平方米的名医中心，可以为客户预约到全球各国各地的名医前来为患者提供治疗。同时，维世达还可以提供国际医疗转运服务，组建了专业的医疗飞行团队、运营团队，可以提供床对床的国际医疗转运，包括重症病人医疗包机转运，航班担架位转运，航班轮椅转运，是一家同时拥有国际医疗实体和通航公司的医疗机构。

四、优合诊所

优合诊所是首都医疗集团旗下的一间综合性医疗机构，涵盖了全科（家庭医学科）、儿科、妇科、骨科、口腔科、眼科、神经内科、神经外科、中医科、心理科、康复科等科室，同时成立有功能医学中心、运动医学中心、专家会诊中心等特色诊疗中心。优合诊所酒仙桥店的面积为 2380 平方米，一共有 3 层。

优合诊所秉承“以患者为中心”的宗旨，提供多家海内外保险直付、多语种诊疗、家庭医生上门出诊、就医专程陪护等，并特设家庭医疗官，提供一站式精准医疗服务，满足中外籍人士多元化的就医需求，为家庭健康保驾护航。

五、美维口腔

美维口腔医疗集团隶属天亿集团，致力于从预防开启全民整体健康管理，以开放打造“中国口腔医疗第一平台”，并通过战略投资、标准输出、医疗技术提升、品牌管理为旗下优秀的口腔医疗品牌赋能并实现个性化发展，共同推进民营口腔医疗健康产业快速发展。

美维口腔与国际权威认证机构 DNV · GL 深度合作，共同建立国内首套领先于国际的口腔诊所管理体系和医疗标准“M +”管理认证，并通过“五化一证”的建设为伙伴赋能，实现科研创新和人才培育学术化，基于 SaaS 云平台信息化、诊疗环境舒适化、医疗服务专业化、耗材与设备精细化。

通过引入“事业合伙人”机制，美维打造一个“稳定、共赢”的命运共同体，以优势互补、互融互通为原则，为合作伙伴在资本、人才、技术、市场、管理等多维度进行全方位赋能。

目前美维已投资收/并购维乐口腔、新桥口腔、中山口腔、DUANG DUANG 少儿口腔、美尔口腔、爱齿口腔、韩美口腔、致美口腔、清华阳光口腔、厚诚口腔、恒美口腔、小白兔口腔共 12 家口腔连锁品牌，覆盖 35 座城市，拥有 130 家口腔医院与门诊部。

基于“互联网 +”思维，美维正在构建口腔大健康生态智能平台，连接国内外诊所、医生、患者、合作方、数据及第三方生态整合，从口腔预防、诊断、治疗、医药、医疗服务等多维度、全方位为大众提供医生集团、信息化输出、AI 等应用服务，构建“看牙，先问维小美”的未来诊疗新模式。

“源于口腔，超越口腔”，美维计划未来 3 年内将形成全国达 300 家口腔连锁规模，基本覆盖全国核心城市，开启全民口腔整体健康管理新时代。

六、北京港澳国际医务诊所

北京港澳国际医务诊所位于港澳中心瑞士酒店办公楼八层、九层，自 1993 年 6 月成立至今已有 26 年历史，是一家拥有高素质医疗团队、先进医疗设备、优雅就诊环境的国际性医疗机构。自成立伊始，就一直致力于为国内外人士提供疾病诊治、疾病预防和健康保健等全方位、高质量、国际化标准的医疗服务。

诊所开设有全科、口腔科、专家会诊、妇科、儿科、外科、眼科、皮肤科、耳鼻咽喉科、中医科等多科室医疗服务项目，并配备药房、化验室、彩超、X 光影像、观察室等辅助科室。

诊所近百人的各科专家及护理团队，全部来自于本市各大著名医院及归国医务工作者，具有高水准的专业医疗素养和丰富的临床经验。诊所与多家国内国际保险公司合作，共同提供便捷的保险理赔直付服务。

七、和睦家诊所

和睦家医疗集团（UFH）是美国纳斯达克上市医疗集团——美中互利（Chindex）在中国创办的具有国际水平的医疗机构，是中国境内第一家按国际标准设立、在中国提供高端医疗服务的综合性医疗机构。

创业之初，和睦家医疗集团的定位是服务于驻华使节和跨国企业的外国雇员。和睦家医疗成立 20 年来，已经在北京、上海、天津、广州、无锡和青岛设立了医院及诊所。目前，和睦家在北京拥有两家医院，同时还拥有七家卫星诊所和一家肿瘤中心，提供高质量的医疗服务。

北京、上海和广州的和睦家医院及诊所已经通过了国际医疗卫生机构认证联合委员会的认证，发展到今天，和睦家医疗集团已经发展成为在北京、上海、天津和广州等城市拥有三家综合性医院和近 10 家诊所的全国性连锁医疗集团，是迄今为止在华规模最大的外资医疗机构。

八、强森医疗

强森医疗创立于2014年，是一家以社区为目标，以家庭为核心，以企业医疗保障为依托，推进社区首诊，为中国家庭提供优质、便捷、安全的全科诊疗与家庭医生服务的社区医疗连锁集团。曾先后获得君联资本、启明创投、德辉资本等资本方的多轮投资。

截至2017年年底，强森医疗在全国拥有近40家线下直营连锁医疗机构，700人的医技护团队，覆盖西安、成都、重庆三个城市的150多个社区，打造“15分钟社区便诊生活圈”连接诊所与家庭的“最后一公里”，已为10余万个家庭提供36万人次的全科诊疗与家庭医生服务，同比实现超240%的年收入增长。

与其他传统线下诊所不同的是，早在创立之初，强森医疗就意识到了IT工具在基层医疗领域的重要性，并瞄准了SaaS标准化信息管理平台的开发和应用。2017年6月，强森自主研发的SaaS平台“医助云诊所”上线内测。2017年12月开始正式使用，可以为所有基层诊所的运营管理提供从线上到线下全套的立体化解决方案，实现诊所运营数据、库存、财务、统计、客户关系管理、电子病历、健康档案、远程协同等功能。

九、国际SOS北京诊所

国际SOS北京诊所于1994年开始营业。国际SOS在我国设有3个援助中心（北京、中国香港、中国台湾的台北地区）、6家国际诊所（北京、南京、深圳、大连、天津和天津泰达），提供初级保健、家庭医疗、健康体检和24小时紧急救援服务。

2015 年，新加坡莱佛士医疗收购国际 SOS 的 10 家诊所，继续提供高质量、国际综合医疗服务。国际 SOS 的医疗团队由富有经验的国际医生、专家和护士组成，可以说英文、普通话、粤语、法语、德语、荷兰语和日语。

十、泓华诊所

泓华国际医疗控股（集团）有限公司是一家国际化的综合性医疗服务集团。泓华医院、诊所严格遵循国际 JCI 医疗安全质量服务标准，开业或正筹建的连锁医院、诊所超过 50 家。泓华诊所已与全球 93 家主要保险公司签订直付协议，与海外 501 家医疗机构建立双向转诊、远程会诊合作联系，并在旧金山、纽约、伦敦、汉堡、东京设有办事处或联络员。

泓华还提供包括云 HIS、泓华医生、泓华护士、泓华医疗 APP 等医疗云平台，泓华医护上门服务已经遍布在 31 个省市区 313 个地级市。

泓华还首创医生共享工作室模式，让医生零成本拥有自己的诊室，助力医生自主执业。泓华医疗共享诊室不仅为医生提供包括私人诊室、视频问诊、远程会诊平台、MDT① 多学科会诊平台、学术交流平台及配备国际化护理服务团队。而且凭借泓华云 HIS、移动 APP 的支持，医生可以轻松实现高效的患者管理，建立看诊预约机制，实现多点执业的无缝衔接。

十一、爱瑞家儿科诊所

武汉爱瑞家儿科是一家专注为 0 ~ 18 岁婴幼儿、儿童及青少年服

---

① MDT：multiple disciplinary team（多学科诊疗模式）的简称。

务，提供高品质的医疗、预防和保健、智护的儿童健康服务医疗机构，位于武汉光谷创业街。爱瑞家儿科提供一对一家庭医生式的健康管理服务，提供生长发育门诊、心理行为门诊等特色服务。

十二、妈咪知道

医信科技从 2014 年开始发布线上母婴问诊平台妈咪知道，2016 年全面布局线下，自建医信儿科诊所。医信目前主要有母婴在线问诊平台妈咪知道、妇儿医生集团医信医生、线下儿科门诊中心妈咪知道儿科三大业务。作为医信打造的线下儿科门诊连锁品牌，妈咪知道根据儿童的就医特点，遵从循证医学诊疗方法，为孩子提供国际标准的医疗服务。妈咪知道已经获得 4 轮融资，总融资额近 2 亿元人民币。

和传统儿科诊所相比，妈咪知道儿科最大的特点是服务创新：打通“线上 + 线下”医疗服务闭环。用户可以直接在线上妈咪知道 App 连线三甲医院名医，享受在线健康咨询和预防保健服务；需要进一步诊疗的，可以到线下诊所接受医生的专业化、温暖的面对面诊疗服务。

十三、祐邻诊所

北京水岸祐邻诊所由“急诊科女超人”于莺博士创办，2018 年 5 月开业，联想之星投资。祐邻诊所的定位是社区基础医疗服务，以全科为主，开设全科、儿科、妇科及理疗科，坚持循证医学原则，合理检验，合理用药。祐邻诊所通过扎根社区，为居民传递家庭医疗一体化的服务理念，为社区居民提供便捷、贴心、专业、连续的医疗健康服务，致力打造品牌连锁社区医疗网络。

十四、知贝儿科

知贝儿科成立于2016年9月，是一家专注于儿童健康领域、为儿童提供现代医疗服务的专业机构。创始人之一欧茜曾经是广州市妇女儿童医疗中心的一名儿科医生妈妈，坚持在微信公众号上做科普，在新浪微博上拥有超过50万的粉丝，是新浪超人气育儿博主。同时又在春雨医生、好大夫等轻问诊平台上作为明星大夫为患者解答儿科问题。

知贝儿科以“规范行医”为从业理念，立足于当前的最佳医学证据并结合孩子的特点、家长的意愿，为就诊者提供可靠的医疗服务。除了在互联网端提供家庭日常健康管理、家长育儿课程、健康咨询之外，线下门诊已经涵盖了儿童内科、儿童保健科、皮肤科、耳鼻喉科等专业。

知贝儿科最火的项目是儿童保健，从目前运营的数据看，儿保的预约量超过整个门诊店的预约量的50%。知贝儿科所开展的儿童保健，让父母和儿科医生建立长期稳定的联系，使医生能够纵向地监测和评估孩子的生长发育情况，并由此制定促进儿童早期发展的个性化指导方案，维护孩子的身心健康。

十五、安德全科诊所

安德医生全科诊所由创世康业医疗投资公司引进英国全科医疗服务模式，打造的西南地区首家标准化全科诊所，集内科、外科、口腔科、中医科、医疗美容科于一体，主要为社区家庭提供全科医疗健康管理服务，在温馨舒适的就诊环境里享受高品质、专业化医疗服务。

截至2017年年底，安德在成都已建成3家全科门诊，每个诊所占地面积在400～700平方米。总建档客户人数超40000人，2017年度全年服务超 70000 人次。

安德全科诊所的目标是在 5 年之内，建成超 30 家连锁门店，年服务用户超 100 万人次，将品质医疗、人性化服务带到社区，成为家庭信任的健康守门人。

推荐作者得新书！

博瑞森征稿启事

亲爱的读者朋友：

感谢您选择了博瑞森图书！希望您手中的这本书能给您带来实实在在的帮助！

博瑞森一直致力于发掘好作者、好内容，希望能把您最需要的思想、方法，一字一句地交到您手中，成为管理知识与管理实践的桥梁。

但是我们也知道，有很多深入企业一线、经验丰富、乐于分享的优秀专家，或者忙于实战没时间，或者缺少专业的写作指导和便捷的出版途径，只能茫然以待……

还有很多在竞争大潮中坚守的企业，有着异常宝贵的实践经验和独特的洞察，但缺少专业的记录和整理者，无法让企业的经验和故事被更多的人了解、学习……

对读者而言，这些都太遗憾了！

博瑞森非常希望能将这些埋藏的"宝藏"发掘出来，贡献给广大读者，让更多的人从中受益。

所以，我们真心地邀请您，我们的老读者，帮我们搜寻：

推荐作者

可以是您自己或您的朋友，只要对本土管理有实践、有思考；可以是您通过网络、杂志、书籍或其他途径了解的某位专家，不管名气大小，只要他的思想和方法曾让您深受启发。

可以是管理类作品，也可以超出管理，各类优秀的社科作品或学术作品。

推荐企业

可以是您自己所在的企业，或者是您熟悉的某家企业，其创业过程、运营经历、产品研发、机制创新，等等。无论企业大小，只要乐于分享、有值得借鉴书写之处。

总之，好内容就是一切！

博瑞森绝非"自费出书"，出版费用完全由我们承担。您推荐的作者或企业案例一经采用，我们会立刻向您赠送书币 1000 元，可直接换取任何博瑞森图书的纸书或电子书。

感谢您对本土管理原创、博瑞森图书的支持！

1120 本土管理实践与创新论坛

这是由100多位本土管理专家联合创立的企业管理实践学术交流组织,旨在孵化本土管理思想、促进企业管理实践、加强专家间交流与协作。

论坛每年集中力量办好两件大事:第一,“**出一本书**”,汇聚一年的思考和实践,把最原创、最前沿、最实战的内容集结成册,贡献给读者;第二,“**办一次会**”,每年11月20日本土管理专家们汇聚一堂,碰撞思想、研讨案例、交流切磋、回馈社会。

企业案例·老板传记

	书名. 作者	内容/特色	读者价值
企业案例·老板传记	**你不知道的加多宝:原市场部高管讲述** 曲宗恺　牛玮娜　著	前加多宝高管解读加多宝	全景式解读,原汁原味
	借力咨询:德邦成长背后的秘密 官同良　王祥伍　著	讲述德邦是如何借助咨询公司的力量进行自身与发展的	来自德邦内部的第一线资料,真实、珍贵,令人受益匪浅
	娃哈哈区域标杆:豫北市场营销实录 罗宏文　赵晓萌　等著	本书从区域的角度来写娃哈哈河南分公司豫北市场是怎么进行区域市场营销,成为娃哈哈全国第一大市场、全国增量第一高市场的一些操作方法	参考性、指导性,一线真实资料
	六个核桃凭什么:从0过100亿 张学军　著	首部全面揭秘养元六个核桃裂变式成长的巨著	学习优秀企业的成长路径,了解其背后的理论体系
	像六个核桃一样:打造畅销品的36个简明法则 王　超　范　萍　著	本书分上下两篇:包括"六个核桃"的营销战略历程和36条畅销法则	知名企业的战略历程极具参考价值,36条法则提供操作方法
	解决方案营销实战案例 刘祖轲　著	用10个真案例讲明白什么是工业品的解决方案式营销,实战、实用	有干货、真正操作过的才能写得出来
	招招见销量的营销常识 刘文新　著	如何让每一个营销动作都直指销量	适合中小企业,看了就能用
	我们的营销真案例 联纵智达研究院　著	五芳斋粽子从区域到全国/诺贝尔瓷砖门店销量提升/利豪家具出口转内销/汤臣倍健的营销模式	选择的案例都很有代表性,实在、实操!
	中国营销战实录:令人拍案叫绝的营销真案例 联纵智达　著	51个案例,42家企业,38万字,18年,累计2000余人次参与……	最真实的营销案例,全是一线记录,开阔眼界
	双剑破局:沈坤营销策划案例集 沈　坤　著	双剑公司多年来的精选案例解析集,阐述了项目策划中每一个营销策略的诞生过程,策划角度和方法	一线真实案例,与众不同的策划角度令人拍案叫绝、受益匪浅
	宗:一位制造业企业家的思考 杨　涛　著	1993年创业,引领企业平稳发展20多年,分享独到的心得体会	难得的一本老板分享经验的书
	简单思考:AMT咨询创始人自述 孔祥云　著	著名咨询公司(AMT)的CEO创业历程中点点滴滴的经验与思考	每一位咨询人,每一位创业者和管理经营者,都值得一读
	边干边学做老板 黄中强　著	创业20多年的老板,有经验、能写、又愿意分享,这样的书很少	处处共鸣,帮助中小企业老板少走弯路
	三四线城市超市如何快速成长:解密甘雨亭 IBMG国际商业管理集团　著	国内外标杆企业的经验+本土实践量化数据+操作步骤、方法	通俗易懂,行业经验丰富,宝贵的行业量化数据,关键思路和步骤
	中国首家未来超市:解密安徽乐城 IBMG国际商业管理集团　著	本书深入挖掘了安徽乐城超市的试验案例,为零售企业未来的发展提供了一条可借鉴之路	通俗易懂,行业经验丰富,宝贵的行业量化数据,关键思路和步骤

互联网+

	书名. 作者	内容/特色	读者价值
互联网+	**新营销** 刘春雄　著	新营销的新框架体系是场景是产品逻辑,IP是品牌逻辑,社群是连接逻辑,传播是营销逻辑	助力品牌商实现由传统营销到新营销的理念和行动的跨越,助力企业打赢升级转型之仗
	企业微信营销全指导 孙　巍　著	专门给企业看到的微信营销书,手把手教企业从小白到微信营销专家	企业想学微信营销现在还不晚,两眼一抹黑也不怕,有这本书就够

续表

互联网+	**企业网络营销这样做才对:B2B大宗B2C** 张　进　著	简单直白拿来就用,各种窍门信手拈来,企业网络营销不麻烦也不用再头疼,一般人不告诉他	B2B、大宗B2C企业有福了,看了就能学会网络营销
	互联网时代的银行转型 韩友诚　著	以大量案例形式为读者全面展示和分析了银行的互联网金融转型应对之道	结合本土银行转型发展案例的书籍
	正在发生的转型升级·实践 本土管理实践与创新论坛　著	企业在快速变革期所展现出的管理变革新成果、新方法、新案例	重点突出对于未来企业管理相关领域的趋势研判
	触发需求:互联网新营销样本·水产 何足奇　著	传统产业都在苦闷中挣扎前行,本书通过鲜活的案例告诉你如何以需求链整合供应链,从而把大家熟知的传统行业打碎了重构、重做一遍	全是干货,值得细读学习,并且作者的理论已经经过了他亲自操刀的实践检验,效果惊人,就在书中全景展示
	移动互联新玩法:未来商业的格局和趋势 史贤龙　著	传统商业、电商、移动互联,三个世界并存,这种新格局的玩法一定要懂	看清热点的本质,把握行业先机,一本书搞定移动互联网
	微商生意经:真实再现33个成功案例操作全程 伏泓霖　罗晓慧　著	本书为33个真实案例,分享案例主人公在做微商过程中的经验教训	案例真实,有借鉴意义
	阿里巴巴实战运营——14招玩转诚信通 聂志新　著	本书主要介绍阿里巴巴诚信通的十四个基本推广操作,从而帮助使用诚信通的用户及企业更好地提升业绩	基本操作,很多可以边学边用,简单易学
	阿里巴巴实战运营2:诚信通热卖技巧 聂嵘海　著	诚信通TOP商家赚钱的密码箱,手把手教你操作,拿来就用	图文并茂,内容齐全,直接可以对照使用
	抖音营销如何做:未来抖商 刘大贺　著	解密从0到1亿粉丝的实操路径,深度剖析抖音营销全系统策略	企业做抖音营销的第一书
	微商团队长:从入门到精通 罗品牌　著	由浅入深,涵盖微商团队长必学技能的方方面面	只要照着做,就能当好微商团队长
	互联网精准营销 蒋　军　著	怎么在互联网时代整体策划、包装品牌和产品,并在此基础上为企业设计商业模式,技术实现并运营落地	为有基础的小微企业(大企业的新项目)1年实现销售额过亿,2年对接资本,3年左右准IPO
	今后这样做品牌:移动互联时代的品牌营销策略 蒋　军　著	与移动互联紧密结合,告诉你老方法还能不能用,新方法怎么用	今后这样做品牌就对了
	互联网+"变"与"不变":本土管理实践与创新论坛集萃·2016 本土管理实践与创新论坛　著	本土管理领域正在产生自己独特的理论和模式,尤其在移动互联时代,有很多新课题需要本土专家们一起研究	帮助读者拓宽眼界、突破思维
	创造增量市场:传统企业互联网转型之道 刘红明　著	传统企业需要用互联网思维去创造增量,而不是用电子商务去转移传统业务的存量	教你怎么在"互联网+"的海洋中创造实实在在的增量
	重生战略:移动互联网和大数据时代的转型法则 沈　拓　著	在移动互联网和大数据时代,传统企业转型如同生命体打算与再造,称之为"重生战略"	帮助企业认清移动互联网环境下的变化和应对之道
	画出公司的互联网进化路线图:用互联网思维重塑产品、客户和价值 李　蓓　著	18个问题帮助企业一步步梳理出互联网转型思路	思路清晰、案例丰富,非常有启发性
	7个转变,让公司3年胜出 李　蓓　著	消费者主权时代,企业该怎么办	这就是互联网思维,老板有能这样想,肯定倒不了
	跳出同质思维,从跟随到领先 郭　剑　著	66个精彩案例剖析,帮助老板突破行业长期思维惯性	做企业竟然有这么多玩法,开眼界

续表

行业类：零售、白酒、食品/快消品、农业、医药、建材家居等			
	书名．作者	内容/特色	读者价值
零售·超市·餐饮·服装	**总部有多强大，门店就能走多远** IBMG 国际商业管理集团　著	如何把总部做强，成为门店的坚实后盾	了解总部建设的方法与经验
	超市卖场定价策略与品类管理 IBMG 国际商业管理集团　著	超市定价策略与品类管理实操案例和方法	拿来就能用的理论和工具
	连锁零售企业招聘与培训破解之道 IBMG 国际商业管理集团　著	围绕零售企业组织架构、培训体系建设等内容进行深刻探讨	破解人才发现和培养瓶颈的关键点
	中国首家未来超市：解密安徽乐城 IBMG 国际商业管理集团　著	介绍了乐城作为中国首家未来超市从无到有的传奇经历	了解新型零售超市的运作方式及管理特色
	三四线城市超市如何快速成长：解密甘雨亭 IBMG 国际商业管理集团　著	揭秘一家三四线连锁超市的经验策略	不但可以欣赏它的优点，而且可以学会它成功的方法
	新零售　新终端 迪智成咨询团队　著	梳理和提炼新零售的系统打法，将之落地在新终端建设上	让新零售这一看似形而上的商业概念有了可以落地的立足点
	新零售动作分解：建材　家居家具 盛斌子　著	第一本锁定在家居建材、家电、家装等耐用消费品领域谈新零售的书	第一本谈新零售的具体动作、策略、方法、招术的书，拿来就用
	新零售进化趋势与未来格局 李政权　著	通过业态、品类、体验、场景等，逐一呈现新零售的未来进化	就新零售未来的发展方向与进化趋势给出一个确定性的未来
	涨价也能卖到翻 村松达夫　【日】	提升客单价的 15 种实用、有效的方法	日本企业在这方面非常值得学习和借鉴
	移动互联下的超市升级 联商网专栏频道　著	深度解析超市转型升级重点	帮助零售企业把握全局、看清方向
	手把手教你做专业督导：专卖店、连锁店 熊亚柱　著	从督导的职能、作用，在工作中需要的专业技能、方法，都提供了详细的解读和训练办法，同时附有大量的表单工具	无论是店铺需要统一培训，还是个人想成为优秀的督导，有这一本就够了
	百货零售全渠道营销策略 陈继展　著	没有照本宣科、说教式的絮叨，只有笔者对行业的认知与理解，庖丁解牛式的逐项解析、展开	通俗易懂，花极少的时间快速掌握该领域的知识及趋势
	零售：把客流变成购买力 丁　昀　著	如何通过不断升级产品和体验式服务来经营客流	如何进行体验营销，国外的好经营，这方面有启发
	餐饮企业经营策略第一书 吴　坚　著	分别从产品、顾客、市场、盈利模式等几个方面，对现阶段餐饮企业的发展提出策略和思路	第一本专业的、高端的餐饮企业经营指导书
	餐饮新营销 杨　勇　程绍珊　著	在新环境下，对餐饮营销管理进行了全面深入的解读，提供了方式方法	全面性、系统性，区别于市面上的纯操作类作品
	电影院的下一个黄金十年：开发·差异化·案例 李保煜　著	对目前电影院市场存大的问题及如何解决进行了探讨与解读	多角度了解电影院运营方式及代表性案例
	赚不赚钱靠店长：从懂管理到会经营 孙彩军　著	通过生动的案例来进行剖析，注重门店管理细节方面的能力提升	帮助终端门店店长在管理门店的过程中实现经营思路的拓展与突破
耐消品	**商用车经销商运营实战** 杜建君　王朝阳　章晓青　等著	从管理到经营，从销售到服务，系统化运作全指导	为经销商经营开阔思路，掌握方法
	汽车配件这样卖：汽车后市场销售秘诀 100 条 俞士耀　著	汽配销售业务员必读，手把手教授最实用的方法，轻松得来好业绩	快速上岗，专业实效，业绩无忧

续表

耐消品	**润滑油销售:这样说这样做更有效** 张金荣　著	针对渠道、经销商、终端的超实用话术	上车看,下车用,3 分钟就能学会。
	新经销:新零售时代,教你做大商 黄润霖　著	从选址、产品、促销、团队、规模阐述新经销变与不变的市场手法和操作思路	实地拜访近 100 位经销商在传统营销手法上的创新、新营销工具的发现
	珠宝黄金新营销 崔德乾　著	营销、品牌、产品、连接、场景、社群、服务、传播、管理及产业价值链	新营销在珠宝行业的实战应用,业内必备第一书
	跟行业老手学经销商开发与管理:家电、耐消品、建材家居 黄润霖　著	全部来源于经销商管理的一线问题,作者用丰富的经验将每一个问题落实到最便捷快速的操作方法上去	书中每一个问题都是普通营销人亲口提出的,这些问题你也会遇到,作者进行的解答则精彩实用
白酒	**酒水饮料快消品餐饮渠道营销手册** 朱伟杰　著	主要针对快消品(酒水、饮料)的餐饮渠道,提供了区域、商圈、不同业态的规划和促销安排等多种工具,并提出了经销商、批发商等相关人员的管理方法	一本酒水饮料如何在餐饮渠道销售的全能手册,内容深入翔实,可以直接照搬套用,这样的便利简直千金不换
	白酒到底如何卖 赵海永　著	以市场实战为主,多层次、全方位、多角度地阐释了白酒一线市场操作的最新模式和方法,接地气	实操性强,37 个方法、6 大案例帮你成功卖酒
	变局下的白酒企业重构 杨永华　著	帮助白酒企业从产业视角看清趋势,找准位置,实现弯道超车的书	行业内企业要减少 90%,自己在什么位置,怎么做,都清楚了
	1. 白酒营销的第一本书(升级版) **2. 白酒经销商的第一本书** 唐江华　著	华泽集团湖南开口笑公司品牌部长,擅长酒类新品推广、新市场拓展	扎根一线,实战
	区域型白酒企业营销必胜法则 朱志明　著	为区域型白酒企业提供 35 条必胜法则,在竞争中赢销的葵花宝典	丰富的一线经验和深厚积累,实操实用
	10 步成功运作白酒区域市场 朱志明　著	白酒区域操盘者必备,掌握区域市场运作的战略、战术、兵法	在区域市场的攻伐防守中运筹帷幄,立于不败之地
	酒业转型大时代:微酒精选 2014-2015 微酒　主编	本书分为五个部分:当年大事件、那些酒业营销工具、微酒独立策划、业内大调查和十大经典案例	了解行业新动态、新观点,学习营销方法
快消品·食品	**中国快消品营销的这些年** 史贤龙　著	作者精华文章的合集,一本书浓缩了过去十五年,中国营销的实战历程与前沿思考	快消品营销行业的案例和方法都原汁原味呈现,在反映当时风貌的同时,展望与反思
	营销中国茶:2 小时读懂茶叶营销 史贤龙　著	从不同视角对中国的茶营销进行了思考,内容涉及中国茶产业战略困境、茶企规模化、茶品牌崛起、茶文化、茶营销、茶消费、茶零售、茶道等	内容丰富扎实,文字流畅,浓缩的都是精华,让你 2 小时读懂茶叶营销
	这样打造快消品标杆市场 罗宏文　著	帮助你解决如何成功打造标杆市场和进行持续增量管理两大问题	一套系统的方法论,通俗易懂,可以直接套用
	5 小时读懂快消品营销:中国快消品案例观察 陈海超　著	多年营销经验的一线老手把案例掰开了、揉碎了,从中得出的各种手段和方法给读者以帮助和启发	营销那些事儿的个中秘辛,求人还不一定告诉你,这本书里就有
	快消品招商的第一本书:从入门到精通 刘　雷　著	深入浅出,不说废话,有工具方法,通俗易懂	让零基础的招商新人快速学习书中最实用的招商技能,成长为骨干人才
	乳业营销第一书 侯军伟　著	对区域乳品企业生存发展关键性问题的梳理	唯一的区域乳业营销书,区域乳品企业一定要看

续表

快消品·食品	金龙鱼背后的粮油帝国 余　盛　著	讲述金龙鱼品牌及母公司丰益国际的商业冒险故事	在精彩的阅读体验中学到营销管理的方法
	食用油营销第一书 余　盛　著	10多年油脂企业工作经验，从行业到具体实操	食用油行业第一书，当之无愧
	中国茶叶营销第一书 柏　龑　著	如何跳出茶行业“大文化小产业”的困境，作者给出了自己的观察和思考	不是传统做茶的思路，而是现在商业做茶的思路
	调味品企业八大必胜法则 张　戟　著	八大规律性的关键成功要素，背后都有本土调味品企业的成功实践	“观点阐述＋案例描述”，行业必读
	调味品营销第一书 陈小龙　著	国内唯一一本调味品营销的书	唯一的调味品营销的书，调味品的从业者一定要看
	快消品营销人的第一本书：从入门到精通 刘　雷　伯建新　著	快消行业必读书，从入门到专业	深入细致，易学易懂
	变局下的快消品营销实战策略 杨永华　著	通胀了，成本增加，如何从被动应战变成主动的“系统战”	作者对快消品行业非常熟悉、非常实战
	快消品经销商如何快速做大 杨永华　著	本书完全从实战的角度，评述现象，解析误区，揭示原理，传授方法	为转型期的经销商提供了解决思路，指出了发展方向
	快消品营销：一位销售经理的工作心得2 蒋　军　著	快消品、食品饮料营销的经验之谈，重点图书	来源与实战的精华总结
	快消品营销与渠道管理 谭长春　著	将快消品标杆企业渠道管理的经验和方法分享出来	可口可乐、华润的一些具体的渠道管理经验，实战
	成为优秀的快消品区域经理（升级版） 伯建新　著	用“怎么办”分析区域经理的工作关键点，增加30%全新内容，更贴近环境变化	可以作为区域经理的“速成催化器”
	销售轨迹：一位快消品营销总监的拼搏之路 秦国伟　著	本书讲述了一个普通销售员打拼成为跨国企业营销总监的真实奋斗历程	激励人心，给广大销售员以力量和鼓舞
	快消老手都在这样做：区域经理操盘锦囊 方　刚　著	非常接地气，全是多年沉淀下来的干货，丰富的一线经验和实操方法不可多得	在市场摸爬滚打的“老油条”，那些独家绝招妙招一般你问都是问不来的
	动销四维：全程辅导与新品上市 高继中　著	从产品、渠道、促销和新品上市详细讲解提高动销的具体方法，总结作者18年的快消品行业经验，方法实操	内容全面系统，方法实操
农业	饲料营销有方法：策略　案例　工具 陈石平　著	跳出饲料看饲料，根据饲料营销的关键成功要素（KSF）提出7大核心命题	紧跟农牧产业发展大势，提高饲料企业营销竞争力
	新农资如何换道超车 刘祖轲　等著	从农业产业化、互联网转型、行业营销与经营突破四个方面阐述如何让农资企业占领先机、提前布局	南方略专家告诉你如何应对资源浪费、生产效率低下、产能严重过剩、价格与价值严重扭曲等
	中国牧场管理实战：畜牧业、乳业必读 黄剑黎　著	本书不仅提供了来自一线的实际经验，还收入了丰富的工具文档与表单	填补空白的行业必读作品
	中小农业企业品牌战法 韩　旭　著	将中小农业企业品牌建设的方法，从理论讲到实践，具有指导性	全面把握品牌规划，传播推广，落地执行的具体措施
	农资营销实战全指导 张　博　著	农资如何向“深度营销”转型，从理论到实践进行系统剖析，经验资深	朴实、使用！不可多得的农资营销实战指导
	农产品营销第一书 胡浪球　著	从农业企业战略到市场开拓、营销、品牌、模式等	来源于实践中的思考，有启发
	变局下的农牧企业9大成长策略 彭志雄　著	食品安全、纵向延伸、横向联合、品牌建设……	唯一的农牧企业经营实操的书，农牧企业一定要看

续表

医药	**在中国,医药营销这样做:时代方略精选文集** 段继东　主编	专注于医药营销咨询 15 年,将医药营销方法的精华文章合编,深入全面	可谓医药营销领域的顶尖著作,医药界读者的必读书
	医药新营销:制药企业、医药商业企业营销模式转型 史立臣　著	医药生产企业和商业企业在新环境下如何做营销? 老方法还有没有用? 如何寻找新方法? 新方法怎么用? 本书给你答案	内容非常现实接地气,踏实谈问题说方法
	医药企业转型升级战略 史立臣　著	药企转型升级有 5 大途径,并给出落地步骤及风险控制方法	实操性强,有作者个人经验总结及分析
	新医改下的医药营销与团队管理 史立臣　著	探讨新医改对医药行业的系列影响和医药团队管理	帮助理清思路,有一个框架
	医药营销与处方药学术推广 马宝琳　著	如何用医学策划把"平民产品"变成"明星产品"	有真货、讲真话的作者,堪称处方药营销的经典!
	医药行业大洗牌与药企创新 林延君　沈　斌　著	一方面,围绕着变革,多角度阐述药企的应对之道;另一方面,紧扣实践,介绍近百家医药企业创新实践案例	医改变革 10 年,医药企业如何应对大洗牌? 重磅出击的药企人必读书
	新医改了,药店就要这样开 尚　锋　著	药店经营、管理、营销全攻略	有很强的实战性和可操作性
	电商来了,实体药店如何突围 尚　锋　著	电商崛起,药店该如何突围? 本书从促销、会员服务、专业性、客单价等多重角度给出了指导方向	实战攻略,拿来就能用
	OTC 医药代表药店销售 36 计 鄢圣安　著	以《三十六计》为线,写 OTC 医药代表向药店销售的一些技巧与策略	案例丰富,生动真实,实操性强
	OTC 医药代表药店开发与维护 鄢圣安　著	要做到一名专业的医药代表,需要做什么、准备什么、知识储备、操作技巧等	医药代表药店拜访的指导手册,手把手教你快速上手
	引爆药店成交率 1:店员导购实战 范月明　著	一本书解决药店导购所有难题	情景化、真实化、实战化
	引爆药店成交率 2:经营落地实战 范月明　著	最接地气的经营方法全指导	揭示了药店经营的几类关键问题
	引爆药店成交率:专业化销售解决方案 范月明　著	药品搭配分析与关联销售	为药店人专业化助力
	处方药合规推广实战宝典 赵佳震　著	推广体系搭建、推广人员岗位工作内容、推广服务外包商管理等六个方面	解决"医药代表转型"和"推广服务外包商管理"的困惑
	医药代理商实操全指导:新环境　新战法 戴文杰　著	结合医药市场政策环境解读新环境下医药招商的战法,着重分析药品产业链的盈利机会	医药销售业务人员的必备读物
	攻略基层诊所:医药营销这样做 张江民　著	对基层诊所的开发、维护和动销,拿来就用的方式方法	实战是本书的主旨,只要用心去看,就能在基层诊所市场中运用
	互联网医药的未来 动脉网　编著	介绍了互联网医药发展的现状与趋势	帮助创业者和投资人看清未来,把握当下
	处方药零售这样做 田　军　著	阐述了处方药零售的重要性,以及做处方药零售市场的具体措施和方法	系统性了解和掌握处方药零售方法
建材家居	**成为最赚钱的家具建材经销商** 李治江　著	从销售模式、产品、门店等老板们最关注和最需要的方面解决问题、提供方法	只要你是建材、家具、家居用品的经销商老板,这就是一本必读的书
	定制家居黄金十年 韩　锋　翁长华　著	梳理了定制家居的商业模式和发展情况	帮助定制家居看清方向,把握当下
	家具建材促销与引流 薛　亮　李永峰　著	十大促销模式的详细方法和工具	让你天天签大单

续表

建材家居	**家具行业操盘手** 王献永　著	家具行业问题的终结者	解决了干家具还有没有前途？为什么同城多店的家具经销商很难做大做强等问题
	建材家居营销：除了促销还能做什么 孙嘉晖　著	一线老手的深度思考，告诉你在建材家居营销模式基本停滞的今天，除了促销，营销还能怎么做	给你的想法一场革命
	建材家居营销实务 程绍珊　杨鸿贵　主编	价值营销运用到建材家居，每一步都让客户增值	有自己的系统、实战
	家居建材门店6力爆破 贾同领　著	合盘道出一线品牌销量秘籍	6力招招见血，既有招数，又有策略
	建材家居门店销量提升 贾同领　著	店面选址、广告投放、推广助销、空间布局、生动展示、店面运营等	门店销量提升是一个系统工程，非常系统、实战
	10步成为最棒的建材家居门店店长 徐伟泽　著	实际方法易学易用，让员工能够迅速成长，成为独当一面的好店长	只要坚持这样干，一定能成为好店长
	手把手帮建材家居导购业绩倍增：成为顶尖的门店店员 熊亚柱　著	生动的表现形式，让普通人也能成为优秀的导购员，让门店业绩长红	读着有趣，用着简单，一本在手、业绩无忧
	建材家居经销商实战42章经 王庆云　著	告诉经销商：老板怎么当、团队怎么带、生意怎么做	忠言逆耳，看着不舒服就对了，实战总结，用一招半式就值了
工业品	**销售是门专业活：B2B、工业品** 陆和平　著	销售流程就应该跟着客户的采购流程和关注点的变化向前推进，将一个完整的销售过程分成十个阶段，提供具体方法	销售不是请客吃饭拉关系，是个专业的活计！方法在手，走遍天下不愁
	解决方案营销实战案例 刘祖轲　著	用10个真案例讲明白什么是工业品的解决方案式营销，实战、实用	有干货、真正操作过的才能写得出来
	变局下的工业品企业7大机遇 叶敦明　著	产业链条的整合机会、盈利模式的复制机会、营销红利的机会、工业服务商转型机会……	工业品企业还可以这样做，思维大突破
	工业品市场部实战全指导 杜　忠　著	工业品市场部经理工作内容全指导	系统、全面、有理论、有方法，帮助工业品市场部经理更快提升专业能力
	工业品营销管理实务 李洪道　著	中国特色工业品营销体系的全面深化、工业品营销管理体系优化升级	工具更实战，案例更鲜活，内容更深化
	工业品企业如何做品牌 张东利　著	为工业品企业提供最全面的品牌建设思路	有策略、有方法、有思路、有工具
	丁兴良讲工业4.0 丁兴良　著	没有枯燥的理论和说教，用朴实直白的语言告诉你工业4.0的全貌	工业4.0是什么？本书告诉你答案
	资深大客户经理：策略准，执行狠 叶敦明　著	从业务开发、发起攻势、关系培育、职业成长四个方面，详述了大客户营销的精髓	满满的全是干货
	两化融合管理系统贯标流程与方法 戴　勇　张华杰　张百荣　编著	全面梳理贯标流程和方法	帮助企业成功贯标
	一切为了订单：订单驱动下的工业品营销实战 唐道明　著	其实，所有的企业都在围绕着两个字在开展全部的经营和管理工作，那就是"订单"	开发订单、满足订单、扩大订单。本书全是实操方法，字字珠玑、句句干货，教你获得营销的胜利
金融	**交易心理分析** (美)马克·道格拉斯　著 刘真如　译	作者一语道破赢家的思考方式，并提供了具体的训练方法	不愧是投资心理的第一书，绝对经典
	精品银行管理之道 崔海鹏　何　屹　主编	中小银行转型的实战经验总结	中小银行的教材很多，实战类的书很少，可以看看

续表

金融	**支付战争** Eric M. Jackson 著 徐 彬 王 晓 译	PayPal 创业期营销官，亲身讲述 PayPal 从诞生到壮大到成功出售的整个历史	激烈、有趣的内幕商战故事！了解美国支付市场的风云巨变
	中外并购名著专业阅读指南 叶兴平 等著	在 5000 多本并购类图书中精选的 200 著作，在阅读的基础上写的读书评价	精挑细选 200 本并一一评介，省去读者挑选的烦恼，快捷、高效
	新三板信息披露全流程：操作与工具 和珩科技 著	详细拆解董秘日常工作过程中所需的信息披露流程	董秘案头必备用书
	成功并购 300 本：一本书搞定并购难题 浩德军师并购联盟 著	从财务，税务，法律等角度详细解答疑问	能解决 80% 的并购问题
	互联网时代的银行转型 韩友诚 著	以大量案例形式为读者全面展示和分析了银行的互联网金融转型应对之道	结合本土银行转型发展案例的书籍
房地产	**产业园区/产业地产规划、招商、运营实战** 阎立忠 著	目前中国第一本系统解读产业园区和产业地产建设运营的实战宝典	从认知、策划、招商到运营全面了解地产策划
	人文商业地产策划 戴欣明 著	城市与商业地产战略定位的关键是不可复制性，要发现独一无二的"味道"	突破千城一面的策划困局
	中国城市群房地产投资策略 吕俊博 著	全方位、多角度分析城市群房地产现状是趋势	让亿元资产投资更理性、更安全
	电影院的下一个黄金十年：开发·差异化·案例 李保煜 著	对目前电影院市场存大的问题及如何解决进行了探讨与解读	多角度了解电影院运营方式及代表性案例
能源	**全能型班组：城市能源互联网与电力班组升级** 国网天津市电力公司 编著	借鉴国内外优秀企业的转型升级思路，通过对于新型班组组织模式和运行机制的大胆设想，力图构建充分适应内外环境变化的全能型班组	看看庞大的国企在新环境下是如何顺应时代的
	国网天津电力全能型班组建设实务 国网天津市电力公司 编著	本书聚焦于天津电力公司在探索全能型班组转型升级时的优秀实践	电力行业的班组实践，具体、可操作性强

经营类：企业如何赚钱，如何抓机会，如何突破，如何"开源"

	书名．作者	内容/特色	读者价值
抓方向	**让经营回归简单．升级版** 宋新宇 著	化繁为简抓住经营本质：战略、客户、产品、员工、成长	经典，做企业就这几个关键点！
	混沌与秩序Ⅰ：变革时代企业领先之道 **混沌与秩序Ⅱ：变革时代管理新思维** 彭剑锋 尚艳玲 主编	汇集华夏基石专家团队 10 年来研究成果，集中选择了其中的精华文章编纂成册	作者都是既有深厚理论积淀又有实践经验的重磅专家，为中国企业和企业家的未来提出了高屋建瓴的观点
	活系统：跟任正非学当老板 孙行健 尹 贤 著	以任正非的独到视角，教企业老板如何经营公司	看透公司经营本质，激活企业活力
	重构：快消品企业重生之道 杨永华 著	从 7 个角度，帮助企业实现系统性的改造	提供转型思想与方法，值得参考
	公司由小到大要过哪些坎 卢 强 著	老板手里的一张"企业成长路线图"	现在我在哪儿，未来还要走哪些路，都清楚了
	企业二次创业成功路线图 夏惊鸣 著	企业曾经抓住机会成功了，但下一步该怎么办？	企业怎样获得第二次成功，心里有个大框架了
	老板经理人双赢之道 陈 明 著	经理人怎养选平台、怎么开局，老板怎样选/育/用/留	老板生闷气，经理人牢骚大，这次知道该怎么办了

续表

抓方向	**简单思考:AMT咨询创始人自述** 孔祥云　著	著名咨询公司(AMT)的CEO创业历程中点点滴滴的经验与思考	每一位咨询人,每一位创业者和管理经营者,都值得一读
	企业文化的逻辑 王祥伍　黄健江　著	为什么企业绩效如此不同,解开绩效背后的文化密码	少有的深刻,有品质,读起来很流畅
	使命驱动企业成长 高可为　著	钱能让一个人今天努力,使命能让一群人长期努力	对于想做事业的人,'使命'是绕不过去的
思维突破	**盈利原本就这么简单** 高可为　著	从财务的角度揭示企业盈利的秘密	多方面解读商业模式与盈利的关系,通俗易懂,受益匪浅
	经营:打造你的盈利系统 高可为　著	从盈利角度梳理了系统化的经营方式	让企业掌舵者把控经营全局
	创模式:23个行业创新案例 段传敏　著	23位行业精英的创新对话	创业者、转型者的实战参考
	企业良性成长:用顶层设计突破瓶颈 刘建兆　著	全方位介绍企业顶层设计的方法和思路	帮助企业用顶层设计突破成长瓶颈
	移动互联新玩法:未来商业的格局和趋势 史贤龙　著	传统商业、电商、移动互联,三个世界并存,这种新格局的玩法一定要懂	看清热点的本质,把握行业先机,一本书搞定移动互联网
	画出公司的互联网进化路线图:用互联网思维重塑产品、客户和价值 李　蓓　著	18个问题帮助企业一步步梳理出互联网转型思路	思路清晰、案例丰富,非常有启发性
	重生战略:移动互联网和大数据时代的转型法则 沈　拓　著	在移动互联网和大数据时代,传统企业转型如同生命体打算与再造,称之为"重生战略"	帮助企业认清移动互联网环境下的变化和应对之道
	创造增量市场:传统企业互联网转型之道 刘红明　著	传统企业需要用互联网思维去创造增量,而不是用电子商务去转移传统业务的存量	教你怎么在"互联网+"的海洋中创造实实在在的增量
	7个转变,让公司3年胜出 李　蓓　著	消费者主权时代,企业该怎么办	这就是互联网思维,老板有能这样想,肯定倒不了
	跳出同质思维,从跟随到领先 郭　剑　著	66个精彩案例剖析,帮助老板突破行业长期思维惯性	做企业竟然有这么多玩法,开眼界
	互联网+"变"与"不变":本土管理实践与创新论坛集萃·2016 本土管理实践与创新论坛　著	加速本土管理思想的孕育诞生,促进本土管理创新成果更好地服务企业、贡献社会	各个作者本年度最新思想,帮助读者拓宽眼界、突破思维
	消费升级:实践　研究(文集) 本土管理实践与创新论坛　著	38位管理专家及7位学者的精华思想,从经营、管理、行业及思想研究四个方面阐述中国企业在消费升级下的实践与研究	思想启发,行业借鉴
财务	**写给企业家的公司与家庭财务规划——从创业成功到富足退休** 周荣辉　著	本书以企业的发展周期为主线,写各阶段企业与企业主家庭的财务规划	为读者处理人生各阶段企业与家庭的财务问题提供建议及方法,让家庭成员真正享受财富带来的益处
	互联网时代的成本观 程　翔　著	本书结合互联网时代提出了成本的多维观,揭示了多维组合成本的互联网精神和大数据特征,论述了其产生背景、实现思路和应用价值	在传统成本观下为盈利的业务,在新环境下也许就成为亏损业务。帮助管理者从新的角度来看待成本,进一步做好精益管理

续表

	书名．作者	内容/特色	读者价值
财务	**财报背后的投资机会** 蒋　豹　著	以具体的公司案例分析，教你迅速看出财务报表与企业经营的关系、所反映的企业经营现状，从而找到投资机会	前四大会计所员工为读者解密财报，发现投资机会
管理类：效率如何提升，如何实现经营目标，如何“节流”			
	书名．作者	内容/特色	读者价值
通用管理	**让管理回归简单·升级版** 宋新宇　著	从目标、组织、决策、授权、人才和老板自己层面教你怎样做管理	帮助管理抓住管理的要害，让管理变得简单
通用管理	**让经营回归简单·升级版** 宋新宇　著	从战略、客户、产品、员工、成长、经营者自身等七个方面，归纳总结出简单有效的经营法则	总结出的真正优秀企业的成功之道：简单
通用管理	**让用人回归简单** 宋新宇　著	从用人的原则、用人的难题与误区、用人的方法和用人者的修炼四大方面，总结出适合中小企业做好人才管理工作的法则	帮助管理者抓住用人的要害，让用人变得简单
通用管理	**历史深处的管理智慧1：组织建设与用人之道** 刘文瑞　著	对历史之典故、政事、人事、政制进行管理解析，鉴照企业人才的选用育留	推动理论与实践的对接，实现理性与情感的渗透，用中国话语说明管理智慧
通用管理	**历史深处的管理智慧2：战略决策与经营运作** 刘文瑞　著	对历史之典故、政事、人事、政制进行管理解析，鉴照企业战略设计与经营实践	推动理论与实践的对接，实现理性与情感的渗透，用中国话语说明管理智慧
通用管理	**历史深处的管理智慧3：领导修炼与文化素养** 刘文瑞　著	对历史之典故、政事、人事、政制进行管理解析，鉴照企业领导职业能力提升与文化修养	推动理论与实践的对接，实现理性与情感的渗透，用中国话语说明管理智慧
通用管理	**管理的尺度** 刘文瑞　著	对管理中的种种普遍性问题进行了批评	提高把握管理尺度的能力
通用管理	**管理学在中国** 刘文瑞　著	系统性介绍了管理学在中国的发展和演变	了解管理学在中国的发展脉络，更清晰理解管理学的本质
通用管理	**看电影，懂管理** 刘文瑞　著	16部经典电影，带你感悟管理智慧	能够帮助读者放松身心，驰骋想象，在不知不觉中增长智慧
通用管理	**管理：以规则驾驭人性** 王春强　著	详细解读企业规则的制定方法	从人与人博弈角度提升管理的有效性
通用管理	**打造集成供应链：走出挂一漏十的改善困境** 王春强　著	详解集成供应链全过程	帮助企业优化供应链管理
通用管理	**用好骨干员工：关键人才培养与激励** 王　敏　著	系统化分享关键人才打造与激励方法	企业能实在用人的最大化价值
通用管理	**改变世界的管理学大师1：管理学的前世今生** 刘文瑞　编著	介绍了古典管理学时期的大师事迹和思想	深入了解管理大师们的思想和智慧
通用管理	**成为企业欢迎的咨询师** 张国祥　著	从调研到落地，手把手教你咨询流程	不走弯路，方便直接的学到老咨询师的套路
通用管理	**员工心理学超级漫画版** 邢　雷　著	以漫画的形式深度剖析员工心理	帮助管理者更了解员工，从而更轻松地管理员工
通用管理	**老板有想法，高层有干法：企业中的将帅之道** 王清华　著	深入剖析老板与高管的异同	各司其职，各行其是，相辅相成
通用管理	**分股合心：股权激励这样做** 段磊　周剑　著	通过丰富的案例，详细介绍了股权激励的知识和实行方法	内容丰富全面、易读易懂，了解股权激励，有这一本就够了
通用管理	**边干边学做老板** 黄中强　著	创业20多年的老板，有经验、能写、又愿意分享，这样的书很少	处处共鸣，帮助中小企业老板少走弯路

续表

通用管理	**成为敏感而体贴的公司** 王　涛　著	本书为作者对企业的观察和冥想的随笔记录。从生活中的一个现象入手，进而探索现象背后的本质	从全新角度认识公司
	中国企业的觉醒：正直　善良　成长 王　涛　著	围绕着企业人如何发生转化展开，对中国人、中国文化及由此导致的企业现状的观察和思考	企业除了要利润，还需要道德
	有意识的思考：轻松化解问题的7个思考习惯 王　涛　著	本书是对思想、思考过程、思考方式进行的细致观察	养成好的思考习惯，更深刻地看问题
	中国式阿米巴落地实践之从交付到交易 胡八一　著	本书主要讲述阿米巴经营会计，"从交付到交易"，这是成功实施了阿米巴的标志	阿米巴经营会计的工作是有逻辑关联的，一本书就能搞定
	中国式阿米巴落地实践之激活组织 胡八一　著	重点讲解如何科学划分阿米巴单元，阐述划分的实操要领、思路、方法、技术与工具	最大限度减少"推行风险"和"摸索成本"，利于公司成功搭建适合自身的个性化阿米巴经营体系
	中国式阿米巴落地实践之持续盈利 胡八一　著	把企业做成平台，企业才能做大（格局）；把平台做成阿米巴，企业才能做强（专业）；把阿米巴做成合伙制，企业才能做久（机制）	中国式阿米巴落地实践三部曲的最后一部，告诉你企业如何做大做强做久
	集团化企业阿米巴实战案例 初勇钢　著	一家集团化企业阿米巴实施案例	指导集团化企业系统实施阿米巴
	阿米巴经营的中国模式 李志华　著	让员工从"要我干"到"我要干"，价值量化出来	阿米巴在企业如何落地，明白思路了
	欧博心法：好管理靠修行 曾　伟　著	用佛家的智慧，深刻剖析管理问题，见解独到	如果真的有'中国式管理'，曾老师是其中标志性人物
	领导这样点燃你的下属 孟广桥　著	领导者如何才能让员工积极主动地工作？如何让你的员工和下属保持工作的热情，自动自发？看了这本书就知道	只要你希望手下的"兵将"永远充满工作的斗志，这本书将使你获益良多
流程管理	**1. 用流程解放管理者** **2. 用流程解放管理者2** 张国祥　著	中小企业阅读的流程管理、企业规范化的书	通俗易懂，理论和实践的结合恰到好处
	跟我们学建流程体系 陈立云　著	畅销书《跟我们学做流程管理》系列，更实操，更细致，更深入	更多地分享实践，分享感悟，从实践总结出来的方法论
	人人都要懂流程 金国华　余雅丽　著	当前各企业流程管理方面最为典型的痛点现象及问题案例	通俗易懂，适合企业全员阅读
质量管理	**IATF16949质量管理体系详解与案例文件汇编：TS16949转版IATF16949：2016** 谭洪华　著	针对IATF的新标准做了详细的解说，同时指出了一些推行中容易犯的错误，提供了大量的表单、案例	案例、表单丰富，拿来就用
	五大质量工具详解及运用案例：APQP/FMEA/PPAP/MSA/SPC 谭洪华　著	对制造业必备的五大质量工具中每个文件的制作要求、注意事项、制作流程、成功案例等进行了解读	通俗易懂、简便易行，能真正实现学以致用
	ISO9001：2015新版质量管理体系详解与案例文件汇编 谭洪华　著	紧密围绕2015年新版质量管理体系文件逐条详细解读，并提供可以直接套用的案例工具，易学易上手	企业质量管理认证、内审必备
	ISO14001：2015新版环境管理体系详解与案例文件汇编 谭洪华　著	紧密围绕2015年新版环境管理体系文件逐条详细解读，并提供可以直接套用的案例工具，易学易上手	企业环境管理认证、内审必备

续表

质量管理	**ISO9001:2015 完整文件汇编:制造业** 贺红喜　著	按照 ISO9001 标准并超出标准的要求,提供了一套完整的制造业的质量管理体系文件	原汁原味完整收入,直接可以拿来就用
	SA8000:2014 社会责任管理体系认证实战 吕　林　著	作者根据自己的操作经验,按认证的流程,以相关案例进行说明 SA8000 认证体系	简单,实操性强,拿来就能用
	精益质量管理实战工具 贺小林　著	制造类企业日常工作中所需要的精益管理工具的归纳整理,并进行案例操作的细致分析	可以直接参考,实际解决生产中的具体问题
战略落地	**重生——中国企业的战略转型** 施　炜　著	从前瞻和适用的角度,对中国企业战略转型的方向、路径及策略性举措提出了一些概要性的建议和意见	对企业有战略指导意义
	公司大了怎么管:从靠英雄到靠组织 AMT 金国华　著	第一次详尽阐释中国快速成长型企业的特点、问题及解决之道	帮助快速成长型企业领导及管理团队理清思路,突破瓶颈
	低效会议怎么改:每年节省一半会议成本的秘密 AMT 王玉荣　著	教你如何系统规划公司的各级会议,一本工具书	教会你科学管理会议的办法
	年初订计划,年尾有结果:战略落地七步成诗 AMT 郭晓　著	7 个步骤教会你怎么让公司制定的战略转变为行动	系统规划,有效指导计划实现
人力资源	**HRBP 是这样炼成的之"菜鸟起飞"** 新　海　著	以小说的形式,具体解析 HRBP 的职责,应该如何操作,如何为业务服务	实践者的经验分享,内容实务具体,形式有趣
	HRBP 是这样炼成的之中级修炼 新　海　著	本书以案例故事的方式,介绍了 HRBP 在实际工作中碰到的问题和挑战	书中的 HR 解决方案讲究因时因地制宜、简单有效的原则,重在启发读者思路,可供各类企业 HRBP 借鉴
	HRBP 是这样炼成的之高级修炼 新　海　著	以故事的形式,展现了 HRBP 工作者在职业发展路上的层层深入和递进	为读者提供 HRBP 在实际工作中遇到种种问题的解决方案
	新任 HR 高管如何从 0 到 1 黄渊明　著	全景式展现新任高管华丽转身全过程	助力新任高管安全着陆
	HR 的劳动法内参 李皓楠　著	100 个劳动法案例和分析	轻松掌握劳动法知识,方便运用
	把面试做到极致:首席面试官的人才甄选法 孟广桥　著	作者用自己几十年的人力资源经验总结出的一套实用的确定岗位招聘标准、提升面试官技能素质的简便方法	面试官必备,没有空泛理论,只有巧妙的实操技能
	人力资源体系与 e－HR 信息化建设 刘书生　陈　莹　王美佳　著	将作者经历的人力资源管理变革、人力资源管理信息化咨询项目方法论、工具和成果全面展现给读者,使大家能够将其快速应用到管理实践中	系统性非常强,没有废话,全部是浓缩的干货
	回归本源看绩效 孙　波　著	让绩效回顾"改进工具"的本源,真正为企业所用	确实是来源于实践的思考,有共鸣
	世界 500 强资深培训经理人教你做培训管理 陈　锐　著	从 7 大角度具体细致地讲解了培训管理的核心内容	专业、实用、接地气

续表

人力资源	**曹子祥教你做激励性薪酬设计** 曹子祥　著	以激励性为指导，系统性地介绍了薪酬体系及关键岗位的薪酬设计模式	深入浅出，一本书学会薪酬设计
	曹子祥教你做绩效管理 曹子祥　著	复杂的理论通俗化，专业的知识简单化，企业绩效管理共性问题的解决方案	轻松掌握绩效管理
	把招聘做到极致 远　鸣　著	作为世界500强高级招聘经理，作者数十年招聘经验的总结分享	带来职场思考境界的提升和具体招聘方法的学习
	人才评价中心．超级漫画版 邢　雷　著	专业的主题，漫画的形式，只此一本	没想到一本专业的书，能写成这效果
	走出薪酬管理误区 全怀周　著	剖析薪酬管理的8大误区，真正发挥好枢纽作用	值得企业深读的实用教案
	集团化人力资源管理实践 李小勇　著	对搭建集团化的企业很有帮助，务实，实用	最大的亮点不是理论，而是结合实际的深入剖析
	我的人力资源咨询笔记 张　伟　著	管理咨询师的视角，思考企业的HR管理	通过咨询师的眼睛对比很多企业，有启发
	本土化人力资源管理8大思维 周　剑　著	成熟HR理论，在本土中小企业实践中的探索和思考	对企业的现实困境有真切体会，有启发
企业文化	**36个拿来就用的企业文化建设工具** 海融心胜　主编	数十个工具，为了方便拿来就用，每一个工具都严格按照工具属性、操作方法、案例解读划分，实用、好用	企业文化工作者的案头必备书，方法都在里面，简单易操作
	企业文化建设超级漫画版 邢　雷　著	以漫画的形式系统教你企业文化建设方法	轻松易懂好操作
	华夏基石方法：企业文化落地本土实践 王祥伍　谭俊峰　著	十年积累、原创方法、一线资料，和盘托出	在文化落地方面真正有洞察，有实操价值的书
	企业文化的逻辑 王祥伍　著	为什么企业之间如此不同，解开绩效背后的文化密码	少有的深刻，有品质，读起来很流畅
	企业文化激活沟通 宋杼宸　安　琪　著	透过新任HR总经理的眼睛，揭示出沟通与企业文化的关系	有实际指导作用的文化落地读本
	在组织中绽放自我：从专业化到职业化 朱仁健　王祥伍　著	个人如何融入组织，组织如何助力个人成长	帮助企业员工快速认同并投入到组织中去，为企业发展贡献力量
	企业文化定位·落地一本通 王明胤　著	把高深枯燥的专业理论创建成一套系统化、实操化、简单化的企业文化缔造方法	对企业文化不了解，不会做？有这一本从概念到实操，就够了
生产管理	**精益思维：中国精益如何落地** 刘承元　著	笔者二十余年企业经营和咨询管理的经验总结	中国企业需要灵活运用精益思维，推动经营要素与管理机制的有机结合，推动企业管理向前发展
	300张现场图看懂精益5S管理 乐　涛　编著	5S现场实操详解	案例图解，易懂易学
	高员工流失率下的精益生产 余伟辉　著	中国的精益生产必须面对和解决高员工流失率问题	确实来源于本土的工厂车间，很务实
	车间人员管理那些事儿 岑立聪　著	车间人员管理中处理各种“疑难杂症”的经验和方法	基层车间管理者最闹心、头疼的事，‘打包’解决

续表

生产管理	**1. 欧博心法:好管理靠修行** **2. 欧博心法:好工厂这样管** 曾　伟　著	他是本土最大的制造业管理咨询机构创始人,他从400多个项目、上万家企业实践中锤炼出的欧博心法	中小制造型企业,一定会有很强的共鸣
	欧博工厂案例1:生产计划管控对话录 **欧博工厂案例2:品质技术改善对话录** **欧博工厂案例3:员工执行力提升对话录** 曾　伟　著	最典型的问题、最详尽的解析,工厂管理9大问题27个经典案例	没想到说得这么细,超出想象,案例很典型,照搬都可以了
	工厂管理实战工具 欧博企管　编著	以传统文化为核心的管理工具	适合中国工厂
	苦中得乐:管理者的第一堂必修课 曾　伟　编著	曾伟与师傅大愿法师的对话,佛学与管理实践的碰撞,管理禅的修行之道	用佛学最高智慧看透管理
	比日本工厂更高效1:管理提升无极限 刘承元　著	指出制造型企业管理的六大积弊;颠覆流行的错误认知;掌握精益管理的精髓	每一个企业都有自己不同的问题,管理没有一剑封喉的秘笈,要从现场、现物、现实出发
	比日本工厂更高效2:超强经营力 刘承元　著	企业要获得持续盈利,就要开源和节流,即实现销售最大化,费用最小化	掌握提升工厂效率的全新方法
	比日本工厂更高效3:精益改善力的成功实践 刘承元　著	工厂全面改善系统有其独特的目的取向特征,着眼于企业经营体质(持续竞争力)的建设与提升	用持续改善力来飞速提升工厂的效率,高效率能够带来意想不到的高效益
	3A顾问精益实践1:IE与效率提升 党新民　苏迎斌　蓝旭日　著	系统的阐述了IE技术的来龙去脉以及操作方法	使员工与企业持续获利
	3A顾问精益实践2:JIT与精益改善 肖志军　党新民　著	只在需要的时候,按需要的量,生产所需的产品	提升工厂效率
	化工企业工艺安全管理实操 黄　娜　编著	化工企业工艺安全管理全指导	帮助企业树立安全意识,强化安全管理方法
	手把手教你做专业的生产经理 黄　娜　著	物流、信息流、资金流,让生产经理管理有抓手	从菜鸟到能把控全局
员工素质提升	**TTT培训师精进三部曲(上):深度改善现场培训效果** 廖信琳　著	现场把控不用慌,这里有妙招一用就灵	课程现场无论遇到什么样的情况都能游刃有余
	TTT培训师精进三部曲(中):构建最有价值的课程内容 廖信琳　著	这样做课程内容,学员有收获培训师也有收获	优质的课程内容是树立个人品牌的保证
	TTT培训师精进三部曲(下):职业功力沉淀与修为提升 廖信琳　著	从内而外提升自己,职业的道路一帆风顺	走上职业TTT内训师的康庄大道
	培训师,如何让你的事业长青:自我管理的10项法则 廖信琳　著	建立了一套完整的培训师自我管理体系,为培训师的职业成长与发展提供有益的指引	培训师如何在自己的职业道路上越走越高,事业长青,一直有所收获与成长?本书将给你答案
	管理咨询师的第一本书:百万年薪　千万身价 熊亚柱　著	从问题出发,发现问题、分析问题、解决问题,让两眼一抹黑的新人快速成长	管理咨询师初入职场,让这本书开启百万年薪之路

续表

<table>
<tr><td rowspan="8">员工素质提升</td><td>手把手教你做专业督导：专卖店、连锁店
熊亚柱　著</td><td>从督导的职能、作用，在工作中需要的专业技能、方法，都提供了详细的解读和训练办法，同时附有大量的表单工具</td><td>无论是店铺需要统一培训，还是个人想成为优秀的督导，有这一本就够了</td></tr>
<tr><td>跟老板“偷师”学创业
吴江萍　余晓雷　著</td><td>边学边干，边观察边成长，你也可以当老板</td><td>不同于其他类型的创业书，让你在工作中积累创业经验，一举成功</td></tr>
<tr><td>销售轨迹：一位快消品营销总监的拼搏之路
秦国伟　著</td><td>本书讲述了一个普通销售员打拼成为跨国企业营销总监的真实奋斗历程</td><td>激励人心，给广大销售员以力量和鼓舞</td></tr>
<tr><td>在组织中绽放自我：从专业化到职业化
朱仁健　王祥伍　著</td><td>个人如何融入组织，组织如何助力个人成长</td><td>帮助企业员工快速认同并投入到组织中去，为企业发展贡献力量</td></tr>
<tr><td>企业员工弟子规：用心做小事，成就大事业
贾同领　著</td><td>从传统文化《弟子规》中学习企业中为人处事的办法，从自身做起</td><td>点滴小事，修养自身，从自身的改善得到事业的提升</td></tr>
<tr><td>手把手教你做顶尖企业内训师：TTT 培训师宝典
熊亚柱　著</td><td>从课程研发到现场把控、个人提升都有涉及，易读易懂，内容丰富全面</td><td>想要做企业内训师的员工有福了，本书教你如何抓住关键，从入门到精通</td></tr>
<tr><td>28 天速成文案高手
秦　士　安　丽　著</td><td>解构优秀品牌和出彩文案背后的逻辑，28 天循序渐进成为文案高手</td><td>让优质文案变成“智慧工厂”般的工序管理与稳定出品</td></tr>
<tr><td>让投诉顾客满意离开：客户投诉应对与管理
孟广桥　著</td><td>立足于投诉处理的实践，剖析了不同投诉者投诉的特点和应对措施，并提供各种技巧方法、赢得客户信赖所需培养的品质修炼、处理投诉应掌握的法律法规等工具</td><td>是投诉处理人员适应岗位职能需要、提升工作技能的良师益友，是企业变诉为金、培养业务骨干的法宝</td></tr>
<tr><td colspan="4">营销类：把客户需求融入企业各环节，提供“客户认为”有价值的东西</td></tr>
<tr><td colspan="2">书名．作者</td><td>内容/特色</td><td>读者价值</td></tr>
<tr><td rowspan="9">营销模式</td><td>精品营销战略
杜建君　著</td><td>以精品理念为核心的精益战略和营销策略</td><td>用精品思维赢得高端市场</td></tr>
<tr><td>变局下的营销模式升级
程绍珊　叶　宁　著</td><td>客户驱动模式、技术驱动模式、资源驱动模式</td><td>很多行业的营销模式被颠覆，调整的思路有了！</td></tr>
<tr><td>动销操盘：节奏掌控与社群时代新战法
朱志明　著</td><td>在社群时代把握好产品生产销售的节奏，解析动销的症结，寻找动销的规律与方法</td><td>都是易读易懂的干货！对动销方法的全面解析和操盘</td></tr>
<tr><td>弱势品牌如何做营销
李政权　著</td><td>中小企业虽有品牌但没名气，营销照样能做的有声有色</td><td>没有丰富的实操经验，写不出这么具体、详实的案例和步骤，很有启发</td></tr>
<tr><td>老板如何管营销
史贤龙　著</td><td>高段位营销 16 招，好学好用</td><td>老板能看，营销人也能看</td></tr>
<tr><td>洞察人性的营销战术：沈坤教你 28 式
沈　坤　著</td><td>28 个匪夷所思的营销怪招令人拍案叫绝，涉及商业竞争的方方面面，大部分战术可以直接应用到企业营销中</td><td>各种谋略得益于作者的横向思维方式，将其操作过的案例结合其中，提供的战术对读者有参考价值</td></tr>
<tr><td>动销：产品是如何畅销起来的
吴江萍　余晓雷　著</td><td>真真切切告诉你，产品究竟怎么才能卖出去</td><td>击中痛点，提供方法，你值得拥有</td></tr>
<tr><td>1000 铁杆女粉丝
张兵武　著</td><td>连接是女性与生俱来的特质。能善用连接的营销人员，就像拿到打开女性荷包的钥匙</td><td>重新认识女性的传播力量</td></tr>
<tr><td>360°谈营销：一位营销咨询师 20 年实战洞察
王清华　古怀亮　著</td><td>各个角度，全方位，多视点剥营销</td><td>思路单一，此书帮你破</td></tr>
</table>

续表

营销模式	**营销按钮:扣动一触即发的力量** 老　苗　著	提供各种奇形怪状的营销武器	一定会带给你不一样的思维震撼
	孙子兵法营销战 刘文新　著	逐句解读孙子兵法,以及在营销方面的感悟	帮助营销人用智慧打营销仗
销售	**资深大客户经理:策略准,执行狠** 叶敦明　著	从业务开发、发起攻势、关系培育、职业成长四个方面,详述了大客户营销的精髓	满满的全是干货
	大客户销售这样说这样做 陆和平　著	大客户销售十大模块68个典型销售场景应对策略和话术,直接拿来就用	从“为什么要这么干”到“干什么、怎么干”
	成为资深的销售经理:B2B、工业品 陆和平　著	围绕“销售管理的六个关键控制点”一一展开,提供销售管理的专业、高效方法	方法和技术接地气,拿来就用,从销售员成长为经理不再犯难
	销售是门专业活:B2B、工业品 陆和平　著	销售流程就应该跟着客户的采购流程和关注点的变化向前推进,将一个完整的销售过程分成十个阶段,提供具体方法	销售不是请客吃饭拉关系,是个专业的活计!方法在手,走遍天下不愁
	向高层销售:与决策者有效打交道 贺兵一　著	一套完整有效的销售策略	有工具,有方法,有案例,通俗易懂
	学话术　卖产品 张小虎　著	分析常见的顾客异议,将优秀的话术模块化	让普通导购员也能成为销售精英
组织和团队	**升级你的营销组织** 程绍珊　吴越舟　著	用“有机性”的营销组织替代“营销能人”,营销团队变成“铁营盘”	营销队伍最难管,程老师不愧是营销第1操盘手,步骤方法都很成熟
	用数字解放营销人 黄润霖　著	通过量化帮助营销人员提高工作效率	作者很用心,很好的常备工具书
	成为优秀的快消品区域经理(升级版) 伯建新　著	用“怎么办”分析区域经理的工作关键点,增加30%全新内容,更贴近环境变化	可以作为区域经理的“速成催化器”
	成为资深的销售经理:B2B、工业品 陆和平　著	围绕“销售管理的六个关键控制点”一一展开,提供销售管理的专业、高效方法	方法和技术接地气,拿来就用,从销售员成长为经理不再犯难
	一位销售经理的工作心得 蒋　军　著	一线营销管理人员想提升业绩却无从下手时,可以看看这本书	一线的真实感悟
	快消品营销:一位销售经理的工作心得2 蒋　军　著	快消品、食品饮料营销的经验之谈,重点突出	来源于实战的精华总结
	销售轨迹:一位快消品营销总监的拼搏之路 秦国伟　著	本书讲述了一个普通销售员打拼成为跨国企业营销总监的真实奋斗历程	激励人心,给广大销售员以力量和鼓舞
	用营销计划锁定胜局:用数字解放营销人2 黄润霖　著	全方位教你怎么做好营销计划,好学好用真简单	照搬套用就行,做营销计划再也不头痛
	快消品营销人的第一本书:从入门到精通 刘　雷　伯建新　著	快消行业必读书,从入门到专业	深入细致,易学易懂
产品	**产品开发管理方法·流程·工具:从作坊式到规范化** 任彭枞　著	产品研发管理体系全指导	既有工具,又能开拓思路
	新产品开发管理,就用IPD(升级版) 郭富才　著	10年IPD研发管理咨询总结,国内首部IPD专业著作	一本书掌握IPD管理精髓

续表

产品	**这样打造大单品：案例 策略 方法** 迪智成咨询团队 著	囊括十三个不同行业、企业的实际案例，从不同角度详细剖析、总结了这些品牌厂家打造大单品的成功经验或者失败教训	厘清大单品打造的策划与路径，得出持续经营的思路与方法
	研发体系改进之道 靖 爽 陈年根 马鸣明 著	提出一套系统性的方法与工具	指引企业少走弯路，提高成功率
	资深项目经理这样做新产品开发管理 秦海林 著	以 IPD 为思想，系统讲解新产品开管理的细节	提供管理思路和实用工具
	产品炼金术Ⅰ：如何打造畅销产品 史贤龙 著	满足不同阶段、不同体量、不同行业企业对产品的完整需求	必须具备的思维和方法，避免在产品问题上走弯路
	产品炼金术Ⅱ：如何用产品驱动企业成长 史贤龙 著	做好产品、关注产品的品质，就是企业成功的第一步	必须具备的思维和方法，避免在产品问题上走弯路
品牌	**中小企业如何建品牌** 梁小平 著	中小企业建品牌的入门读本，通俗、易懂	对建品牌有了一个整体框架
	采纳方法：破解本土营销8大难题 朱玉童 编著	全面、系统、案例丰富、图文并茂	希望在品牌营销方面有所突破的人，应该看看
	中国品牌营销十三战法 朱玉童 编著	采纳20年来的品牌策划方法，同时配有大量的案例	众包方式写作，丰富案例给人启发，极具价值
	今后这样做品牌：移动互联时代的品牌营销策略 蒋 军 著	与移动互联紧密结合，告诉你老方法还能不能用，新方法怎么用	今后这样做品牌就对了
	中小企业如何打造区域强势品牌 吴 之 著	帮助区域的中小企业打造自身品牌，如何在强壮自身的基础上往外拓展	梳理误区，系统思考品牌问题，切实符合中小区域品牌的自身特点进行阐述
渠道通路	**深度分销：掌控渠道价值链** 施 炜 著	制造商通过掌控渠道价值链，将管理触角延伸至零售层面及顾客现场，对市场根部精耕细作，从而挖掘需求，构筑区域市场尤其是三四级市场的竞争壁垒	深度分销是中国企业对世界营销的独特贡献。实践证明，互联网时代深度分销仍有生命力
	快消品营销与渠道管理 谭长春 著	将快消品标杆企业渠道管理的经验和方法分享出来	可口可乐、华润的一些具体的渠道管理经验，实战
	传统行业如何用网络拿订单 张 进 著	给老板看的第一本网络营销书	适合不懂网络技术的经营决策者看
	采纳方法：化解渠道冲突 朱玉童 编著	系统剖析渠道冲突，21个渠道冲突案例、情景式讲解，37篇讲义	系统、全面
	学话术 卖产品 张小虎 著	分析常见的顾客异议，将优秀的话术模块化	让普通导购员也能成为销售精英
	向高层销售：与决策者有效打交道 贺兵一 著	一套完整有效的销售策略	有工具，有方法，有案例，通俗易懂
	通路精耕操作全解：快消品20年实战精华 周 俊 陈小龙 著	通路精耕的详细全解，每一步的具体操作方法和表单全部无保留提供	康师傅二十年的经验和精华，实践证明的最有效方法，教你如何主宰通路

管理者读的文史哲·生活

	书名．作者	内容/特色	读者价值
思想·文化	**德鲁克管理思想解读** 罗 珉 著	用独特视角和研究方法，对德鲁克的管理理论进行了深度解读与剖析	不仅是摘引和粗浅分析，还是作者多年深入研究的成果，非常可贵
	德鲁克与他的论敌们：马斯洛、戴明、彼得斯 罗 珉 著	几位大师之间的论战和思想碰撞令人受益匪浅	对大师们的观点和著作进行了大量的理论加工，去伪存真、去粗存精，同时有自己独特的体系深度

续表

思想·文化	**德鲁克管理学** 张远凤　著	本书以德鲁克管理思想的发展为线索,从一个侧面展示了 20 世纪管理学的发展历程	通俗易懂,脉络清晰
	王阳明"万物一体"论:从"身-体"的立场看(修订版) 陈立胜　著	以身体哲学分析王阳明思想中的"仁"与"乐"	进一步了解传统文化,了解王阳明的思想
	自我与世界:以问题为中心的现象学运动研究 陈立胜　著	以问题为中心,对现象学运动中的"意向性""自我""他人""身体"及"世界"各核心议题之思想史背景与内在发展理路进行深入细致的分析	深入了解现象学中的几个主要问题
	作为身体哲学的中国古代哲学 张再林　著	上篇为中国古代身体哲学理论体系奠基性部分,下篇对由"上篇"所开出的中国身体哲学理论体系的进一步的阐发和拓展	了解什么是真正原生态意义上的中国哲学,把中国传统哲学与西方传统哲学加以严格区别
	中西哲学的歧异与会通 张再林　著	本书以一种现代解释学的方法,对中国传统哲学内在本质尝试一种全新的和全方位的解读	发掘出掩埋在古老传统形式下的现代特质和活的生命,在此基础上揭示中西哲学"你中有我,我中有你"之旨
	治论:中国古代管理思想 张再林　著	本书主要从儒、法墨三家阐述中国古代管理思想	看人本主义的管理理论如何不留斧痕地克服似乎无法调解的存在于人类社会行为与社会组织中的种种两难和对立
	车过麻城　再晤李贽 张再林　著	系统全面而又简明扼要地展示了李贽独到的学术眼力和超拔的理论建树	帮助读者重新认识李贽的思想
	中国古代政治制度(修订版)上:皇帝制度与中央政府 刘文瑞　著	全面论证了古代皇帝制度的形成和演变的历程	有助于读者从政治制度角度了解中国国情的历史渊源
	中国古代政治制度(修订版)下:地方体制与官僚制度 刘文瑞　著	全面论证了古代地方政府的发展演变过程	有助于读者从政治制度角度了解中国国情的历史渊源
	中国思想文化十八讲(修订版) 张茂泽　著	中国古代的宗教思想文化,如对祖先崇拜、儒家天命观、中国古代关于"神"的讨论等	宗教文化和人生信仰或信念紧密相联,在文化转型时期学习和研究中国宗教文化就有特别的现实意义
	史幼波《大学》讲记 史幼波　著	用儒释道的观点阐释大学的深刻思想	一本书读懂传统文化经典
	史幼波《周子通书》《太极图说》讲记 史幼波　著	把形而上的宇宙、天地,与形而下的社会、人生、经济、文化等融合在一起	将儒家的一整套学修系统融合起来
	史幼波《中庸》讲记(上下册) 史幼波　著	全面、深入浅出地揭示儒家中庸文化的真谛	儒释道三家思想融会贯通
	梁涛讲《孟子》之万章篇 梁　涛　著	《万章》主要记录孟子与万章的对话,涉及孝道、亲情、友情、出仕为官等	作者的解读能帮助读者更好地理解孟子及儒学
	两晋南北朝十二讲(修订版) 李文才　著	作为一本普及性读物,作者尊重史实,运用"历史心理学"的叙事方法,分 12 个专题对两晋南北朝的历史进行阐述	让读者轻松了解两晋南北朝的历史
	每个中国人身上的春秋基因 史贤龙　著	春秋 368 年(公元前 770 - 公元前 403 年),每一个中国人都可以在这段时期的历史中找到自己的祖先,看到真实发生的事件,同时也看到自己	长情商、识人心
	与《老子》一起思考:德篇 **与《老子》一起思考:道篇** 史贤龙　著	打通文史,回归哲慧,纵贯古今,放眼中外,妙语迭出,在当今的老子读本中别具一格	深读有深读的回味,浅尝有浅尝的机敏,可给读者不同的启发